U0710510

朱季海著作集

南齊書校議

莊子故言

中華書局

出版説明

朱季海先生，名學浩，以字行，一九一六年生，上海浦東三林塘人。幼承家學，熟習國故。方以弱冠，問學於餘杭章太炎先生，參加「國學講習班」。後侍章氏起居，有「千里駒」之譽。章氏逝世，整理先師遺著，教學於「太炎文學院」，並任《制言》半月刊主筆。抗戰勝利後，入南京國史館，旋辭去。新中國成立後，偶兼教職；「文革」起，隱而不出。

朱季海先生學術領域廣泛，自音韻訓詁之學而治文史，博通精微，著作豐富。我們此次編輯出版先生的著作，除收有《楚辭解故》、《莊子故言》、《説苑校理》、《新序校理》、《南齊書校議》、《石濤畫譜校注》等專著外，另將先生已刊、未刊之論文，輯爲《初照樓文集》出版。

本册收入《南齊書校議》、《莊子故言》兩種著作，均係朱先生舊著，今重加審訂校正出版，敬請讀者批評指正。

中華書局編輯部
二〇一三年四月

出版説明

朱季海先生，名學浩，以字行，一九一六年生，上海浦東三林塘人。幼承家學，熟習國故。方以弱冠，問學於餘杭章太炎先生，參加「國學講習班」。後侍章氏起居，有「千里駒」之譽。章氏逝世，整理先師遺著，教學於「太炎文學院」，並任《制言》半月刊主筆。抗戰勝利後，入南京國史館，旋辭去。新中國成立後，偶兼教職；「文革」起，隱而不出。

朱季海先生學術領域廣泛，自音韻訓詁之學而治文史，博通精微，著作豐富。我們此次編輯出版先生的著作，除收有《楚辭解故》、《莊子故言》、《説苑校理》、《新序校理》、《南齊書校議》、《石濤畫譜校注》等專著外，另將先生已刊、未刊之論文，輯爲《初照樓文集》出版。

圖書在版編目(CIP)數據

南齊書校議·莊子故言/朱季海撰.—北京:中華書局,2013.6

(朱季海著作集)

ISBN 978-7-101-09361-2

Ⅰ.南…　Ⅱ.朱…　Ⅲ.①中國歷史-南齊(479~502)-紀傳體②《南齊書》-校勘③《莊子》-研究　Ⅳ.①K239.120.42②B223.55

中國版本圖書館CIP數據核字(2013)第107968號

責任編輯:李天飛

朱季海著作集

南齊書校議　莊子故言

朱季海 撰

*

中華書局出版發行

(北京市豐臺區太平橋西里38號　100073)

http://www.zhbc.com.cn

E-mail:zhbc@zhbc.com.cn

北京市白帆印務有限公司印刷

*

850×1168毫米 1/32 · 11¼印張 · 2插頁 · 280千字

2013年6月第1版　2013年6月北京第1次印刷

印數:1-3000冊　　定價:48.00元

ISBN 978-7-101-09361-2

朱季海著作集

南齊書校議

莊子故言

中華書局

目録

南齊書校議

莊子故言

南齊書校議

自序

中華書局點校二十四史，盛舉也。因循久之，殺青有待，海内悵惋。一旦驟覩《南齊書》問世，歡卞出意外；雖在㝉病之中，猶强卧而讀之。尋繹蕭書，兼及校記，始知點勘之勤，有度越治平諸子者矣。此書南豐所校，猶恨未盡，中華本出，輔以校記，幾可取而代之。予因得理董故實，優遊文義，乃有事半功倍之益。時有所見，亦嘗下籤，或校所遺漏，或商量危疑，要在爲讀史考文之助而已。史遷曰「拾遺補蓺」；班固曰「函雅故，通古今」，張晏以爲「包含雅訓之故，及古今之語」也，其言遠哉。於時藏書蕩盡，偃息在牀，事比課虚，功慚經遠，愚者一得，未必有當於斯文，亦各言其志云爾。

朱季海　一九八二年十二月

南齊書卷一校議

發盆口，悉乘商旅船舫。（《本紀第一·高帝上》/七頁）

校勘記：「舫」南監本、殿本、局本作「艦」。毛本闕「舫」字（此爲中華書局點校本一九七二年版校勘記，以下省稱「校」）。

校議：季海按百衲本影宋大字本是也。毛氏所據底本，亦出於此，但印有先後，此處闕字，猶未加剜補耳。南監本所據，亦是闕字本，直探下文「自新林至赤岸，大破之，燒其船艦」之文，臆補「艦」字，殿本、局本遂承其謁。其實舫艦自別，觀下文「急開大小桁，撥淮中船舫，悉渡北岸」，可見。《釋名·釋船》曰：「上下重牀曰艦，四方施板以禦矢石，其内如牢檻也。」此謂商旅之船耳，不當云艦（此爲筆者校議，以下省稱「議」）。

別率杜黑蠡急攻壘東。（《本紀第一·高帝上》/八頁）

校：「杜黑蠡」《通鑑》作「杜黑騾」。《考異》云：「《宋書》、《南齊書》作『黑蠡』，今從《宋略》。」

議：季海按洪頤煊《諸史考異·魏書下》杜墨騾條：「《劉裕傳》：休範將杜墨騾又攻新亭東廂，昱將顯達率所領至杜姥宅破墨騾軍。頤煊案《宋書·桂陽王休範傳》、《南齊書·高帝紀》

俱作杜黑蠡。」是《魏書》亦作「騾」，與《宋略》合。沈、蕭以黑騾名鄙，故以「黑蠡」字代之耳。裴、魏從質，爲得其實。《通鑑》從裴，是也（洪引《劉裕傳》見子昱《傳》下，《魏書》實作杜墨騾，王氏校勘記不云宋本有異文）。《宋書·自序》：「姚泓聞大軍至，遣僞東平公姚紹……紹又遣長史領軍將軍姚伯子、寧朔將軍安鸞、護軍姚默騾、平遠將軍河東太守唐小方，率衆三萬，屯據九泉。」默騾猶墨騾矣。墨，黑義同，大氏河、朔謂之墨，江南謂之黑，故沈、蕭云杜黑蠡，《魏書》作杜墨騾，姚氏將亦名姚默騾也（默疑亦當爲「墨」）。《宋書·桂陽王休範傳》：「初休範自新林，分遣同黨杜耳、丁文豪、杜墨蠡等，直行朱雀門。」云云，則沈書正作墨蠡矣。

休範既死，典籤許公與詐稱休範在新亭。（《本紀第一·高祖上》/九頁）

議：季海按《金樓子·説蕃篇》：「劉休範欲舉兵襲朝廷，密與典籤新蔡人許公輿謀之。」《通鑑·宋紀》蒼梧王元徽二年亦書「許公輿詐稱桂陽王在新亭」，不云：子顯《齊書》有異，疑北宋本尚不作「與」。

元徽五年後，但書「迎立順帝」，而不書改元，遂令下文「二年」云云，竟無紀元。（《本紀第一·高帝上》/十頁）

議：季海按順帝昇明元年丁巳，二年戊午。

甲寅，策相國齊公曰：……秩踰三鉉。（《本紀第一·高帝上》/十八頁）

校：「三鉉」南監本、毛本、殿本、局本作「三事」。

議：季海按當是南監、毛氏所據同闕此字，南監始臆補「事」字，而諸本承其譌。尋《文選》王仲寶《褚淵碑文》「爰登中鉉」，李注云「《周易》曰：鼎金鉉。鄭玄曰：金鉉，喻明道能舉君之官職也。鄭玄《尚書注》曰：鼎，三公象也」，是三鉉猶三公，改字非是。

其以相國總百辟。（《本紀第一·高帝上》/十八頁）

校：「百辟」南監本、毛本、殿本、局本作「百揆」。

議：季海按此上即云「相國位總百辟」，疑南監、毛氏所據同闕「辟」字，南監始臆補作「揆」，而諸本從之耳。

壬辰，策命齊王曰：……所以大唐遜位，然興謗歌。（《本紀第一·高帝上》/二二頁）

議：季海按：此用《尚書大傳·虞夏傳》「執事還歸二年，談然，乃作《大唐之歌》」文，注：「談，猶灼也。《大唐之歌》，美堯之禪也。」（詳陳壽祺輯校本）謗當爲談，形近而誤也。

南齊書卷二校議

建元元年夏四月……詔曰：諸負釁流徙，普聽還本。（《本紀第二・高祖下》/三十三頁）

校：「本」字下各本並有「土」字，張元濟校勘記云「土」字衍。

永明八年……詔放遣隔城虜俘，聽還其本。（《本紀第三・武帝》/五十七頁）

校：「其本」各本作「本土」。張元濟校勘記云「其本」二字不譌。

議：季海按百衲本及張元濟二校並是也。《本紀第二・高帝下》：建元二年二月甲午，詔「江西北民避難流徙者，制遣還本」。初無「土」字。各本臆增。

南齊書卷三校議

太祖長子也。小諱龍兒。（《本紀第三·武帝》/四十三頁）

議：季海按《金樓子·興王篇》：梁高祖武皇帝云：「齊高……謂太祖曰：我辛苦得天下，而祚不傳孫。我死龍子當得。」原注：「龍子，齊武小名。」

建元四年三月……庚辰，詔曰：京師二岸，多有其弊。（《本紀第三·武帝》/四十五頁）

校：「有」南監本、局本作「離」。按《元龜》一百九十五作「有」。

議：季海按永明五年六月辛酉，詔曰「京師居民，多離其弊」，十年十一月戊午，詔曰「京邑居民，多離其弊」，南監本底本疑闕「有」字，故探下文補「離」字耳。百衲本與《元龜》合，是北宋本不作「離」。

六月癸卯，以司徒褚淵爲司空、驃騎將軍。八月癸卯，司徒褚淵薨。（《本紀第三·武帝》/四十六頁）

校：按是年六月已改授褚淵爲司空，則此當云「司空褚淵薨」。《通鑑考異》云：「四年六月癸卯，以司徒褚淵爲司空。八月癸卯，司徒褚淵薨。《淵傳》，三年爲司徒，又固讓。四年，寢疾遜位，改授司空。及薨，詔曰『司徒奄至薨逝』。紀傳前後各不相顧。」又按《褚淵傳》載《贈謚褚淵詔》稱「故侍中、司徒、録尚書事、新除司空、領驃騎將軍、南康公淵」，叙淵前後官位，此爲詳正。

議：季海按六月改授，姑徇淵請，以塞其意爾。新除去薨，不過兩月，既在病中，其實未拜。《本傳》書淵薨：「時司空掾屬以淵未拜，疑應爲吏敬不？」「司徒府史又以淵既解職，而未恭後授，府猶應上服以不？」是其事也。《淵傳》録二詔，或書「司徒」，或書「故侍中、司徒……新除司空」，文有詳略，前詔或出史家删節，初非有所牴牾。《考異》乃云「紀傳前後各不相顧」，偶未思耳。凡授官未拜，但稱新除。此類或緣本人無意就新，或緣朝旨徒欲以爲遷轉階資之地。《高帝紀》「建元元年夏四月甲午」下已云「以司空褚淵爲司徒」，又「五月壬子，詔封佐命文武功臣新除司徒褚淵等」云云，是淵四月已除司徒，而五月猶云「新除」者，明雖有此除，其實未拜也。若二年正月仍書「以司空尚書令……爲司徒」，則並未解司空矣。又《武帝紀》永明元年「秋七月戊戌，新除左光禄大夫王僧虔加特進」，《本傳》「世祖即位……會遷侍中、左光禄大夫、開府儀同三司。……乃固辭不拜，上優而許之。改侍中、特進、左光禄大夫」。此皆本人不受，而稱新除也。《武帝紀》永明四年「夏四月丁亥，以尚書左僕射柳世隆爲湘州刺史」，永明七年五月「甲子以新除尚書左僕射柳世隆爲尚書令」，《本傳》「復入爲尚書左僕射，領衛尉，不拜。仍轉尚書令」。是雖未拜左僕射，而階資已不同外官，故得轉尚書令也。永明三年「夏四月戊戌，以新除右衛將軍豫章王世子子響爲豫州刺史」，亦同此例矣。

永明元年二月辛丑，以隴西公宕昌王梁彌機爲河、涼二州刺史。（《本紀第三・武帝》/四十七頁）

校：「涼」原譌「源」，今據南監本、殿本、局本改正。

議：季海按三年八月丁巳，以行宕昌王梁彌頡爲河、涼二州刺史。亦云「河、涼二州」。又《列傳第四十・羌》宕昌下亦云：「永明元年，八座奏，前使持節、都督河、涼二州軍事……河、涼二州刺史……宕昌王梁彌機……可復先官爵。」並足證「源」當爲「涼」。

夏四月壬午，詔曰：……袁粲、劉秉與先朝同獎宋室，沈攸之於景和之世，特有迺心，雖末節不終，而始誠可録。歲月彌往，宜特優降。（《本紀第三・武帝》/四十七頁）

校：《宋書・袁粲傳》作「宜沾優隆」，《南史・粲傳》同。

議：季海按降如降宥之降。録其始誠，故特優降，或許修材槨，或營葬舊墓，如是而已。三人並志在傾齊，爲齊所誅，安得云「宜沾優隆」也。《宋書》、《南史》之文，若非後人所改，即休文所書，延壽所據，爲袁粲之故，曲改詔文耳。《王智深傳》：「世祖使太子家令沈約撰《宋書》，擬立《袁粲傳》，以審世祖。世祖曰：『袁粲自是宋家忠臣。』」又：「初，智深爲司徒袁粲所接，及撰《宋紀》，意常依依。」是休文於粲，不爲無意，下筆依依，恐不獨智深一人而已也。然子顯所録，近得其真。

四年閏月辛亥，車駕藉田。詔曰：……六（仞）〔稔〕可期。（《本紀第三·武帝》/五十一頁）

校：「稔」據南監本、局本改。

議：季海按此用《大招》「五穀六仞」之文，南監臆改，局本承其誤耳。

五年九月己丑，詔曰：……自水德將謝，喪亂彌多。（《本紀第三·武帝》/五十四頁）

校：「彌」《元龜》五百二作「弘」。

議：季海按弘既宋諱，《元龜》之文必不誤。今《齊書》作彌者，當緣宋本諱弘，作字不成，後印剜補，誤認是「弥」之壞字，遂徑改從「彌」耳。

六年八月乙卯，詔：……賜痼疾篤癃口二斛，老（落）〔疾〕一斛，小口五斗。（《本紀第三·武帝》/五十五頁）

校：「賜」字上《元龜》一百九十五有「賑」字。「老落」南監本、毛本、殿本、局本並作「老疾」，今據改。按《元龜》一百九十五作「老口」，疑本作「老疾口一斛」。

議：季海按所校極是。依上下文例自當有「口」字，不但《元龜》之文可證，雖「落」字下角，口字猶存。或緣奪字剜補，遂誤合作一字，而又譌其上半耳。

七年夏四月戊寅，詔曰：……乃聞同牢之費，華泰尤甚。膳羞方丈，有過王

侯。……竝可擬則公朝，方檦供設，合巹之禮無虧，寧儉之義斯在。（《本紀第三·武帝》/五十六頁）

議：季海按《禮志上》「永泰元年，尚書令徐孝嗣議曰：……又《郊特牲》曰『三王作牢用陶匏』。言太古之時，無共牢之禮，三王作之，而用太古之器，重夫婦之始也。今雖以方檦示約，而彌乖昔典」，是當時合巹之禮，用方檦也。尋《廣韻》四紙「絫，力委切」六下有「檦，似盤，中有隔也。又音縲」，是其制如今之果盤。今果盤正似盤，中有隔，或以瓷，或以漆爲之。其制或方或圓。廣州華僑新村竹園崗 49 號墓出土三足格盒一件，「斂口，唇微上卷與蓋吻合，腹部淺圓，平底附三短足」。「器内分成七格，中間三格，兩邊各二格，與現在的果盒形式相似。通鈕高 14.8，腹徑 28.2 厘米」（見《考古學報》一九五八年第二期：麥英豪《廣州華僑新村西漢墓》）。此器正是圓檦，但附三短足耳。江左於嘉禮用之，或者尚沿漢俗矣。

八年八月乙酉，以行河南王世子休留成爲秦、河二州刺史。（《本紀第三·武帝》/五十八頁）

校：「休留成」毛本、殿本、局本作「休留代」，《梁書》、《南史》同。《河南傳》作「休留茂」。《通鑑》從《魏書》作「伏連籌」。又「秦、河二州」當依《河南傳》作「西秦、河二州」。

議：《周書·列傳·異域下·吐谷渾》：「自吐谷渾至伏連籌一十四世。伏連籌死，子夸呂立，始自號爲可汗。」校勘記云：「《梁書》卷五四《河南傳》『伏連籌』作『休運籌』，誤，又云『籌死，子呵羅真立』，夸呂當是稱號，其名是呵羅真。」季海按《廣韻》留在十八尤「劉，力求切」下，連在二仙「連，力延切」，留、連雙聲。成在十四清「成，是征切」，是禪三字，《切韻》作前舌面擦音，李榮擬作ʑ；籌在十八尤「儔，直由切」下，是澄紐字，《切韻》前舌面塞音，李榮擬作ȡ，聲亦相近（《切韻》音見李榮《切韻音系》）。或擬禪母古音爲舌面濁音ȡ，則與澄紐同讀（見周祖謨《禪母古音考》）。《切韻》尤，李榮擬 iu，仙擬 iɛn，清擬 iɛŋ。當時方言，或失去 ŋ、n，即 iɛ、in 亦或相亂，故有留、連、成、籌，之殊，要是一人，譯音小異耳。休、伏字形相近，必有一誤。《通鑑》從《魏書》近得其真，休其伏之譌乎？　代、茂並成之形誤，當依百衲本《紀》文正之。

内殿鳳華、壽昌、耀靈三處，是吾所治製。……謂此爲奢儉之中，慎勿壞去。（《本紀第三・武帝》/六十二頁）

議：季海按《金樓子・箴戒篇》：「齊武帝内殿則張帷，雜色錦複帳。帳之四角爲金鳳凰，銜九子鈴，形如二三石瓮，垂流蘇珥羽，其長拂地。施畫屏風，白紫貂皮褥，雜寶枕，金衣机。名香之氣，充滿其中。外讌既畢，則環而卧。」又：「齊武帝嘗於内殿環卧，合歌姬舞女，奏樂於帷幔之前。爲歡曲則拊几稱佳，起哀聲則引巾拭淚。」齊武内殿施爲，略見於此。

頗不喜遊宴、雕綺之事，言常恨之，未能頓遣。（《本紀第三・武帝》/六十二頁）

議：季海按：《皇后傳》：「永明中無太后、皇后，羊貴嬪居昭陽殿西，范貴妃居昭陽殿東，寵姬荀昭華居鳳華柏殿。宮内御所居壽昌畫殿南閣，置白鷺鼓吹二部，乾光殿東西頭，置鍾磬兩廂，皆宴樂處也。上數遊幸諸苑囿，載宫人從後車，宫内深隱（《金樓子·箴戒篇》載此文「隱」作「密」），不聞端門鼓漏聲，置鐘於景陽樓上，宫人聞鐘聲，早起裝飾，至今此鐘唯應五鼓及三鼓也。車駕數幸琅邪城（此下文亦見《箴戒篇》），宫人常從，早發至湖北埭，鷄始鳴。」《金樓子·箴戒篇》：「齊武帝嘗與王公大臣共集石頭烽火樓，令長沙王晃歌子夜之曲。曲終，輒以犀如意打牀，折爲數段。爾日遂碎如意數枚。」又：「有寵姬何美人死，帝深悽愴。後因射雉，登巖石以望其墳。乃命布席奏伎，呼工歌陳尚歌之，爲吴聲鄙曲，帝掩嘆久之，賜錢三萬，絹二十匹。」又：「齊武帝時，隱靈寺雕飾炫麗，四月八日皆往往以宦閹防門。有禮拜者，男女不得同日至也。僧尼竝皆姸少，俗心不盡，或以箱簏貯姦人而進之。後爲覘伺所得，竝皆誅死。」又：「時内人出家爲異衣，住禪靈寺者，猶愛帶之如初。」是頤未嘗不好遊宴雕綺，《金樓子》書齊武事，乃在《箴戒篇》，良有以也。子顯既曲爲之諱，宜多所刊削，《金樓子》亦殘闕已甚，故其遺事不盡可見耳。然視鬱林東昏之童昏狂狡，自不可同日而語。史稱「爲治總大體，以富國爲先」，雖未能無愧斯言，要有永明之盛，亦足書也。

南齊書卷四校議

永明十一年九月癸丑，詔東西二省府國，長老所積，財單祿寡，良以矜懷。（《本紀第四・鬱林王》/七十頁）宋本卷末舊校：東西二省府國長老，一本長字作屯。（疑）

校：「老」毛本、殿本、局本作「屯」。按南監本亦作「老」，作「老」是。此言東西兩省冗官及諸王府國行事皆是勞舊，故云「長老所積」。

議：季海按毛本以下並從一本作「屯」，非是，校勘記是也。尋《明帝紀》建武元年十一月庚子詔曰：「日者百司耆齒，許以自陳，東西二省，猶沾微俸，辭事私庭，榮祿兼謝，興言愛老，實有矜懷。」是二省故多耆齒。《百官志》「散騎常侍、通直散騎常侍、員外散騎常侍」下云，「其通直、員外，用衰老人士，故其官漸替」，散騎爲「東省」，東省如是，西省可知。推之府國，又何疑焉。故云「長老所積」也。建武詔云「猶沾微俸」，與永明詔云「財單祿寡」，故自相應。

隆昌元年七月……居嘗躶袒，著紅穀褌雜采（相）〔袙〕服。好鬥雞，密買雞至

數千價。（《本紀第四·鬱林王》/七十三頁）

校：「袓」據南監本、局本改。按殿本及《南史·齊紀》作「袒」，亦譌。

議：季海按《金樓子·箴戒篇》：「齊鬱林王既嗣位，嘗夜中與宦者共刺鼠至曉，皆用金銀釵，以金花獸紅綸爲襦。」子顯於此紀不書刺鼠事。然於《東昏侯本紀》云「嘗夜捕鼠達旦，以爲笑樂」，豈鬱林東昏同有此癖耶？又禪下可著頓號。

壬辰……出西弄，殺之。（《本紀第四·鬱林王》/七十四頁）

校：「殺」南監本、局本作「弒」。「弄」局本作「衖」。按弄衖音義並同。《通鑑》胡注云：「此延德殿之西弄也。」

議：季海按《廣韻》四絳：「巷，街巷。……胡絳切三。衖，上同，亦作𨞙」，是「衖」即巷字。《說文·䣈部》：「䢽，里中道，从䣈，从共，皆在邑中所共也。䣊，篆文从䣈省。」《唐韻》：「胡絳切」，此《廣韻》所本。《說文·廾部》：「弄，玩也。从廾持玉」，《唐韻》：「盧貢切」，《廣韻》一送音義並同，是唐宋相承衖、弄音義並不同也。故宮博物院景印唐寫本王仁昫《刊謬補缺切韻》：巷，胡降反（李榮《切韻音系》單字音表江攝匣紐絳二），弄，盧貢反（李表通攝來紐送一），是王、孫二讀並同，蓋上承陸生《切韻》之舊，然古音衖、弄並在東部，其爲一名孳乳，又可知也。《切韻》絳、送異讀者，正段君所謂：「降巷雙邦龐厖字，今韻析爲江絳韻，即第九部轉入第十部之音也。」大氏當時衖、巷字已轉如十部呼之，故不知江左言弄之即衖、巷古音之遺，遂別書作弄爾。然今吳語弄、巷並行，雖尋源莫二，而撫事已殊，蓋江左人語，已自如此，學者貴通古今，便當究其源委也。子顯書作弄字，自據當時所行，如竟改書作衖，則江東舊語亡矣。

南齊書卷六校議

始安貞王道生子也。小諱玄度。（《本紀第六·明帝》/八十三頁）

議：《金樓子·興王篇》：齊高謂太祖曰：「龍子死，當屬阿度。」原注：「阿度，齊明小名。」

太官進御食，有裹蒸，帝曰：「我食此不盡，可四片破之，餘充晚食。」（《本紀第六·明帝》/九十二頁）

議：「破」本當云「剖」。《説文·刀部》：「剖，判也。从刀咅聲。」《唐韻》：「浦后切。」今作破者，吴語呼剖曰破，音如 p'u，从去聲呼之，今語猶爾。王仁昫《刊謬補缺切韻》破，普卧反（李《表》果攝滂紐箇一開）；剖，普厚反（李《表》流攝滂紐厚一）。李擬歌韻作 iɑ，尤韻作 iu。今謂此或洛下所行；金陵讀破，必不作 p'iɑ，或當如今吴語作 p'u，故能借爲剖 p'iu 也。

上初有疾，無輟聽覽，秘而不傳。及寢疾甚久，勑臺省府署文簿求白魚以爲治，外始知之。（《本紀第六·明帝》/九十二頁）

議：《金匱要略方論·消渴小便利淋病脈證并治》第十三：「小便不利，蒲灰散主之。滑石白魚散、茯苓戎鹽湯並主之。」「滑石白魚散：滑石二分亂髮二分燒白魚二分。右三味杵爲散，飲服半錢匕，日三服。」丹波元簡《金匱玉函要略輯義》云：「亂髮，《本經》主五淋。」「《本經》云：衣魚一名白魚，主婦人疝瘕小便不利。又《南齊書》明帝寢疾甚久，敕臺省府署文簿求白魚以爲治，是也。沈云，白羹魚，諸注並仍之，不可從。」（南京中醫學院編《金匱要略譯釋》引）丹波説並是也。引沈云，當是沈明宗《沈注金匱要論》。然則蕭鸞正死於小便不利若淋病之類矣。

南齊書卷七校議

永元元年六月己酉，新除右衛將軍崔惠景爲護軍將軍。（《本紀第七·東昏侯》/九十八頁）

議：「惠」當爲「慧」。雖古慧、惠字通，然本書止作「慧」。《本傳》云：「東昏即位，改領右衛將軍。……未拜。」《紀》下云「十一月乙丑，護軍將軍崔慧景加平南將軍」是也。

二年三月乙卯，遣中領軍王瑩率衆軍屯北籬門。壬戌，慧景至，瑩等敗績。（《本紀第七·東昏侯》/一百頁）

校：「王瑩」《通鑑》作「左興盛」，《考異》云從《崔慧景傳》。

議：季海按《崔慧景傳》：「臺遣中領軍王瑩都督衆軍，據湖頭築壘，上帶蔣山西巖，實甲數萬。……慧景……分遣千餘人魚貫緣山，自西巖夜下，鼓叫臨城中。臺軍驚恐，即時奔散。帝又遣右衛將軍左興盛率臺内三萬人，拒慧景於北籬門，望風退走。」如《傳》所書則瑩所督實甲數萬，實在臺外，慧景緣山夜下，故已即時奔散。帝又遣左興盛所率臺内三萬人，拒慧景於北籬門，初無王瑩。尋《紀》於二年三月乙卯前書「壬子，右衛將軍左興盛督京邑水步衆軍」，去乙卯三日耳。興盛本督水軍在外，故及其敗走猶逃淮渚荻舫中。臺軍屯北籬門，事在乙卯，去壬戌慧景至，尚可七日。王瑩時爲中領軍，何以《傳》於西巖夜下後，不見王瑩蹤跡。且鼓叫臨城，叙於屯北籬前，是豈乙卯前事邪？今謂《傳》文叙事雖詳，而年月次第、部署先後轉不如《紀》文爲得其實。以《紀》文有《起居注》可據，《傳》文多摭行狀，時頗失實也。頗謂此當從《紀》，《傳》爲王瑩諱，故專委敗績之罪於左興盛耳。蕭史成於梁世，瑩固新朝佐命也。《通鑑》：「天監元年夏四月丁卯，以中書監王亮爲尚書令。相國左長史王瑩爲中書監。」其階資在沈約、范雲前。

三年十二月丙寅，新除雍州刺史王珍國、侍中張稷率兵入殿廢帝。（《本紀第七·東昏侯》/一百〇二頁）

議：季海按蕭史原本自作「廢」，南監本臆改，不足據。

校：「廢」南監本作「弑」。

拜愛姬潘氏爲貴妃，乘卧輿，帝騎馬從後。著織成袴褶，金薄帽。（《本紀第七·東昏侯》/一百〇三頁）

議：季海按《金樓子·箴戒篇》：「齊東昏侯嘗爲潘妃御車」，又云：「潘妃嘗著裲襠袴」，蕭史並不書。金簿帽當爲「金薄帽」。金薄字見於蕭史者，或爲「箔」，《高帝紀》：「太祖輔政，罷御府，省二尚方諸飾玩。至是又上表禁民間華僞雜物：不得以金銀爲箔」，是也。或爲「薄」，

《海陵王紀》：「延興元年八月乙卯，申明織成、金薄、綵花、錦繡履之禁」，是也。

置射雉場二百九十六處，翳中帷帳及步鄣，皆袷以緑紅錦，金銀鏤弩牙，瑇瑁帖箭。（《本紀第七·東昏侯》／一百〇三頁）

議：季海按此當以「弩牙」句絶。《釋名·釋兵》釋弩曰「鈎絃者曰牙，似齒牙也」。《莊子·胠篋篇》「夫弓弩畢弋機變之知多，則鳥亂於上矣」，陸氏《音義》：「李云：弩牙曰機。」是其義。尋《金樓子·箴戒篇》「宋蒼梧王昱嘗置射雉場二百處，翳中帷帳，皆緑紅錦爲之。金銀鏤弩牙，瑇瑁帖箭」，其事略同。豈蒼梧、東昏，先後一轍；抑梁元此文本屬東昏，或《大典》隸事有誤，或書倉輯録失次，遂令今書猥題蒼梧耶（此處標點錯誤，一九七四年重印時已改正）？

青莽金口帶。（《本紀第七·東昏侯》／一百〇四頁）**宋本卷末舊校：青莽（疑）。**

校：「青莽」《元龜》二百十八作「青葩」，按「莽」不成字，故舊校以爲疑。

議：季海按《金樓子·箴戒篇》作「青金鉛帶」。今謂「金口帶」字不誤，《輿服志·輦車》「扶轅，銀口帶」，是其比。但此《紀》所云，是壁帶耳。口借爲釦，《説文·金部》：「釦，金飾器口，从金从口，口亦聲。」（《唐韻》：「苦厚切。」）是其義。《金樓子》或作「釦帶」，又奪青下一字，因謂青金是鉛，遂誤改「釦」作「鉛」字耳。

世祖興光樓上施青漆，世謂之「青樓」。帝曰：「武帝不巧，何不純用瑠璃。」（《本紀第七・東昏侯》/一百〇四頁）

議：季海按《金樓子・箴戒篇》：「齊東昏侯以青油爲堂，名琉璃殿。穿針樓在其南，最可觀望。上施織成帳，懸千條玉珮，聲晝夜不絶。地以錦石爲之。殿北開千門萬户。又有千和香，香氣芬馥，聞之使人動諸邪態，兼令人睡眠。」梁元記東昏事，足補蕭史之遺。其云「青油」，即「青釉」字，今云琉璃瓦者近之。東昏譏武帝興光樓施青漆爲不巧，云「何不純用琉璃」，遂自作之爾。

虎魄釧一隻，直百七十萬。（《本紀第八・東昏侯》/一百〇四頁）

議：季海按《金樓子・箴戒篇》：「琥珀釧一隻，直七千萬。」觀此知今言一隻，猶是江東舊語。

猶不能足，下揚、南徐二州橋桁塘埭丁計功爲直，斂取見錢，供太樂主衣雜費。由是所在塘瀆，多有隳廢。（《本紀第七・東昏侯》/一百〇四頁）

議：季海按《王敬則傳》：「尋遷爲……都督會稽、東陽、新安、臨海、永嘉五郡軍事、鎮東將軍、會稽太守。……會土邊帶湖海，民丁無士庶皆保塘役，敬則以功力有餘，悉評斂爲錢（校：悉評斂爲錢「評」《通典》作「課」）。送臺庫以爲便宜，上許之。竟陵王子良啟曰：

『……臣昔忝會稽，粗閑物俗，塘丁所上，本不入官。良由陂湖宜壅，橋路須通，均夫訂直，民自爲用。若甲分毀壞，則年一修改；若乙限堅完，則終歲無役。今郡通課此直，悉以還臺，租賦之外，更生一調。致令塘路崩蕪，湖源泄散，害民損政，實此爲劇。』……上不納。」是敬則所爲，已啟東昏之先，而東昏以還，塘瀆隳廢之機，子良已洞見之矣。良法美政，齊武猶不能守，而況東昏乎？

後堂儲數百具榜，啟爲城防，帝云擬作殿，竟不與。（《本紀第七・東昏侯》/一百〇六頁）

議：季海按《金樓子・説蕃篇》：「劉休範……上表治城樓堞，多解榜板，擬以供用。遂舉兵反，虜發百姓船乘，使軍隊稱力請受，付以先解榜板，合手裝治，二三日間，便悉整辦。」《通鑑・宋紀》元徽二年夏五月壬午云：「桂陽王休範反，掠民船，使軍隊稱力請受，付以材板，合手裝治，數日即辦。」以榜板爲材板，得之。大徐本《説文》：「榜，所以輔弓弩，从木旁聲。」《唐韻》：「補盲切。」臣鉉等案李舟《切韻》：「一音北孟切，淮船也；又音北朗切，木片也。今俗作牓，非。」此正當作北朗切，木片也。《廣韻》三十七蕩榜字音義正如此，蓋本李舟《切韻》舊文。

宣德太后令曰：……兆庶恇恇，流宂道路。（《本紀第七・東昏侯》/一〇七頁）

校：「宂」南監本、殿本作「竄」。

議：《後漢書·光武帝紀》：建武元年九月辛未詔曰：「更始破敗，棄城逃走，妻子裸袒，流宂道路。」注：「宂，音人勇反。宂，散也。」此令全用光武詔文，南監本、殿本臆改，非是。

南齊書卷八校議

永元二年十一月甲寅，長史蕭穎胄殺輔國將軍、巴西梓潼二郡太守劉山陽，奉梁王舉義。（《本紀第八・和帝》/一百一十一頁）

校：周星詒校勘記云：「疑『梁』字譌。」按蕭穎胄爲荆州行事，當云奉南康王舉義，《御覽》一百二十九引作「奉王舉義」，《南史・齊紀》同，王謂南康王，疑此「梁」字衍。

議：季海按二校並失之。尋《東昏侯紀》：「永元二年……十二月，雍州刺史梁王起義兵於襄陽。」校記云：按《通鑑》繫此事於十一月乙巳。《考異》云：「《齊帝紀》『十二月，梁王起義兵於襄陽』誤也。」《考異》及校是也。梁王起兵，建康不知，聞信而書，已後一月，又不能日，其爲得諸傳聞不審之言可知。子顯即承當時《起居注》書之，故有此誤。《通鑑》從《梁書・高祖紀》（亦見《考異》），故月日並確。乙巳先甲寅九日，是梁王起兵於前，穎胄響應於後，當時推爲戎首，故云奉梁王舉義耳。《蕭穎胄傳》具言：雍州刺史梁王將起義兵，慮穎胄不識機變，書與穎胄，勸同義舉之故。《通鑑》書之，尤極委曲。是穎胄此舉，實出衍謀，《和紀》所書，故是實録。奉王舉義，與擁立爲帝，故是兩事。《和紀》此下書：「戊午，梁王上表勸進。十二月乙亥，群僚勸進，並不許。」上表勸進，猶自梁王發之，知穎胄甲寅舉義，初無擁立南康之事。《和紀》明書：「丙辰，以雍州刺史梁王爲使持節、都督前鋒諸軍事、左將軍。丁巳，以蕭穎胄爲右將軍、都督行留諸軍事。」位則衍左而穎胄右，任則衍督前鋒，而穎胄督行留，以是言之，《紀》書穎胄奉梁王舉義，有何不可？李延壽未能細審當時情事，誤謂南康長史，不得遠奉梁王，輒删「梁」字、所失已多。《御覽》並改本書，則其愆彌甚矣。

南齊書卷九校議

晉初司空荀顗因魏代前事，撰爲《晉禮》。（《志第一·禮上》/一一七頁）

議：季海按《宋書·禮志》云：「晉始則荀顗、鄭沖詳定《晉禮》。」「顗」或作「顗」。

永明二年，太子步兵校尉伏曼容表定禮樂。於是詔尚書令王儉制定新禮，立治禮樂學士及職局，置舊學四人，新學六人，正書令史各一人，幹一人，秘書省差能書弟子二人。因集前代，撰治五禮，吉、凶、賓、軍、嘉也。（《志第一·禮上》/一一八頁）

議：季海按《禮上》永元元年，步兵校尉何佟之議有云「佟之任非禮局，輕奏大典，寔爲侵官」，正謂此也。

兼太常丞蔡仲熊議：……尋明堂之在郊前一刻，而進獻奏樂，方待郊還。（《志第一·禮上》/一二四頁）

議：季海按仲熊以「郊還即祭，是用《鄭志》之説」，「蓋爲《志》者失，非玄意也」（並見上文），故上文引《周禮·大司樂》「凡大祭祀，宿縣」之文，謂「宿縣之旨，以日出行事故也」。「果日出行事，何得方俟郊還？」此係東京，《禮儀志》不記祭之時日，又引《志》云明堂進熟，在郊前一刻，以見《鄭志》郊還即祭之誤爾。此文「方待郊還」上亦當有「何得」字，文義始明。此省之者，或史家於上下文有所删改，求簡太過，文義轉晦；或緣已見上文，故作反詰語，以避重複，若爾，「方待郊還」後當標作問號。

建元四年，尚書令王儉採晉中朝《諒闇議》奏曰：……事興漢世，而源由甚遠。（《志第一·禮上》／一三一頁）

議：季海按郝懿行《晉宋書故》元由條云：「《宋書·王景文傳》：臣遣李武之問儼元由。懿行案：元，始初也。由，萌蘖也。論事所起，或言元起，或言元來，或言元故，或言元舊，皆是也。今人爲書元俱作原字。如官曰原任，詩曰原韻，文曰原文，以物質錢曰原當，以錢贖物曰原價。凡此之類，有數十條。習貫爲常，不加更正。推厥所由，蓋起於前明初造，事涉元朝，文字簿書，率皆易元爲原。沿至今日，習非成是，不察所安。是説也，余聞之牟默人云。」然源由即元由，王儉已用「源」字。又《樂志》云：「角抵、像形、雜伎，歷代相承有也。其增損源起，事不可詳。」是元起字蕭子顯亦用「源」字。牟氏所云，顧炎武已先言之。《日知録》卷三十二元字條云：「元者，本也。本官曰元官，本籍曰元籍，本來曰元來，唐宋人多此語。後人以原字代之，不知何解。原者，再也（原注：《爾雅》：原，再也）。……與本來之義，全不相同。或以爲洪武中臣下有稱元任官者，嫌於元朝之官，故改此字。」又云：「古人亦有稱原官者：後漢張衡《應問》：曩滯日官，今又原之。……乃再官之義也。」郝氏偶未檢此文，故直引牟説，牟亦不言所自，豈亦未見顧書邪？　明初惡元，簿書改易，或是事實。然元作原、源，理本可通。三君之疑，偶弗省耳。尋《説文·灥部》：「厵水泉本也。从灥出厂下。原，篆文从泉。」《唐韻》「愚袁切」，臣鉉等曰：「今别作源，非是。」是原、源本是一字，正篆已从泉、灥，不煩更加水旁，故鼎臣以作源爲非。今人言本源，源源本本與原字本義言水泉本者，初無不合。然則元或作原，本無可疑。况宋本《齊書》已作源字，故不得盡以爲明初人所改也。

魏武都鄴，正會文昌殿，用漢儀，又設百華燈。……晉武帝初，更定朝會儀，夜漏未盡十刻，庭燎起火，群臣集。傅玄《朝會賦》云「華燈若乎火樹，熾百枝之煌煌」。此則因魏儀與庭燎竝設也。（《志第一·禮上》／一四八頁）

議：季海按《玉燭寶典》正月孟春第一：「《魏名臣奏》：司空王朗奏曰：故事正月朝賀，殿下設兩百華燈樹二階之間。端門之内則設庭燎火炬，端門之外則設五尺高燈。星曜月照，雖宵猶晝。」此魏儀百華燈與庭燎竝設故事。

三月三日曲水會，古禊祭也。……趙王倫篡位，三日，會天淵池誅張林。懷帝亦會天淵池賦詩。陸機云「天淵池南石溝，引御溝水，池西積石爲禊堂，跨水，流杯飲酒」。亦不言曲水。（《志第一·禮上》／一四九頁）

議：季海按《齊志》三引晉中朝天淵池故事，都無一言及魏明帝。《玉燭寶典》卷第三三月季春第三：「郭緣生《述征記》云：洛陽城廣陽門，此是魏明帝流杯池，猶有處所。戴延之《西征記》云：天淵之南有東西溝，承御溝水，水之北有積石爲壇，云三月三日御坐流杯處。一本魏明帝天淵池南設流杯石溝。陸機《洛陽記》：蘂殿華光殿之西也，流水經其前過，又作積石瀨、禊堂，三月三日帳幔跨此水。御坐處、溝瀨、壇堂小異，曲水流杯義同，便有帝王故事，非唯黎庶而已。」杜引郭《記》有魏明帝流杯池，而不云天淵池，引戴《記》天淵南有積石爲壇，是御坐流杯處，而不云魏明帝。陸《記》不云天淵池，與《齊志》小有出入，亦可是杜引省略。然此下云「又作積石瀨、禊堂」，亦不云魏明帝，其言「積石瀨」，與《齊志》之但云「積石爲禊堂」者亦不同。則史家求簡太過，轉失其真，未若杜氏所引之差爲完具也。今謂積石瀨、禊堂當以陸《記》爲審，三月三日帳幔跨水，亦必士衡見聞所及。至延之作《記》時，諒禊堂已圮，故但云積石爲壇而已。然皆不云「魏明帝天淵池南設流杯石溝」也。此文蓋出後世傳聞失實之言，流俗不悟，輒以附益戴《記》，杜所云「一本」是也。其實不但延之作《記》時初無是言，雖子顯作史時猶不聞有是也。酈道元《水經注》備引郭、戴二《記》，於天淵池下猶不云魏明帝曾設流杯石溝，則戴《記》一本之出後人附會可知矣。其必附會魏明帝者，「以爲洛陽宮殿故基，皆魏明帝所造」爾（見《通鑑·齊紀》五：建武元年，魏中書侍郎韓顯宗上書陳四事。「其二」下）。

應劭云：「禊者，絜也，言自絜濯也。或云漢世有郭虞者，以三月上辰生二女，上巳又生一女，二日中頻生皆死，時俗以爲大忌，民人每至其日，皆適東流水祈祓自絜濯，浮酌清流，後遂爲曲水。」（《志第一・禮上》／一四九—一五〇頁）

議：應語迄「絜也」，下引號當標於「也」字後。「或云」以下出《風土記》注，「漢」字前應加上引號。知者，《風俗通・祀典》第八「禊」條云：「禊者，絜也。」（元大德本「絜」作「潔」，似出剜改。《文選》顔延年《三月三日曲水詩序》李注引「潔」作「絜」，與《齊志》合，今從二家所引校正）是應説止此。又《玉燭寳典》三月季春第三云：「《風土記》云『壽星乘次，元巳首辰，祓醜虞之遐穢，濯東朝之清川』，注云：『漢末郭虞以三月上辰上巳生三女並亡，時俗迨今，以爲大忌。是日皆適東流水上，祈祓潔濯。』宋、齊《志》引爲故事，此言不經，未足可採。」是郭虞云云，本出《風土記》注，杜氏且明言《齊志》引爲故事矣。且如杜引，事出漢末，乃與仲遠同時，安得遽爲故事，而見稱於劭也。杜氏又引《續齊諧記》：「晉武帝問尚書摯仲治：三日曲水，其義何指？答曰：漢章帝時平原徐肇以三月初生三女，至三日而俱亡，一村以爲怪，乃相携之水邊盥洗，遂因流水以濫觴，曲水之義起此。帝曰：若如所談，便非嘉事。尚書郎束皙曰：仲治小生，不足以知此，臣請説其始。昔周公卜城洛邑，因流水以汎酒，故《逸詩》云：羽觴隨波流。又秦昭王三日上巳置酒河曲，有金人自淵而出，奉水心劍曰：令君制有西夏，此乃其處，因立爲曲水。二漢相沿，皆爲盛集。帝曰：善。賜金五十斤。左遷仲治爲陽城令。」《文選》顔延年《三月三日曲水詩序》李注引《續齊諧記》文略同，而《齊志》遂無《記》文所云一字，知此《記》梁以來人所造，書名《續齊諧》，即其所記可知矣。杜氏譏二《志》引《風土記》注，以爲不經，《寶典》乃引《續齊諧記》，罔知其謬，何歟？其實摯、束答問，前史無聞，周公逸《詩》，乃作五字，此等但可取諧閭里，均之談笑，豈能引爲典記，同諸故實哉？延年又在沈、蕭之前，安能引及此《記》，李善援以入注，難免書簏之誚已。

南齊書卷十校議

有司奏：「大明故事，太子妃玄宫中有石誌。參議墓銘不出禮典。近宋元嘉中，顔延作王球石誌。素族無碑策，故以紀德。自爾以來，王公以下，咸共遵用。儲妃之重，禮殊恒列，既有哀策，謂不須石誌。」（《志第二·禮下》/一五八頁）

議：季海按「有司奏」訖於「有石誌」，「誌」下當有下引號。參議以下實王儉議，「墓銘」上當有上引號。尋《文選》「墓誌」，李善注：「吴均《齊春秋》：王儉曰：石誌不出禮典，起宋元嘉顔延之爲王琳《石誌》。」是吴均書王球作王琳，然參議云云，實出王儉，又可知也。封演《聞見記》「石誌」條：「齊太子穆妃將葬，立石誌。王儉曰：石誌不出禮經，起元嘉中顔延之爲王琳石誌。素族無名策，故以紀行述耳，遂相祖習。儲妃之重，禮絶常例，既有哀榮（一本改策），不煩石銘。」封氏引儉議王球亦爲王琳，文句亦與《齊志》小異，當出吴均《齊春秋》。依李、封所引，則參議之言，出於王儉審矣。《志》引參議云「咸共遵用」，封引王儉曰「遂相祖習」者，今江淹《集》有《宋故尚書左丞孫緬》、《齊故御史中丞孫詵墓誌文》，是其事也。《聞見記》又云：「東都殖業坊十字街有王戎墓。隋代釀家穿旁作窖，得銘曰晉司徒尚書令安豐侯王君銘，有數萬字。然

（一本云乃知）古人葬者亦有石誌，但不如今代貴賤通爲之耳。」若所記不虛，是石誌西晉已有之。

明杖朞之祥，不得方於緑縞之末。（《志第二·禮下》/一六一頁）

校：「緑」《通典·禮典》作「緇」。

議：季海按《禮記·問傳》：「又期而大祥，素縞麻衣。中月而禫，禫而纖。」鄭注：「大祥除衰杖。黑經白緯曰纖，纖或作緑。」大祥後縞冠，禫後緑冠，故云「緑縞之末」。《通典》作「緇」，豈據黑經而言邪？然禮有明文，無煩改作，所未詳也。

南齊書卷十一校議

北郊樂歌辭，……皇帝入壇東門奏《永至》，飲福酒奏《嘉胙》，還便殿奏《休成》。……皇帝初獻，奏《地德凱容之樂》。……次奏《昭德凱容之樂》。（《志第三·樂》/一七〇—一七一頁）

議：季海按《隋書·志第八·音樂上》：「初武帝詔求宋、齊故事。太常卿周弘讓奏曰：齊氏承宋，咸用元徽舊式，宗祀朝饗，奏樂俱同，唯北郊之禮，頗有增益。皇帝入壝門，奏《永至》；飲福酒，奏《嘉胙》；太尉亞獻，奏《凱容》；埋牲，奏《隸幽》；帝還便殿，奏《休成》；衆官並出，奏《肅成》。此乃元徽所闕，永明六年之所加也。唯送神之樂，宋孝建二年秋《起居注》云『奏《肆夏》』，永明中，改奏《昭夏》。」是子顯此《志》所書即永明六年所加也。惟蕭《志》南郊「群臣出入，奏《肅咸之樂》」，北郊唯書「群臣入奏《肅咸樂》」，疑臣出亦同。若爾，則《隋志》「衆官並出奏《肅成》」，「成」當爲「咸」。

明堂歌辭……賓出入奏《肅咸樂》，……璆縣凝會，（埍）〔琄〕朱竚聲。（《志第三·樂》/一七三頁）

校：「琄」據南監本、局本改。

議：季海按此用漢《郊祀歌·天地八》「璆磬金鼓，靈其有喜」及「鳴琴竽瑟會軒朱」（顏注：師古曰：「璆，美玉名，以爲磬也。」「軒朱即朱軒也。總合音樂，會於軒檻之前。」）之文。若「埍」謂磬聲，則字當爲「鋗」。《天地八》下云「展詩應律鋗玉鳴」（晉灼曰：「鋗，鳴玉聲也。」），《齊志》：太祝祼地，奏《登歌辭》，正作「鋗玉登聲」，是「埍」當爲「鋗」；一本作「琄」，臆改無據。然「鋗，音火玄反」（見顏注），與軒音近，疑「埍」本作「軒」，聲之誤也；亦可宋之校書者未詳「軒朱」所出，第見上云「璆縣」，下云「竚聲」，逕改作「鋗」爾。不然，豈江左《漢書》別本「軒朱」字作「鋗朱」，與小顏異讀邪？書缺有間，未敢質言，姑記所疑，以俟知者。

雩祭歌辭。（《志第三·樂》／一七六頁）

議：季海按《四部叢刊》影印明鈔本《謝宣城詩集》卷第一《樂府》有《齊雩祭歌八首》（《謝宣城詩集》，以下簡稱《集》）。

選貞辰。……秏下土，荐穜稑。震儀警。……胥𩰫芬，圭瓚瑟。……停龍轙。……祥風靡。

議：季海按《集》「選」作「練」，是也。漢《郊祀歌》有「練時日」，師古曰：「練，選也。」今《志》作「選」，當出宋人臆改。《集》「秏」作「耗」，「荐」作「薦」，二文並通。《集》「震」作「宸」，是也。

今《志》作「震」，形之誤也。《集》「膋」作「秬」，「瑟」作「苾」。漢《郊祀歌·練時日》云「焫膋蕭」，注：「李奇曰：膋，腸間脂也。蕭，香蒿也。師古曰：以蕭焫脂，合馨香也。」《小雅·信南山》云「取其血膋」，箋云：「膋，脂膏也。血以告殺，膋以升臭，合之黍稷，實之於蕭，合馨香也。」《大雅·生民》云「取蕭祭脂」，傳：「取蕭合黍稷，臭達牆屋。既奠而後爇蕭，合馨香也。」箋：「至其時取蕭草與祭牲之脂，爇之於行神之位，馨香既聞，取羝羊之體以祭神。」是凡祭，以蕭焫脂，合馨香也。故歌云「膋鬯芬」。《信南山》「祭以清酒」，箋：「清謂玄酒也。酒鬱鬯五齊三酒也。祭之禮先以鬱鬯降神，然後迎牲。」是其義。《大雅·旱麓》：「瑟彼玉瓚，黄流在中。」傳：「玉瓚，圭瓚也。黄金所以飾。流，鬯也。九命然後錫以秬鬯圭瓚。」箋云：「瑟，絜鮮貌。黄流，秬鬯也。」苾當爲瑟，《集》疑宋人所改。《集》「犧」作「轙」，尋《爾雅·釋器》「載轡謂之轙」，郭注：「車軛上環轡所貫也。」「犧」當從《集》作「轙」。《集》「風」作「雲」。

對泯祉。（《志第三·樂》/一七六頁）

校：「泯」南監本、局本作「泯」。

議：季海按「泯」《集》作「旴」，是也。

右迎神歌辭。（《志第三·樂》/一七六頁）

議：季海按《集》云：「右迎神歌，八章，章四句，句三言。」

靜難荆、舒。（《志第三·樂》/一七六頁）

議：季海按《集》「舒」作「衡」。衡謂「桂陽王休範反，上遣軍襲尋陽，至北嶠」事，《集》是也。

樂被箎絃。（《志第三·樂》/一七六頁）

議：季海按《集》「箎」作「匏」，是也。《志》文疑宋人臆改。

右歌世祖武皇帝。（《志第三·樂》/一七七頁）

議：季海按《集》云：「右世祖武皇帝歌，三章，章八句，句四言。」

（樽）〔奠〕春酒。（《志第三·樂》/一七七頁）

校：「奠」據南監本、局本改。

議：季海按：《集》作「奠」。

右歌青帝。（《志第三·樂》/一七七頁）

議：季海按《集》云：「右青帝歌，三章，章四句，句三言。」

（兩）〔雨〕龍既御炎精來。（《志第三·樂》/一七七頁）

校：「雨」據南監本、毛本、殿本、局本改。

議：季海按《集》作「兩龍在御炎精來」。尋《春秋·元命苞》曰：「時爲夏……位在南方……其帝祝融」（見《玉燭寶典》卷四引），又《山海經·海外南經》曰：「南方祝融，獸身人面乘兩龍。

郭璞曰：火神（原衍「之」字，今删）也。」（見同書引。今本同）此歌赤帝而用兩龍，採《元命苞》說，與《月令》云「其帝炎帝，其神祝融」者不同。鄭注《月令》：「此赤精之君，火官之臣。……炎帝，大庭氏也。祝融，顓頊氏之子曰黎，爲火官也。」杜氏於《元命苞》下自注「今儒家皆以祝融於古帝顓頊氏之子曰黎爲火官者也。此與上帝感五精之帝而生者自相違」，是也。南監本臆改故書，諸本承譌襲謬，並非也。

右歌赤帝。（《志第三·樂》/一七七頁）

議：季海按《集》云「右赤帝歌三章，章二句，句七言」。

炎徂溽暑融。（《志第三·樂》/一七七頁）

議：季海按《集》「徂」作「祖」，形之誤也。

皇流疏已清，原隰甸已平。（《志第三·樂》/一七七頁）

議：《集》「皇」作「泉」，是。「甸已平」作「遠而（一作句已）平」。「句已」當爲「甸已」，《集》本宋人臆改，一本「甸」誤作「句」，並當以《志》文爲正。此用《小雅·信南山》：「信彼南山，維禹甸之。畇畇原隰，曾孫田之。」傳：「甸，治也。畇畇，墾辟貌。」

右歌黄帝。（《志第三·樂》/一七七頁）

議：季海按《集》云：「右黄帝歌三章，章四句，句五言。」

精景應徂商。（《志第三·樂》/一七七頁）

議：季海按「徂商」《集》作「金方」，宋人臆改。

秋風方嫋嫋。……萬寶咸亦遒。（《志第三·樂》/一七七頁）

議：季海按《集》「秋」作「金」，「亦」作「赤」。

右歌白帝。（《志第三·樂》/一七七頁）

議：季海按《集》云：「右白帝歌三章，章二句，句九言。」

飛雲至，天山側。（《志第三·樂》/一七八頁）

議：季海按《集》「雲」作「雪」，是。上已云「望玄雲」，此云「天山側」，正當謂雪。《集》卷第三《答王世子》「飛雪天山來」，可證（「雲」七四年版已改作「雪」）。

充微陽。又萬（觀）〔祚〕臻。（《志第三·樂》/一七八頁）

校：「祚」據南監本、毛本、殿本、局本改。

議：季海按《集》「充」作「統」，「觀」作「祚」。

右歌黑帝。（《志第三·樂》/一七八頁）

議：季海按《集》云：「右黑帝歌三章，章四句，句六言。」

警七耀。（《志第三·樂》/一七八頁）

議：季海按《集》「耀」作「曜」，「皇」作「里」，命作「明」。

右送神歌辭。（《志第三·樂》/一七八頁）

議：季海按《集》云：「右送神歌五章，章四句，句三言。」

舞曲，……《鐸舞》歌辭：夏《夏》殷《濩》，列代有五。……延《太武》。清歌發唱，形爲主。……周期序。時奏宮角。……樂以移風，禮相輔，安有出其所。（《志第三·樂》/一九二頁）

議：《宋書·志》第十二《樂》四：《鐸舞歌詩·雲門篇》作「夏殷《濩》，刑伐有五」，並以蕭《志》爲長。又「延」作「近」，「唱」作「倡」，「形」作「刑」，或古字可通，或文義兩可。又「周期序」作「周其叙」，「時奏宮角」作「時奏宮商」，未知孰是。又「樂以移風」上有「下饜衆目，上從鐘鼓」八字，「禮相輔」上有「與德」二字。「出」作「失」，是齊世於傅玄之辭，蓋有所删定。

《碣石辭》：歌以言志。（《志第三·樂》/一九三頁）

議：依宋《志》，自《白鳩》至《淮南王》凡「《拂舞歌詩》五篇」。宋《志》「言」作「詠」。

《淮南王辭》：願作雙黃鵠。（《志第三·樂》/一九三頁）

議：宋《志》「作」作「化」。蕭云：「後是第五。」依宋《志》是第四。

《公莫辭》：吾何零，子以耶。吾去時母那，何去吾。（《志第三·樂》/一九四頁）

議：前是十九解，宋《志》「吾」作「意」，「耶」作「邪」。後是二十解，宋《志》「那」作「何」，「去」作「吾」。依宋《志》此是《巾舞歌行》。

《白紵歌》，周處《風土記》云：「吴黄龍中童謡云『行白者君追汝句驪馬』。後孫權征公孫淵，浮海乘舶，舶，白也。今歌和聲猶云『行白紵』焉。」（《志第三·樂》/一九四—一九五頁）

議：此謡以三字爲句，者、汝、馬韻，古音同在魚部，吴音猶爾也。者、紵古音正同，故云。

南齊書卷十二校議

昇明三年正月十八日，辰星孟効西方。（《志第四·天文上》/二〇四頁）

校：殿本《考證》云：「按古法候辰星，惟四仲月當見，故劉向封事以辰星見於四孟爲異也。『効』與『耀』音同，疑『耀』字傳寫之誤。」

議：季海按《漢書·天文志》「辰星」下注：「晉灼曰：常以二月春分見奎婁，五月夏至見東井，八月秋分見角亢，十一月冬至見牽牛。出以辰戌，入以丑未，二旬而入。晨候之東方，夕候之西方也。」此其候也，並在四仲之月。辰星効西方，則夕候之也，以孟爲異。《考證》說是也。効，俗效字，《說文》「效，象也」，引申之有見義。《史記·天官書》「其時宜效」，《正義》「效，見也」，是其義。《史記·律書》「雖妙必效情」，《正義》「效，猶見也」，《越世家》「亦效所重」，《集解》引徐廣：「效，猶見也」是《太史公書》見謂之「效」，故習用語。《考證》知引劉向封事以辰星見於四孟爲異，而不知「孟効西方」之効即「見於四孟」之見，何邪？効本不誤，何疑之有。

永元六年：九月庚辰，月在房北頭第一上相星東北一尺，爲犯。又掩犯關楗閉星。（《志第四·天文上》/二一五頁）

校：殿本《考證》云：「星圖有楗閉星，無關楗閉星，『關』字疑衍，或上下有脱字。」

議：蘇頌《新儀象法要》：《渾象東北方中外官星圖》房宿東北有鍵閉，鍵閉東南即罰，鍵閉、罰並當心宿之北，相去甚近。關疑罰之壞字，剜補者誤作關。

永元十年：七月甲戌，月行在畢躔星西北六寸，爲犯。（《志第四·天文上》/二一八頁）

校：殿本《考證》云：「『躔星』二字不可解，其閒恐有脱字。」

議：「九年正月辛丑，月在畢躔西星北六寸，爲犯。」此文星西當爲「西星」，今書互倒，故不可讀耳。《志》云：畢躔西星，疑星之未名者，故但以所在名之。

南齊書卷十三校議

建元元年十月癸酉，有流星大如三升堰。……四年正月辛未，有流星大如三升堰。……永明四年八月辛未，有流星如三升堰。……十一月戊寅，有流星大如二升堰（以上三升堰凡三見，二升堰止一見）。（《志第五・天文下》/二三五頁）永明元年六月己酉，有流星如二升椀。……二年三月庚辰，有流星如二升椀。……四年十二月丁巳，有流星大如三升椀（以上二升椀一見，三升椀一見）。（《志第五・天文下》/二三五頁）

議：依此《志》堰以三升，椀以二升爲常，是堰大於椀也。今書二升堰當作三升堰，三升椀當作二升椀。永明四年十一月戊寅、十二月丁巳其文相次，二、三字互譌耳。堰即俗甌字，椀即俗盌字。《説文・瓦部》「甌，小盆也」，「盌，小盂也」，是也。尋《方言》第五：「甇甀謂之盎（郭注：案《爾雅》：甀，康壺，而《方言》以爲盆，未詳也）。自關而西，或謂之盆，或謂之盎，其小者謂之升甌（注：惡牟反，亦音憂）。」是與許君小盆義正相應，大氐漢語然矣。同篇又曰「甂，陳、魏、宋、楚之間謂之瓺。自關而西謂之甂，其大者謂之甌」，是西京方言又有謂大甂爲甌者矣。《方言》第五又曰：「盂，宋、楚、魏之間或謂之盌。」（注：烏管反）是與許君小盂之義又自相應。《方言》第十三「椀謂之盉。盂謂之銚鋭，木謂之涓抉」，郭注：「椀亦盂屬。江東名盂爲凱，亦曰甌也。蠲抉兩音。」是江東名盂亦曰甌，椀既盂屬，與甌故相類也。大廣益會《玉篇·瓦部》「甌，於侯切，椀小者」，已同甌於椀，惟以大小爲别，其大小又與蕭《志》適相反矣。其《土部》「塸，烏侯切，墓也」，蓋即丘之轉語，與蕭《志》之以爲甌之俗字者形同而實異。

《謝超宗傳》：「超宗既坐，飲酒數甌，辭氣横出，太祖對之甚歡。」甌容三升，數甌即可一斗矣。《梁書·蕭介傳》：「初高祖招延後進二十餘人，置酒賦詩。臧盾以詩不成，罰酒一斗。盾飲盡顔色不變，言笑自若。」是當時上户，多有此量。

南齊書卷十四校議

青州，宋泰始初淮北没虜，六年，始治鬱州上。鬱州在海中，周迴數百里，島出白鹿土，有田疇魚鹽之利。劉善明爲刺史，以海中易固，不峻城雉，乃壘石爲之，高可八九尺。後爲齊郡治。建元初，徙齊郡治瓜步，以北海治齊郡故治，州治如舊。……北海郡：都昌，宋鬱縣，建元改用漢名也。（《志第六·州郡上》／二五九頁）

議：季海按「島出白鹿」當句絶，「土」下屬爲句。宗之青州，泰始六年後治鬱州上，蓋即齊之都昌，故宋鬱縣，當清江蘇海州東北。若兩漢，都昌當在清山東萊州府昌邑縣西二里。尋《水經注》卷三十《淮水》「又東至廣陵淮浦縣入于海」，注：「淮水于縣枝分，北爲游水，歷朐縣與沭合，又逕朐山西，山側有朐縣故城。秦始皇三十五年于朐縣立石海上以爲秦之東門。崔琰《述初賦》曰『倚高艫以周眄兮，觀秦門之將將』者也。東北海中有大洲謂之郁洲。《山海經》所謂郁山在海中者也。言是山自蒼梧徙此，云山上猶有南方草木。今郁州治。故崔季珪之叙

《述初賦》言：『郁洲者，故蒼梧之山也，心悦而怪之。聞其上有僊士石室也，乃往觀焉。見一道人獨處，休休然，不談不對，顧非己及也。』即其賦所云『吾夕濟于郁洲』者也。」又《封氏聞見記》卷第八《二朱山》：「密州之東，臨海有二山，南曰：大朱，北曰：小朱。……此西北數十里有春秋時淳于城。淳于，州國也。吴、楚之人謂居爲于，古謂州爲朱，然則此山當名州山也。漢末崔琰於高密從鄭玄學，遇黄巾之亂，泛海而南，作《述初賦》。其《序》云『登州山以望滄海』，據其處所，正相合也。大朱東南海中有句游島，去岸三十里。俗云：句踐曾游此島，故以名焉。《述初賦》又云：『朝發兮樓臺，四盻兮句榆。頓食兮島山，暮宿兮郁州。』郁州，今海州東海縣，在海中。《晉書》：石勒使季龍討青州刺史曹嶷，嶷欲死保根余山，然則句榆、根余，皆是一山，亦聲之訛變耳。」唐海州東海縣，當清江蘇海州東北。是宋之鬱州，即崔季珪《述初賦》之郁州矣。鬱州本書亦作郁州。《劉懷珍傳》「至東海，而僧暠已退保東萊，懷珍進據朐城，衆心恟懼，或欲且保郁州」，是也。句榆、根余本書又作弇榆。《高逸・明僧紹傳》「僧紹弟慶符，爲青州，僧紹乏糧食，隨慶符之鬱州，住弇榆山，栖雲精舍，欣玩水石，竟不一入州城」，是也。根余、句榆、弇榆，並一聲之轉矣。大徐本《説文》引《唐韻》「弇，古南切，又一儉切」，蕭齊正讀「古南切」，故與根、句爲雙聲爾。唐代或失去牙音，遂從一讀矣。又根、句、弇皆平聲，蓋古音如是。《武帝紀》有「行河南王世子休留成」，《通鑑》從《魏書》作「伏連籌」（見《本紀》第三校勘記〔二五〕）。成爲籌，猶根爲句矣（《唐韻》，成在十四《清》，根在二十四《痕》。籌在十八《尤》，句在十九《侯》)。

交州，鎮交阯，在海漲島中。楊雄箴曰：「交州荒遰，水與天際。」(《志第六・州郡上》/二六六頁)

議：季海按箴謂楊雄《交州箴》，《文心雕龍・銘箴》云「至楊雄稽古，始範虞《箴》，卿尹州牧廿五篇」，此其一也。箴當加書名號。《説文・辵部》「遰，去也，从辵帶聲」，徒計切，非其義。此借爲裔。《説文・衣部》「裔，衣裾也。从衣冏聲」，余制切。裔、遰古音同在祭部也。《文選》班孟堅《封燕然山銘》其辭曰「鑠王師兮征荒裔」，楊、班之詞，可以互證，遰、裔古今字爾。

九德郡越常。(《志第六・州郡上》/二六六頁)

議：越常即越裳。《水經注》卷三十六「温水……東北入于鬱」，注：「《林邑記》曰：九德，九夷所極，故以名郡。郡名所置，周越裳氏之夷國。《周禮》九夷極遠，越裳白雉象牙，重九譯而來。自九德通類口，水源從西北遠荒，逕寧州界來也。九德浦内，逕越裳究、九德究、南陵究。按《晉書・地道記》：九德郡有南陵縣，晉置也。竺枝《扶南記》：山溪瀨中謂之究。《地理志》曰：郡有小水五十二，並行大川，皆究之謂也。」如酈注所引，即其地望可知矣。《陳書・徐陵傳》「陵乃致書於僕射楊遵彦」，有云「方今越常藐藐，馴雉北飛」(校勘記：「越常」各本作「越裳」。按常、裳古今字)。是江左習用越常字。百衲本《陳書》尚存其真，足證蕭《志》地名所自，可寶也。《論衡・恢國篇》：「成王之時，越常獻雉。」又云：「孝平元始元年越常重譯獻白雉一，黑雉二。」《宋書·州郡志》：交州九德有：「越常長，何《志》：吴立。《太康地志》無。」是兩漢、孫吴以來，便作越常，而江左因之也。

南齊書卷十五校議

梁州東晉壽郡……右一郡，縣邑事亡。（《志第七・州郡下》/二九二頁）

議：季海按《廣韻・六至》：「利，州名。……晉爲晉壽。南齊分置東晉壽郡於烏奴，今州城是。又於其郡置西益州，梁改爲秦州，元帝又改爲利州。」此文蓋承孫愐《唐韻》之舊。愐《唐韻序》故云「輿地志及武德已來創置迄開元三十年並列注中」是也。是南齊此郡，故自晉壽分置，郡治烏奴，即唐利州城，清四川保寧府廣元縣治是已。此亦孫《序》所云「州縣名號，亦據今時」者也。蕭《志》不云置西益州，唯於寧州末出隆昌元年置「六郡」，有西益郡而已。

贊曰：郡國既建，因州而部。（《志第七・州郡下》/三〇六頁）

校：「部」毛本、殿本作「剖」。

議：季海按《漢書・地理志》：「至武帝攘卻胡越，開地斥境，南置交阯，北置朔方之州，兼徐、梁、幽、并、夏、周之制，改雍曰涼，改梁曰益，凡十三部，置刺史。」此州部所起。後世州部連文，蓋亦恒言。毛氏誤謂部與下文九、阜有韻不偕，又不悟州部所謂，故臆改耳。殿本尤而效之，非是。部，《唐韻》「蒲口切」（見大徐《說文・邑部》引）。正叶九、阜、有。

遷徙叛逆。（《志第七・州郡下》/三〇六頁）

校：「徙」毛本、局本作「移」。「叛逆」，《初學記》八引作「匾併」。

議：季海按《初學記》作「匾併」，此唐人諱反改耳。蕭史自作「叛逆」。諸書諱反改字例具見顧炎武《音論》「反切之名」條，顧云「隋以前不避反字」是也。然謂《九經字樣》之避以反言，必起於大曆以後，則梁僧寶《切韻求蒙》已議其未密。其言曰「考《九經字樣》上於開成二年，元度《自叙》云：『謹依《開元文字》，避以反言，但紐四聲。』乃知不言反者，始於開元而實未盡畫一（觀《史記索隱》及《正義》俱在開元，竝言反。又《晉書音義叙》稱天寶六年，《唐韻序》稱天寶十年，兩書一言反，一言切，則其他可知也）。顧氏炎武作《音論》，既援據元度《叙》，又渾言大曆以後諱反名切，説猶未塙」，是也。然開元諱反，唐元度引《開元文字》可據。《初學記》改《齊志》「叛逆」爲「匾併」，與《開元文字》避以反言，用意正同。顧氏《音論》謂：「《梁書・侯景傳》：取臺城如反掌，亦作返，皆是後人所改。」是於前史成文，不憚改作，《齊》、《梁》二書，又何擇焉。

南齊書卷十六校議

存改回沿，備於歷代。（《志第八·百官》/三一一頁）

校：「沿」百衲本作「沉」，據南監本、殿本改。

議：《後漢書·盧植傳》「植乃上書曰：頗知今之《禮記》特多回穴」，章懷注：「回穴猶紆曲也。」回沉即回穴。南監本、殿本臆改，不足據。

都丞任碎，在彈違諸曹緣常及外詳讞事。……凡辭訴有漫命者，曹緣諮如舊。（《志第八·百官》/三一二頁）

校：「緣」南監本、殿本、局本作「掾」。張元濟校勘記云：「案前數行有諸曹緣常及外詳讞事云云，則『緣』字不誤。」

議：都丞下似當於「彈違」句絕。

孝武時，侍中何偃南郊陪乘，鑾輅過白門闉，偃將匐，帝乃接之曰：「朕乃陪卿。」（《志第八·百官》三一三頁）

校：「闉」南監本、毛本、殿本、局本作「闕」。

議：《説文・門部》「闑，門梱也，从門臬聲」，《唐韻》：「魚列切。」闑，俗梱字，正謂門闑。過闑車偶顛播，故偃將匐耳。「白門」當加引號，《王儉傳》「白門三重門」，得之。白門本無闕，諸本臆改。《釋宫》「橛謂之闑」，郭注「門閫」，明江東相承以闑爲閫，與許義同。郝疏：「《説文》以橛爲門梱，《廣雅》亦云：橛，闑朱也，朱與梱同，是皆郭注所本。循文考義，胥失之矣。梱是門限，横木爲之。闑是門橛，豎木爲之。説者多誤，惟《禮》鄭注得之。」《周書・帝紀》第六《武帝》下：「齊人欲閉門，以閫下積尸，扉不得闔。」校勘記云：「宋本和《北史》卷十、《周本紀》下、《册府》卷一一七（一三九五頁）『闔』作『闑』。」此并州城門也。「闑」字是。

南齊書卷十七校議

玉輅：錦複黄絞鄣泥。八幅，長九尺，緣紅錦（毛）〔芼〕帶，織成花（毛）〔芼〕的。（《志第九·輿服》/三三四頁）

校：「芼」據《通典·禮典》改。按上「毛」字南監本作「芼」。

議：《東昏侯本紀》：「置射雉場二百九十六處，翳中帷帳及步鄣，皆袷以緑紅錦。」步鄣，鄣泥事類相近，緑緣字形相近。未知是一種錦否？

五輅：其重轂貳轄飛（絡）〔軨〕幡，用赤油令，有紫真毦。（《志第九·輿服》/三三四頁）

校：「軨」據南監本、局本及《通典·禮典》改。按《東京賦》云「重輪貳轄，疏轂飛軨」，作「軨」是。「令」南監本、毛本、殿本、局本作「金」。按文有脱譌。劉昭《續漢志》注引薛綜注《東京賦》云：「飛軨，以緹油廣八寸，長注地，畫左蒼龍右白虎，繫軸頭。」又《文選·東京賦》李善注引蔡邕《獨斷》云：「飛軨以緹紬廣八尺，長注地，畫左青龍右白虎，繫軸頭，取兩邊飾。」又《宋書·禮志》引《東京賦》「疏轂飛軨」，云「飛軨以赤油爲之，廣八寸，長注地，繫軸頭，謂之飛軨也」。

皆依《獨斷》爲説，惟「赤油」二字薛綜注作「緹油」，李善注作「緹紬」，爲不同耳。

議：二校並是也。然「用赤油令」實無脱譌。但宋人刻書，時從易簡，於一字兩見者，正文不省，注文省借，或從俗書，此注亦然，正以「令」代「軨」耳。《豫章文獻王傳》「三日施靈，唯香火、槃水、干飯」，校勘記云：據張元濟校勘記知原本「干」作「于」，影印時據殿本改爲「干」。不知「盂」省爲「于」，殿本遂譌爲「干」也。毛本作「于」。此校是也。下「朔望時節」亦有「于飯」，盂省作于，猶軨省作令耳。赤油字與《宋書・禮志》正合，沈引《東京賦》所説亦本薛注，與劉昭所引但緹、赤小異耳。然緹亦赤也。《説文》：「緹，帛丹黄色。」《文選》注引《獨斷》「廣八尺」，「尺」當爲「寸」。油作紬，恐寫書者亂之，仍當以油爲正。尋《通鑑・齊紀》十：「以黄油裹束昏首，遣國子博士范雲等，送詣石頭。」胡三省注：「黄絹施油，可以禦雨，謂之黄油。以黄油裹物，表可見裹，蓋欲蕭衍易於審視也。」赤油、黄油，其名物正同，但色異耳。施之車軨，亦取其表裹可見，兼禦雨矣。下有「重翟車：蓋，青油俠碧絹黄絞蓋」，「衣（畫）書十二乘，緑油衣」。云青油、緑油，亦其類也。

平乘車：通幰竿刺代棟梁；轅頭後梢沓伏神承泥。（《志第九・輿服》/三三九頁）

議：前「衣（畫）〔書〕十二乘」下「通幰」逗，是也。此文「幰」下亦當有逗號。前「衣書」云：「轅後伏神抗、承泥，沓。」此文亦當標作「沓、伏神、承泥」。然「衣書」似應標作：「轅後伏神、抗、承泥、沓。」玉輅下云：抗及諸末，皆螭龍首（校：「抗」局本作「軏」）。《通典・禮典》同。議：玉輅「漆畫車衡」下：「又龍首銜軏」，明抗不當作「軏」），與此言抗同耳。

南齊書卷十八校議

讖又曰：「墇埸河梁塞龍淵……」，墇埸河梁，爲路也，路即道也。淵塞者，譬路成也。（《志第十・祥瑞》/三五〇頁）

議：《大廣益會玉篇・土部》：「埸，於割切，壁間隙；又擁埸也。」此用後義。同部：「墇，欶管切，鹿踐地，亦作畽。」今以爲墇埸字，豈自踐地之義引申歟？《崔慧景傳》：「寳玄遣信謂佛護曰：身自還朝，君何意苦相斷遏？」今謂墇埸即斷遏，《廣韻》二十四《緩》「短，都管切四」下有「斷，斷絶。……又徒管切」。同部：「畽，《説文》曰：禽獸所踐處也。《詩》曰：町畽鹿場。……吐緩切四。」大氏江東語轉，或從送氣讀之，遂書作「墇」耳。

王隱《晉書》云：「卯金音于，亦爲魏也。」（《志第十・祥瑞》/三五〇頁）

議：「亦爲魏也」乃史臣之言，謂王隱同於何禎，以「音之于」爲魏氏耳。下引號當標「于」字下。

泉中得一銀木簡，長一尺，廣二寸，隱起文曰「〔盧〕〔廬〕山道人張陵再拜謁詣起居」。簡木堅白而字色黄。（《志第十・祥瑞》/三五四頁）

校：「盧」據殿本改。

議：此正投龍簡之類。然簡既云「銀」又云「木」者，謂銀木所爲簡。下云「簡木堅白」，知信是木簡矣。《大廣益會玉篇・木部》：「橇，魚巾切，木名。」銀木正謂橇木，橇字晚出，蕭書止用銀字。既以銀名，殆即狀其堅白，本不煩更著木旁。此簡大氐季漢時物，藉知當時延陵季子廟涌井東北沸泉已有投龍之舉矣。

永明十一年，白象九頭見武昌。（《志第十・祥瑞》/三五五頁）

議：齊世武昌猶有白象者，蓋古雲夢所産，下逮唐時，荆、楚之象，猶未盡殄滅也。《宋書・沈攸之傳》：「時有象三頭至江陵城北數里，攸之自出格殺之。」《周書・楊忠傳》：「及于謹伐江陵，忠爲前軍，屯江津，遏其走路。梁人束刃於象鼻以戰，忠射之，二象反走。」此真雲夢之象矣。

始興郡本無欓樹，調味有闕。（《志第十・祥瑞》/三六一頁）

議：《大廣益會玉篇・木部》：「欓，多朗切，茱萸也。」尋《萬象名義・木部》云：「欓，多朗反，茱萸。」知此字音義，具見原本《玉篇》。始興郡今曲江縣治。

建元元年十月，（浩）〔涪〕陵郡蜑民田健所住巖間，常留雲氣，……去四月二十七日，巖數里夜忽有雙光，至明往，獲古鍾一枚，又有一器名淳于，蜑人以爲神

物奉祠之。（《志第十·祥瑞》/三六二頁）

校：張森楷校勘記云：「案《州郡志》無浩陵，疑『浩』字譌。」今按齊建元二年，置巴州，割涪陵郡屬焉。《齊書·高逸·明僧紹傳》，子惠照，爲巴州刺史，綏懷蠻蜑，是巴州有蜑民之證。「浩」乃「涪」之形譌，今據改。

議：《周官·地官·鼓人》「以金錞和鼓」，注：「錞，錞于也。圜如碓頭，大上小下，樂作鳴之，與鼓相和。」本書《高祖十二王傳·始興簡王鑑傳》：「廣漢、什邡民段祖以淳于獻鑑，古禮器也。高三尺六寸六分，圍二尺四寸，圓如筩，銅色黑如漆，甚薄。上有銅馬，以繩懸馬，令去地尺餘，灌之以水，又以器盛水於下，以芒莖當心跪注錞于，以手振芒，則其聲如雷，清響良久乃絶。古所以節樂也。」古銅錞于，世間往往有之，但未遑一試雷音耳。蜀中多出此器，豈此樂本出西南歟？

南齊書卷十九校議

建元元年，朱爵桁華表柱生枝葉。（《志第十一・五行》/三六九頁）

議：《高帝紀》：「賊帥丁文豪設伏破臺軍於皁莢橋，直至朱雀桁，劉勔欲開桁，王道隆不從，勔及道隆竝戰没。」朱爵桁即朱雀桁，《紀》、《志》用字，時有駁文。

永明中，大舴一舶無故自沈，艚中無水。（《志第十一・五行》/三七〇頁）

議：《高帝紀》：「賊步上新林，太祖馳使報劉勔，急開大小桁，撥淮中船舫，悉渡北岸。」大舴即大桁，《紀》、《志》駁文。「大小桁」宜標作「大、小桁」，以別有小桁，此自二桁也。《陳書・始興王叔陵傳》：「叔陵有部下兵先在新林，於是率人馬數百，自小航渡，欲趨新林，以舟艦入北。」小航即小桁，由此可以趨新林也。《宋書・臧質傳》：「虜又恐城内水路遁走，乃引大船，欲於軍山作浮橋，以絶淮道。城内乘艦逆戰，大破之。明旦，賊更方舫爲桁，桁上各嚴兵自衛。城内更擊不能禁。遂於軍山立桁，水陸路並斷。」是水陸並得立桁，惟於水或方舫爲之，故字亦作舴、航耳。《宋書・垣護之傳》：「玄謨敗退，不暇報護之。護之聞知，而虜悉已牽玄謨水軍大艚，連以鐵鏁三重斷河，欲以絶護之路。」此大艚猶大船。《唐韻・六豪》「曹，昨勞切十四」下有「槽，馬槽」，「艚，船艚」。《志》云「艚中無水」，正謂船艚。江左言船艚，猶今云船艙耳。艚之爲言猶槽耳。

永元中，……群小又造四種帽，帽因勢爲名。……三曰「反縛黄離嘍」，黄口小鳥也。（《志第十一·五行》/三七三頁）

議：《釋鳥》「皇，黄鳥」，郭注：「俗呼黄離留，亦名搏黍。」郝氏義疏：「按此即今之黄雀，其形如雀而黄，故名黄鳥，又名搏黍，非黄離留也。《詩》凡言倉庚，必在春時，其言黄鳥，即不拘時候。馬屬云：黄白曰皇，此鳥名皇，知非鵹黄之鳥矣。」郝别倉庚、黄鳥爲二，是也。其駮郭注，非也。讀《齊志》此文，江左實名黄鳥爲黄離嘍，故云：黄口小鳥也。郭云「黄離留」者，留、嘍一聲之轉，尤、侯音近，故是一語矣。鵹黄、搏黍，無妨同此别稱。博物君子，自能循名責實矣。尋郝疏又云：「《詩》疏引陸璣疏云：黄鳥，黄鸝留也。或謂之黄栗留。幽州人謂之黄鶯，一名倉庚，一名商庚，一名鵹黄，一名楚雀，齊人謂之搏黍。當葚熟時，來在桑間，故里語曰：黄栗留，看我麥黄葚熟否，是應節趨時之鳥也。按毛以黄鳥爲搏黍，黄鳥即今黄雀。緜蠻睍睆，皆象其形，非倉庚也。陸疏誤合爲一，非矣。」郝云：陸疏誤合爲一，是矣。然云：「今黄鶯頸端細毛雜色，體毛黄，而翅及尾黑色相間，文彩陸離，故又名黄栗留。」則只知其一，不知其二矣。蕭齊永元中猶以黄口小鳥爲「黄離嘍」，明郭注所云實與江東語相應。然則景純區别二鳥，初不誤也。

永元二年八月，宫内火，燒西齋璿儀殿及昭陽、顯陽等殿，北至華林牆，西及秘閣，凡屋三千餘間。《京房易傳》曰：「君不思道，厥妖火燒宫。」祕閣與《春秋》宣榭火同，天意若曰，既無紀綱，何用典文爲也。（《志第十一·五行》/三七五頁）

校：「凡」南監本、毛本、殿本、局本並作「北」，連上讀。

議：「凡」若作「北」，即祕閣未毁。史臣云爾，豈欲附會《春秋》宣榭之文，故爲斯言邪？唐《封氏聞見記·典籍》云：「齊末兵火，延燒祕閣。梁初命祕書監任昉于文德殿内集藏衆書二萬三千一百六卷。」尋姚思廉《梁書·任昉傳》於天監二年後，「六年春出爲寧朔將軍，新安太守」前云：「尋轉御史中丞，祕書監，領前軍將軍。自齊永元以來，祕閣四部，篇卷紛雜，時手自讎校，由是篇目定焉。」是彦升校齊祕閣圖書即在天監二年以後，六年以前方任祕書監時。然姚氏所述，不如封氏之詳，知演所引，别有所出，非姚氏書也。今考齊末别無兵火延燒祕閣之事，有之當即永元二年一月之火，又非兵火也。姚書明云「齊永元以來，祕閣四部篇卷紛雜」，是必與永元之火有關，此次延燒，縱未令祕閣悉成煨燼，亦當確曾波及，擾攘之際，必有搶救圖籍之事，故令篇卷紛雜，致勞祕監手自校讎，而篇目始定也。若爾，則「北」字恐正當作「凡」。《梁書·武帝紀下》：普通二年「五月癸卯，琬琰殿火，延燒後宫屋三千間」，其延燒之烈，與永元之火，正復相似。於以見齊、梁宫内之屋宇櫛比，易於延燒，當時施工，雖窮極華麗，而於防火設計，故甚疎也。永元二年，乃公元五百年；普通二年，乃公元五百二十一年，前後相去，裁二十年耳。

建元二年夏，廬陵石陽縣長溪水衝激山麓崩，長六七丈，下得柱千餘口，皆十圍，長者一丈，短者八九尺，頭題有古文字，不可識。江淹以問王儉，儉云：「江東不閑隸書，此秦、漢時柱也。」（《志第十一·五行》/三七九頁）

議：如仲寶之言，江東已不閑隸書，然《志》云古文字者，非真古文篆書，乃秦、漢人書分隸耳。

永明九年，鹽官縣石浦有海魚乘潮來，水退不得去，長三十餘丈，黑色無鱗，未死，有聲如牛，土人呼爲海蠶，取其肉食之。永元元年四月，有大魚十二頭入會稽上虞江，大者近二十餘丈，小者十餘丈，一入山陰稱浦，一入永興江，皆暍岸側，百姓取食之。（《志第十一·五行》/三八四—三八五頁）

議：所云大魚，皆鯨也。入上虞江大魚，詳下文似僅二頭，「十」疑衍文。

永明六年十一月庚戌，丙夜土霧竟天，昏塞濃厚，至六日未時小開，到甲夜（仍）後〔仍〕濃密。（《志第十一·五行》/三八五頁）

校：「仍」據南監本、殿本、局本改。

議：三本臆改。此當云「到甲夜仍復濃密」耳。「復」作「後」形之誤也。百衲本、景蜀大字本「後」字右上顯出剜補，非復宋槧之舊矣。

南齊書卷二十校議

吴郡韓藺英，婦人有文辭。宋孝武世，獻《中興賦》，被賞入宫。〔宋〕明帝世，用爲宫中職僚。世祖以爲博士，教六宫書學，以其年老多識，呼爲「韓公」。（《列傳第一·皇后》/三九二頁）

校：「藺」南監本、毛本、殿本、局本並作「蘭」，《南史》同。按毛本、局本蘭字下有小注，云宋本作「藺」。又「宋」字，據南監本、局本補。按《南史》有「宋」字。

議：《金樓子·箴戒篇》：「齊鬱林王初欲廢明帝，其文則内博士韓蘭英所作也。蘭英號韓公，總知内事，善於文章，始入爲後宫司儀。」亦作蘭英。《隋書·經籍志》：梁有宋後宫司儀《韓蘭英集》四卷，亡。即其人矣。「藺」字疑誤。明帝承上文宋孝武，不煩更著「宋」字，百衲本是也。《南史》有「宋」字者嫌與齊之明帝相亂耳，其實下文叙事更有世祖，此明帝不得爲蕭鸞甚明。二本從《南史》加字，非也。

世祖嗣位，運藉休平，壽昌前興，鳳華晚搆，香柏文檉，花梁繡柱，雕金鏤寶，頗用房帷。（《列傳第一·皇后》/二九四頁）

校：「頗用」南監本作「燭照」。

議：「頗用房帷」，謂頗用之後宫耳。南監本臆改。《高帝紀》：「太祖輔政……又上表禁民間華僞雜物：……不得作鹿行錦及局脚檉柏牀」，然柏以其香，檉以其文，爲時所貴也。又《豫章文獻王嶷傳》：又啟曰：「往歲收合得少雜材，並蒙賜故板，啟榮内許作小眠齋，始欲成就，皆補接爲辦，無乖格製，要是檉柏之華，一時新净。東府又有齋，亦爲華屋。」是當時華屋必多取材於檉柏也。

南齊書卷二十一校議

時襄陽有盜發古塚者，相傳云是楚王塚，大獲寶物玉屐、玉屏風、竹簡書、青絲編。簡廣數分，長二尺，皮節如新。盜以把火自照，後人有得十餘簡，以示撫軍王僧虔，僧虔云是科斗書《考工記》，《周官》所闕文也。是時州遣按驗，頗得遺物，故有同異之論。（《列傳第二・文惠太子》/三九八頁）

議：《王僧虔傳》：「建元元年，轉侍中，撫軍將軍，丹陽尹。二年，進號左衛將軍，固讓不拜。改授左光禄大夫，侍中、尹如故。」此稱撫軍知必建元元年事也。依僧虔所云，是《考工記》信楚書邪？《南史・江淹傳》：「永明三年，兼尚書左丞。時襄陽人開古冢，得玉鏡及竹簡古書，字不可識。王僧虔善識字體，亦不能諳。直云：似是科斗書。淹以科斗字推之，則周宣王之前也。簡殆如新。」《梁書・江淹傳》初無此文。延壽直采小説以益之耳。所云襄陽竹簡，正僧虔所云《考工記》者，一事兩傳，子顯見聞尤近，當得其實。《南史・僧虔傳》幾全寫《文惠太子傳》此文，唯「玉屐」作「玉履」，「青絲編」作「青絲綸」爲小異。初不悟其與《江淹傳》文自相違戾，亦其疎也。《周書・賀蘭祥傳》：「十四年除……荆州刺史……見有發掘古冢……於是命所在收葬之，……州境先多古墓，其俗好行發掘，至是遂息。」此西魏大統十四年事，梁武帝太清二年，公元五四八年也。傳又云：「州境南接襄陽，西通岷、蜀。」《周書》此文與本傳所云，足證齊、梁時荆、襄一帶掘冢之風。

開拓玄圃園，與臺城北塹等。其中樓觀塔宇，多聚奇石，妙極山水。慮上宫望見，乃傍門列脩竹，内施高鄣，造游牆數百間，施諸機巧，宜須鄣蔽，須臾成立，若應毁(撤)〔撤〕，應手遷徙。（《列傳第二·文惠太子》/四〇一頁）

校：「宫」字下南監本、局本有「中」字，《南史》同。「内」《南史》作「外」。「牆」南監本、局本作「觀」，《南史》同。按此謂以游牆作鄣蔽也。「牆」作「觀」，或後人習見「游觀」字，以意改之耳。「撤」據殿本及《南史》改。

議：游牆機巧，成毁須臾，當時建築之精能可見。西方有活動房屋，乃近日事耳。尋《東昏侯紀》：「於是徵求民家，望樹便取，毁徹牆屋以移致之。」正作「毁徹」。此《傳》文或後人轉寫作「撤」字，遂譌作「撤」耳。

南齊書卷二十二校議

仍徙都督荆、湘、雍、益、梁、寧、南北秦八州諸軍事鎮西將軍、荆州刺史、持節、常侍如故。……嶷至鎮……以市税重濫，更定楍格，以税還民。（《列傳第三・豫章文獻王》/四〇六—四〇七頁）

校：「湘」原譌「湖」，據局本及《元龜》二百六十七改正。「更定楍格」，張森楷校勘記云：「殿本作『楍格』，南監本、毛本、局本作『楍格』，二字形似，未知孰是。」

議：《萬象名義・木部》：「楍，於胡反，量米槭。」是楍爲量器，此定市税，而以楍格爲名，豈取義於是邪！

上數幸嶷第。宋長寧陵隧道出第前路，上曰：「我便是入他家墓内尋人。」乃徙其表闕騏驎於東崗上。騏驎及闕，形勢甚巧，宋孝武於襄陽致之，後諸帝王陵皆模範而莫及也。（《列傳第三・豫章文獻王》/四一四頁）

議：此與下樂藹與竟陵王子良牋：「望墬結哀」並以「墬」爲「隧」，蓋江左别字有此。襄陽騏驎及闕不知何代之制，乃爾工巧。

若天道有靈，汝等各自脩立，灼然之分無失也。（《列傳第三・豫章文獻王》/四一七頁）

議：《晉書・温嶠傳》「舉秀才灼然」，郝懿行《晉宋書故》以爲當時科目之名，是也。觀嶷臨終以諭二子，當時猶以此爲美稱。

三日施靈，唯香火、槃水、干飯、酒脯、檳榔而已。朔望菜食一盤，加以甘菓，此外悉省。……朔望時節，席地香火、槃水、酒脯、干飯、檳榔便足。（《列傳第三・豫章文獻王》/四一七頁）

校：「干」南監本作「盂」。下同。據張元濟校勘記，知原本「干」作「于」，影印時據殿本改爲「干」，毛本亦作「于」。

議：《梁書・止足・顧憲之傳》：「臨終爲制以敕其子曰……漢明帝天子之尊，猶祭以杅水脯糗，范史雲烈士之高，亦奠以寒水乾飯。」《説文・米部》：「糒，乾也。从米葡聲。」平祕切。「糗，敖米麥也。从米臭聲。」去九切。小徐《繫傳》「糗」下云：「臣鍇曰：熬乾米麥也。」《萬象名義》「糒，菩祕反。乾飦屑，乾飯。」「糗，丘九反，糒。」是范生之奠，寒水乾飯。漢明之祭，杅水脯糗。糗既糒類，況經熬熬，即其乾可知。《嶷傳》此文，正當作「槃水乾飯」，猶范生之「寒水乾飯」矣。下云：「酒脯乾飯」，猶漢明之祭以脯糗矣。然則「乾」省作「干」，形譌作「于」，非「盂」省作「于」。南監臆改，非是。又「杅」《梁史》誤作「杆」，今從《南史》。「烈」《南史》作「列」。

群吏中南陽樂藹……最被親禮。藹與竟陵王子良牋曰：云云。（《列傳第三·豫章文獻王》/四一八頁）

議：此與右率沈約書，並爲建碑事耳。累幅不已，子顯徒欲爲其父壯觀爾，繩以史法，故當無取。《梁書·樂藹傳》：「九年豫章王嶷薨，藹解官赴喪，率荆、襄二牧故吏，建碑墓所。」不録此牋，是也。

南齊書卷二十三校議

儉又議：「依中朝士孫德祖從樂陵遷爲陳留，未入境，〔卒〕，樂陵郡吏依見君之服。」（《列傳第四・褚淵》/四三一頁）

校：「卒」據《元龜》五百七十七補。

議：《文選》有王仲宣《贈士孫文始詩》，李注引《三輔決録注》（注上原衍「趙岐」字，從陳景雲校删）「士孫孺子，名萌，字文始。……父瑞，知王允必敗，京師不可居，乃命萌將家屬至荆州，依劉表」，依儉議，則西晉又有士孫德祖仕爲樂陵太守，遷陳留而卒也。是漢、晉之間，士孫之族，代有聞人也。近年洛陽出土晉墓誌有：「晉前尚書郎北地傅宣故命婦秦國士孫松字世蘭，翊軍府君之女。……永寧二年……卒。」云云，永寧二年，即惠帝泰安元年，公元 302 年。《宋書・百官志》下有：太子翊軍校尉，云：「翊軍晉武帝太康初置，始爲壹校尉，而以唐彬居之，江左省。」此翊軍當西晉初爲東宮官，未知是德祖何人也。

淵弟澄。……淵薨，澄以錢萬一千，就招提寺贖太祖所賜淵白貂坐褥，壞作裘及纓。（《列傳第四・褚淵》/四二三頁）

議：潘妃虎魄釧一隻，直百七十萬（見《東昏侯紀》），白貂坐褥雖值逾萬錢，方之才百一耳。

時東陽徐嗣，醫術妙。（《列傳第四・褚淵》/四三二頁）

校：張森楷校勘記云：「徐嗣即徐嗣伯，《南史》附《張邵傳》。按『東陽』當作『東海』。」

議：敦煌古寫本陶隱居《本草集注序録》：「齊有尚書褚澄、徐文伯、嗣伯群從兄弟，治病亦十愈其九。凡此諸人，各有所撰用方，觀其指趣，莫非本草者。或時用别藥，亦脩（當爲循）其性度，非相踰越。」是其群從，尚有文伯也。《隋書・經籍志》有：徐嗣伯《落年方》三卷，梁有徐方伯《辨脚弱方》一卷（方伯疑文伯之誤）。《藥方》二卷，徐文伯撰。徐文伯《療婦人瘕》一卷。蕭《史》不書文伯，豈未獲其事驗邪？

又春月出南籬門戲，聞笪屋中有呻吟聲……乃往視。一姥稱舉體痛，而處處有黶黑無數，嗣還煮升餘湯送令服之……須臾，所黶處皆拔出長寸許……云此名釘疽也。（《列傳第四・徐嗣》/四三三頁）

校：按《南史・張邵傳》附《徐嗣伯傳》述徐嗣伯醫術甚詳，云「所黶處皆拔出釘長寸許」，此脱一「釘」字。

議：《廣韻・十二曷》：「怛，當割切十」下云「笪，竹簸」，是其義。《説文・黑部》：「黶：黶者忘而息也。从黑敢聲。」《唐韻》：「於檻切。」《廣韻·五十四檻》下云：「黲，黄黲，人名。」引《説文》與大徐本同，音與《唐韻》同，與蕭《史》此文不合。尋《説文·黑部》「黤，青黑也，从黑奄聲」，《唐韻》「於檻切」。《廣韻·五十四檻》：「黤，青黑色，於檻切二」，其一即黲也。是黲、黤同音，故借爲黤。此云黲黑，正謂青黑耳。

儉生而僧綽遇害……數歲，襲爵豫（章）〔寧〕侯。（《列傳第四·王儉》/四三三頁）

校：《南史·王曇首傳》云儉襲爵豫寧縣侯，《文選》任昉《王文憲集序》亦云儉襲封豫寧侯。按《宋書·州郡志》，豫章太守領縣十二，有豫寧侯相，作「豫寧」是，今據改。

議：《文選》任《序》：「年六歲，襲封豫寧侯。」李注引蕭子顯《齊書》曰：「儉數歲，襲爵豫寧侯。」是唐本不誤。

超遷祕書丞。上表求校墳籍，依《七略》撰《七志》四十卷，上表獻之，表辭甚典。又撰定《元徽四部書目》。（《列傳第四·王儉》/四三三頁）

議：《封氏聞見記·典籍》云：「元徽初，祕書丞王儉又造《目録》萬五千七十四卷。儉又别撰《七志》，有《經典志》、《諸子志》、《文翰志》、《軍書志》、《陰陽志》、《術藝志》、《圖譜志》。」又《宋書·後廢帝紀》：「元徽元年八月辛亥詔曰……祕書丞王儉表上所撰《七志》三十卷。」是蕭、沈所記，卷數不同。

儉察太祖雄異，先於領府衣裾。（《列傳第四・王儉》/四三四頁）

校：洪頤煊《諸史考異》云：「衣裾致敬，禮無明文，以《南史・王儉傳》證之，此下當有脱文。」

議：領府衣裾，謂中領軍府官屬長史、司馬以下，非謂衣裾致敬也。洪氏誤會。

宋世外六門設竹籬，是年初，有發白虎樽者，言「白門三重門，竹籬穿不完」。上感其言，改立都牆。（《列傳第四・王儉》/四三四頁）

校：「三重門」《通鑑》齊高帝建元二年作「三重關」。按關與完古韻同部，作「關」是。

議：門古音在諄部，完古音在寒部，諄、寒古音時或相轉。韋昭、吴《鼓吹曲》十二篇：《漢之季》第二以亂、運、建、陳、刃、奮、散、館、僨、聞爲韻。其運、刃、僨、聞並諄部字，亂、建、散、館並寒部字，是江東語諄寒故相通叶也。原本恐是門字，宋人怪其不諧，故改字耳。

其年，儉固請解選……見許。加侍中，固讓，復散騎常侍。（《列傳第四・王儉》/四三五頁）

議：《文選》任彦昇《王文憲集序》云：「尋表解選，詔加侍中，又授太子詹事，侍中、僕射如故，因辭侍中，改授散騎常侍，餘如故。」復當爲「改」。蕭《史》本傳書「尋以本官領太子詹事」在「復散騎常侍」之後，與任《序》書於「改授散騎常侍」之前者參差。

三年，領國子祭酒。叔父僧虔亡，儉表解職，不許。（《列傳第四・王儉》/四三六頁）

議：《王僧虔傳》：「永明三年薨。」《文選》任彦昇《王文憲集序》：「（永明）二年以本官領丹陽尹（李注：「本官，謂侍中、尚書令。」）……時簡穆公薨，以撫養之恩，特深恒慕，表求解職，有詔不許。國學初興，……復以本官領國子祭酒。」是彦昇以僧虔薨在永明二年也，豈《史》誤邪？

十日一還學，監試諸生，巾卷在庭，劒衛令史儀容甚盛。（《列傳第四・王儉》/四三六頁）

議：《宋書・志・禮》五：「巾以葛爲之，形如帢而横著之，古尊卑共服也。故漢末妖賊以黄爲巾，時謂之黄巾賊。今國子太學生冠之。服單衣以爲朝服。執一卷經以代手板。居士野人，皆服巾焉。」《隋書・志・禮儀》云：「巾，國子生服，白紗爲之。晉太元中國子生見祭酒博士，單衣角巾，執經一卷，以代手版。宋末闕其制。齊立學，太尉王儉更造，今形如之。」《傳》云「巾卷在庭」，正仲寶依晉故事更造者爾。

六年……先是詔儉三日一還朝，尚書令史出外諮事，上以往來煩數，復詔儉還尚書下省，月聽十日出外。（《列傳第四・王儉》/四三六頁）

議：《文選》任彦昇《王文憲集序》：「出入禮闈」，注：「《十州記》曰：崇禮闈即尚書上省門。崇禮東建禮門即尚書下舍門。然尚書省二門名禮，故曰禮闈也。」是尚書下省在上省東，下省門即建禮門矣。

南齊書卷二十四校議

揚聲討伐，盡户上丁。（《列傳第五・柳世隆》/四四八頁）

校：南監本作「盡户發上」，《宋書・沈攸之傳》同。殿本作「盡户土丁」，土乃上之形譌。局本作「盡户發丁」。

議：《王敬則傳》：「敬則横刀跂坐，問詢等『發丁可得幾人？傳庫見有幾錢物？』詢答『縣丁卒不可上』。祖願稱『傳物多未輸入』。」是「盡户上丁」之上即「縣丁卒不可上」之上，百衲本是也。南監本、局本臆沾「發」字，非是。已云「上」，不煩更言「發」也。子顯録尚書此符，視《宋書》所録，文省而語工，殊有潤色之功。然沈書所載，文既冗長，語近案牘，大氐絶少剪裁，近存其真。惟「上丁」既當時口語，不類子顯所改，疑今《宋書》作「發上」者，已爲後人所亂也。

郢城既不可攻，而平西將軍黄回軍至西陽，乘三層艦，作羌胡伎，泝流而進。（《列傳第五・柳世隆》/四四九頁）

議：《高帝紀》：「元徽五年七月戊子，帝微行出北湖，常單馬先走，羽儀禁衞道後追之，於堤塘相蹈藉，左右張互兒馬墜湖，帝怒，取馬置光明寺前，自馳騎刺殺之，因共屠割，與左右作羌胡伎爲樂。」（校：「張互兒」《宋書・後廢帝紀》作「張五兒」）又《東昏侯紀》：「高鄣之内，設部伍爲儀，復有數部，皆奏鼓吹羌胡伎，鼓角横吹。」是宋、齊之世，君臣多好羌、胡伎，雖戎旅之間不廢也。《高紀》亦當標作「羌、胡伎」。《陳書・章昭達傳》：「每飲會，必盛設女伎雜樂，備盡羌、胡之聲，音律姿容，並一時之妙，雖臨對寇敵，旗鼓相望，弗之廢也。」是黄、章並好羌、胡伎，雖臨敵用之，蓋當時風氣如此。

攸之素失人情，本逼以威力。（《列傳第五・柳世隆》／四四九—四五〇頁）

議：《垣崇祖傳》：「但人情一駭，不可歛集。」（校：原作「但一人情駭」，據各本並參考《通鑑》宋明帝泰始三年及《元龜》三百六十三乙正）人情，江左人語，猶今言「人心」。

墓正取其坐處焉。（《列傳第五・柳世隆》／四五三頁）

校：《御覽》五百五十八引作「墓工圖墓，取其坐處焉」。殿本《考證》王祖庚云：「《南史》云『墓工圖墓，正取其坐處焉』，文義較明，此省『墓工圖』三字，未合。」

議：三字李延壽所加耳，原文自可通。

南齊書卷二十五校議

崇祖常浮舟舸於水側，有急得以入海。（《列傳第六・垣崇祖》／四六〇頁）

議：《廣韻・三十三哿》「哿，古我切四」有「舸，楚以大船曰舸」。《萬象名義・舟部》：「舸，各可反，大船。」蓋原本《玉篇》如此（《大廣益會玉篇》船上刪「大」字，非是）。大船故可入海，此文足徵《玉篇》舊詁。

令人持兩炬火登山鼓叫。虜參騎謂其軍備甚盛，乃退。（《列傳第六・垣崇祖》／四六〇頁）

議：下又云「上遣使入關參虜消息還，敕崇祖曰」云云，並以偵候爲參，蓋江東語如此。

崇祖將數百人入虜界七百〔里〕，據南城，固蒙山，扇動郡縣。（《列傳第六・垣崇祖》／四六一頁）

議：《魏書・高祖紀》：「延興元年劉彧將垣崇祖率衆二萬自郁州寇東兖州，屯於南城固。」南城固，地名，郭緣生《述征記》所云「丘壟可阻謂之固」是也。義詳《崔祖思傳》附《宗人文仲傳・校議》：此文當標作「據南城固、蒙山」，並泰山郡地。洪頤煊《諸史考異・魏書》「蒙山」條所考地理，並是也。

崇祖召文武議曰：「……今欲堰肥水卻淹爲三面之險。……」衆曰：「……古來相承，不築肥堰，皆以地形不便，積水無用故也。……」崇祖曰：「……守郭築堰，是吾不諫之策也。」……至日晡時，決小史埭。（《列傳第六·垣崇祖》/四六二頁）

議：今吴中光福有上堰、下堰。吴郊有黄埭。是皆江東舊語，因地名而存者矣。

上遣使入關參虜消息還，敕崇祖曰：「卿視吾是守江東而已邪？所少者食，卿但努力營田，自然平殄殘醜。」敕崇祖脩治（荀）〔芍〕陂田。（《列傳第六·垣崇祖》/四六三頁）

校：據局本改。按錢大昕《廿二史考異》云「荀」當作「芍」，局本據錢説改。又按《御覽》三百三十三引及《元龜》五百三並作「芍陂」。

議：道成此言，規模宏遠，當時文武，唯崇祖足以語此耳。自此二人云亡，而齊之君臣，無復以河、朔爲念者矣。

張敬兒，……本名苟兒，宋明帝以其名鄙，改焉。（《列傳第六·張敬兒》/四六四頁）

議：敬兒弟恭兒，《傳》云：「恭兒本名猪兒，隨敬兒改名也。」是敬兒正當名狗兒，史諱其舊名，以「苟」字代之耳。

敬兒乘舴艋過江，詣晉熙王燮。中江遇風船覆，左右丁壯者各泅走，餘二小吏没䑳下，呼叫「官」，敬兒兩掖挾之，隨船覆仰，常得在水上。……後數年，上與豫章王嶷，三日曲水内宴，舴艋船流至御坐前覆没。（《列傳第六・張敬兒》/四六五、四七五頁）

議：《廣雅・釋水》：「舴艋，舟也」，「䑳謂之桄。」《萬象名義》：「舴，側格反，舴艋舟。」（艋上舴字，寫本脱，今補）「艋，莫梗反，舴艋小舟名。」（舴下艋字，寫本脱，今補）蓋原本《玉篇》如此（《大廣益會玉篇》：舴，陟格切，舴艋，小舟也。艋，莫梗切，上注）。小舟故易覆。

攸之於郢城敗走，其子元琰〔與兼長史江乂、别駕傅宣等守江陵城。敬兒〕軍至白水，元琰聞城外鶴唳，謂是叫聲，心懼欲走。（《列傳第六・張敬兒》/四七二頁）

校：據南監本補。

議：叫聲謂敬兒軍鼓叫聲也。齊世江陵城外可聞鶴唳如此，其時雲夢猶多鶴可知。眉山本《南齊書》半葉九行，每行十八字，此據南監本補十七字，尚不足一行。

南齊書卷二十六校議

元徽二年，隨太祖拒桂陽賊於新亭，敬則與羽林監陳顯達、寧朔將軍高道慶乘舸䑦於江中迎戰，大破賊水軍，焚其舟艦。（《列傳第七・王敬則》/四八〇頁）

議：舸，大船，見原本《玉篇》（詳《垣崇祖傳》）。《大廣益會玉篇・舟部》：「䑦，音習。子船也。」此字不見《萬象名義》，蓋孫强增加字。子船疑如今大船所放小艇。

敬則從入宫，至承明門，門郎疑非蒼梧還，敬則慮人覘見，以刀環塞窐孔，呼開門甚急。（《列傳第七・王敬則》/四八一頁）

議：《禮・儒行》：「篳門圭窬」，鄭注：「篳門，荆竹織門也。圭窬，門旁窬也，穿牆爲之，如圭矣。」陸氏《音義》：「圭窬，徐音豆。……《説文》云：『穿木户也。』郭璞《三倉解詁》云：『門旁小窬也。音臾。』《左傳》作竇，杜預云：圭竇，小户也。上鋭下方，狀如圭形也。」窐孔猶窐窬，當謂門旁圭形孔，開此孔，以資覘望耳。刀環可塞，則其孔不大。

尋遷爲……會稽太守。永明二年……會土邊帶湖海，民丁無士庶皆保塘

役，敬則以功力有餘，悉評斂爲錢，送臺庫以爲便宜，上許之。（《列傳第七·王敬則》/四八二頁）

校：「評」《通典》作「課」。

議：東昏侯「下揚、南徐二州橋桁塘埭丁計功爲直，斂取見錢，供太樂主衣雜費。由是所在塘瀆，多有隳廢。」敬則此舉，已開其先。本《傳》下録竟陵王子良啟曰：「臣昔忝會稽，粗閑物俗，塘丁所上，本不入官。良由陂湖宜壅，橋路須通，均夫訂直，民自爲用。若甲分毀壞，則年一脩改；若乙限堅完，則終歲無役。今郡通課此直，悉以還臺，租賦之外，更生一調。致令塘路崩蕪，湖源泄散，害民損政，實此爲劇。」《傳》又云：「上不納。」即此數言，吴越水利興廢之機可見。武帝猶不以爲意，何論東昏？

竟陵王子良啟曰：……昔晉氏初遷，江左草創，絹布所直，十倍於今，賦調多少，因時增減。永初中，官布一匹，直錢一千，而民間所輸，聽爲九百。漸及元嘉，物價轉賤，私貨則束直六千，官受則匹准五百，所以每欲優民，必爲降落。今入官好布，匹堪百餘，其四民所送，猶依舊制。昔爲刻上，今爲刻下，氓庶空儉，豈不由之。（《列傳第七·王敬則》/四八三頁）

校：《通典》作「私貨則匹直六百」。

議：古以十端爲一束，則五匹也。《儀禮·士冠》、《昏禮》注：「束帛，十端也。」《左襄十九年傳》注：「五匹爲束。」《周禮·大宗伯》疏：「束者十端，每端丈八尺，皆兩端合卷總爲五匹，故云束帛也。」是也。然《儀禮·聘禮》注：「凡物十曰束。」《禮記·雜記下》注：「十箇爲束，貴成數。」此云「束直六千」，則以十匹爲束，蓋亦有取於物十曰束之義云爾。《通典》云「匹直六百」是也。然原文當如《齊書》。杜公欲覽者之易曉，故以匹直代之耳。《管子·治國》：「秋糶以五，春糶以束，是又倍貸也。」注：「謂富者秋時以五糶之，至春出糶，便收其束矣。此亦倍貸之類也。束，十疋也。」是十匹爲束，齊制有之，江左亦因齊舊事云爾。不然，即《區言》此文，是後人所加。容更深考。

上詔曰：……固以《風》、《雅》作刺，縉紳側目。（《列傳第七·王敬則》／四八六頁）

校：「固」原作「故」，各本並作「固」，今改正。

議：正當作「故」，後人習用「固」字，諸本以今字改古字耳。

上即位後，御膳不宰牲，顯達上熊烝一盤，上即以充飯。（《列傳第七·陳顯達》／四八九頁）

議：江左有熊烝。《齊民要術》：《蒸缹法》引《食經》有蒸熊法，則其來舊矣。

永明五年，荒人桓天生自稱桓玄宗族，與雍、司二州界蠻虜相扇動，據南陽故城。……數月，天生復出攻舞陰，殷公愍破之，天生還竄荒中，遂城、平氏、白

土三城賊稍稍降散。（《列傳第七・陳顯達》/四九〇頁）

議：所謂荒民者是已。

顯達謂其子曰：「麈尾扇是王謝家（許）〔物〕，汝不須捉此自逐。」（《列傳第七・陳顯達》/四九〇頁）

校：據殿本及《元龜》八百十七改。

議：二本臆改，非是。「許」當爲「計」，形之誤也。《金樓子・后妃篇》：「永明之朝，密勿王事，與茹法亮、紀僧真對直，多在禁省，不得休外處分家計。」《陳傳》所云，正當永明之朝，「家計」故當時語。

南齊書卷二十七校議

張興世據錢溪，糧盡，爲賊所逼。安民率舟乘數百，越賊五城，送米與興世。僞軍主沈仲、王張引軍自鰿口欲斷江，安民進軍合戰破之。又擊鵲尾、江城，皆有功。……論鰿口功，封邵武縣子，食邑四百户。（列傳第八・李安民／五〇五頁）

議：《通鑑・宋紀》十三太宗明皇帝：泰始二年云：「顗（袁顗）怒胡（劉胡）不戰，謂曰：糧運鯁塞，當如此何？胡曰：彼尚得泝流越我而上，此運何以不得沿流越彼而下邪？乃遣安北府司馬沈仲玉將千人步趣南陵迎糧。仲玉至南陵，載米三十萬斛，錢布數十舫，豎榜爲城，規欲突過，行至貴口不敢進。遣間信報胡，令遣重軍援接。張興世遣壽寂之、任農夫等將三千人至貴口擊之，仲玉走還顗營，悉虜其資實，胡衆駭懼，胡將張喜來降。」劉胡云「彼尚得沂流越我而上」者，正與此《傳》「越賊五城，送米與興世」之文相合，是安民之功不虛也。然此云鰿口，字書無「鰿」字，蓋即貴口，《通鑑》胡注云：「《水經注》：江水自石城東入爲貴口，今池州貴池縣之池口即貴口也。張舜民曰：自銅陵舟行六十許里，至梅根港，又五十許里至貴池口。」是也。蓋當時案牘之文或書貴口作鰿口，疑江左俗字有此，但不知鰿魚是何魚耳。本傳沈仲、王張疑即沈仲玉、張喜。子顯點竄舊史，誤去「喜」字，寫書者遂以「王」爲張姓，並不知仲玉是一人名矣。亦可子顯本不誤。後之寫書者失之。胡引《水經注》見《沔水注》，此下云：「東逕石城縣北，晉太康元年立，隸宣城郡。東合大溪，溪水首受江，北逕其縣故城東，又北入南江。南江又東，與貴長池水合。水出縣南郎山。北流爲貴長池。池水又北注於南江。」然則此云貴口，豈緣貴長池而名邪？

安民至京〔口〕，破景素軍於葛橋。（《列傳第八・李安民》/五〇六頁）

校：「口」據南監本、殿本、局本及《元龜》三百五十一補。

議：京即京口，建康自稱京師、京輦，不相亂也。《州郡志》南徐州云「《爾雅》曰：『絶高爲京。』今京城因山爲壘，望海臨江」云云，但曰京城，不曰京口城，明京口自可稱京也。《三國志・吴書・孫韶傳》：「伯父河爲將軍，屯京城。」洪頤煊《諸史考異》「京城」條云：「頤煊案：京城即京口。《魯肅傳》：『備詣京見權，求都督荆州。』《張紘傳》注『《獻帝春秋》曰：劉備至京，謂孫權曰：吴去此數百里，即有警急，赴救爲難，將軍無意屯京乎？』《宋書・州郡志》：『太興初晉陵郡及丹徒縣治京口』是也。」洪氏引《肅傳》及《紘傳》注引《獻帝春秋》證季漢人謂京口曰京，是也。至於援引《宋書》以考京城，而不及南徐州「今京城因山爲壘」之文，可謂遠見千里，而不近見其睫者矣。然子顯此傳第書「安民至京」，亦沿季漢舊名爾。《元龜》及南監以下諸本增字，非是。

三年，引水步軍入清，於淮陽與虜戰。（《列傳第八・李安民》/五〇七頁）

校：「清」南監本、局本作「屯」，連下讀。「於」殿本作「至」。

議：二本臆改。上云：「其年，虜又南侵，詔安民持節履行緣淮、清、泗（原標清泗，誤）諸戍屯軍。」下云：「虜軍大敗，赴清水死不可勝數。」清即清水，泡水之别名，見《水經・泗水注》。

自與軍副周盤龍、崔文仲係其後。（《列傳第八・李安民》/五〇七頁）

議：繼謂之係，當時語。《東昏侯紀》：宣德太后令有曰：「咸降年不永，官車係晏。」校勘記云：「係晏」殿本作「早晏」。張元濟校勘記云：「係晏，猶言相繼晏駕也，承上文『咸』字言。」張得其意，而義證闕如，偶不省此傳文耳。殿本臆改，不足取。

王玄載，字彦休，下邳人也。……事寧，爲光禄大夫、員外散騎常侍。……玄載夷雅好玄言。（《列傳第八・王玄載》/五〇九頁）

校：張森楷校勘記云：「《宋書・王玄謨傳》云：太原祁人，後徙新興，不云下邳人。」玄謨自稱老傖，即是玄載從兄，宗從兄弟，不應郡地各異。

議：《釋文・序録》：注《孝經》有「王玄戴，字彦運，大□人，齊光禄大夫」，《老子》有「王玄載《注》二卷」。戴當爲「載」，形之譌也，《老子注》不譌。運當爲「休」，然與載義亦協，或一字彦運，未可知也。大當爲「太」，□當即「原」字，凡此足徵《宋書・王玄謨傳》所出郡望不誤，張校以爲宗從兄弟，不應郡地各異，亦是也。然蕭《史》所書，殆據後來土著爲斷。彥休親注《老子》，與史稱「夷雅好玄言」亦合。本傳云「爲光禄大夫」，與《序録》合。

太祖鎮淮陰，……遺書結玄邈。……罷州還，太祖以經途〔令〕人要之。（《列傳第八·王玄載》/五一〇頁）

校：「令」據南監本、殿本、局本補。按《元龜》二百十二、三百七十一並作「太祖以經途又要之」。

議：南監本以下臆增「令」字，非也。「人」當爲「又」，形之誤也。云「又」者，承上「遺書結玄邈」言之。《元龜》兩見並作「又」，是北宋本《齊書》尚未誤作「人」。

南齊書卷二十八校議

上初即位，祖思啟陳政事。……又曰：「……王景興以淅米見誚。」（《列傳第九·崔祖思》/五一八頁）

校：「淅米」《南史》作「析米」，《元龜》五百二十九作「折米」。按景興，王朗字，《三國志·魏志·王朗傳》裴松之注引《魏略》，太祖嘲朗曰「不能效君昔在會稽折秔米飯也」云云，字亦作「折」。

議：裴注引《魏略》作「折」，是也。蕭、李書亦本作「折」，《南史》作「析」者，形之誤也，延壽元本必不爾。蕭《書》逕作「淅」，則失之彌遠已。大氏「折」先譌「析」，校書者又沾水旁耳。《元龜》正作「折」字，知宋初本尚不誤。尋《齊民要術·飧飯》第八十六有《折粟米法》，大氏「脱粟米一石」，「以湯淘脚踏，瀉去瀋更踏，如此十徧，隱約有七斗米在」耳。折秔米法諒亦準此，是十去其三矣。魏武方崇儉，故嘲之耳。賈書《胡飯法》下亦出「折米飯」，字並作「折」，可證今蕭、李二史之譌。

「宋武節儉過人，張妃房唯碧綃蚊幬，三齊苮席，五盞盤桃花米飯。」（《列傳第九·崔

祖思》/五一八頁）

議：《廣韻・二仙》「仙，相然切，十二」下有「莁，草名，似莞。」《説文・艸部》：「莞，艸也，可以作席，从艸完聲。」《唐韻》：「胡官切。」莞可以作席，似莞者亦宜作席矣。《爾雅・擇草》：「莞，鼠莞。」郭注：「亦莞屬也。纖細似龍鬚，可以爲席，蜀中出好者。」又「芏，夫王」，郭注：「芏草生海邊，似莞藺。今南方越人采以爲席。」是凡似莞、莞屬諸草多可爲席矣。若五方所用，則又因地制宜，大氐莁草三齊所生耳。五盞盤以盛肴饌爾，當有頓號。若云盛飯，何用五盞盤也。江西六朝墓葬出土半瓷半陶器物有「五杯盤」者，即此（見《考古學報》一九五七年第一期《江西的漢墓與六朝墓葬》圖版貳八）。

漢來治律有家，子孫竝世其業，聚徒講授，至數百人。故張、于二氏，絜譽文、宣之世；陳、郭兩族，流稱武、明之朝。……今廷尉律生，乃令史門户，族非咸、弘，庭缺于訓。刑之不措，抑此之由。（《列傳第九・崔祖思》/五一九頁）

議：崔氏所云，具見漢、晉以來律學源流。

苟官世其家而不美其績，鮮矣。（《列傳第九・崔祖思》/五一九頁）

校：「家」毛本、局本作「守」。

議：二本臆改。上云「漢來治律有家，子孫竝世其業」，是家有世業矣；因而官之，故「決獄無冤，慶昌枝裔，槐衮相襲，蟬紫傳輝」，此所謂「官世其家」也。如改「家」作「守」，則崔義隱矣。

按前漢編户千萬……今户口不能百萬。（《列傳第九·崔祖思》/五一九頁）

議：時户口凋殘，方之前漢，十一而弱矣。《三國志·陳群傳》：「人民至少，比漢文、景之時，不過一大郡。」侯康《補注續》云：「劉昭注《郡國志》曰：魏武皇帝剋平天下，文帝授禪，人衆之損，萬有一存。景元四年，與蜀通計民户九十四萬三千四百二十三，口五百三十七萬二千八百九十一人。又案正始五年揚威將軍朱照日所上吴之所領兵户九十三萬二千，推其民數，不能多蜀矣。昔漢永和五年南陽户五十餘萬，汝南户四十餘萬，方之於今，三帝鼎足，不踰二郡。……又《通典》云：魏氏有户六十六萬三千四百二十三，口有四百四十三萬二千八百八十一。」永和後漢順帝年號，五年公元一百四十年，是南齊户口方之順帝時亦「不踰二郡」也。崔啟陳政事在齊太祖「初即位」時，當在建元元年，實公元四百七十九年。去順帝時三百三十九年耳。

祖思宗人文仲……二年，虜攻鍾離，仲文擊破之。……文仲又遣軍主陳靖攻虜竹邑戍主白仲都。……仲文馳啟。……文仲在政，爲百姓所憚。（《列傳第九·崔祖思》/五二一—五二二頁）

議：文仲三見，仲文再見，實一人耳。仲文當爲文仲。《四部備要》校刊殿本作「文仲擊破之」，不誤，惟「文仲馳啟」亦誤作「仲文」。

三年，淮北義民桓磊魄於抱犢固與虜戰，大破之。（《列傳第九・崔祖思》／五二一頁）

議：《封氏聞見記》「羑里城」云：「相州湯陰縣北有羑里城，周回可三百餘步。其中平實，高于城地丈餘。北開一門，相傳文王演《易》之所。曹子建《誥紂文》云：『崇侯何功，乃用爲輔？西伯何辜，囚之圄圄？圄圄既成，負土既盈。興立炮烙，賊害忠貞。』觀此意，見文王見囚之地，紂使負土實此城也。未詳子建所據。今按此東頓丘、臨黄諸縣多有古小城，或周一里，或三百步，其中皆實。郭緣生《述征記》云：『彭城郡有秺城，云是崇侯家（一本作家）。自淮迄于淮河上河（一本作城）而實。秺丘壟可阻謂之固。』然則小城而實，皆古人因依立家，以爲保固。子建所云負土既盈，或承流俗之傳耳。」抱犢固正所謂「丘壟可阻謂之固」者。「淮河上河」，「淮」字衍文，「河」字句絶。「上」當爲「土」，形之誤也。「河」當從一本作「城」。土城而實，與羑里城正同。《水經・泗水》：「又東過沛縣東。」注：「泗水又逕留縣而南，逕垞城東，城西南有崇侯虎廟，道淪遺愛，不知何因而遠有此圖。」垞城即秺城，魏世遺廟猶存，而不云崇侯家，想道元取諸地記，緣生訪諸故老，互有詳略爾。《水經注・渠》（沙水）下：「其一者東南過陳縣北」，注：「沙水又東逕長平縣故城北，又東南逕陳城北，故陳國也。伏羲、神農竝都之。城東北三十許里，猶有羲城，實中。」然則古小城實中者多矣。大氐皆固之屬也。

太祖踐阼，以善明勳誠，欲與善明祿，召謂之曰：「淮南近畿，國之形勢，自非親賢，不使居之。（《列傳第九·劉善明》/五二四頁）

校：「形勢」《御覽》二百五十九引作「形勝」，《元龜》二百亦作「形勝」，疑作「形勝」是。

議：「形勢」當時語，猶今言「形勝」，二書逕作「形勝」，以今語改古語耳。尋《裴叔業傳》：叔業上疏曰：「地惟形勢，居之者異姓。」校勘記云「形勢」《元龜》四百作「形勝」。亦宋人臆改。

表陳……廣開賓館，以接荒民。（《列傳第九·劉善明》/五二六頁）

校：「荒民」南監本作「鄰國」，《南史》同。

議：南監依《南史》改耳。原本當作「荒民」。《豫章文獻王傳》曰：「僕射王儉牋曰：『舊楚蕭條，仍歲多故，荒民散亡，實須緝理。』」下文云：「上又答曰：『飾館以待遐荒。』」亦從荒民字來，知原文不作「鄰國」矣。且善明所云「荒民」，本不謂「鄰國」，延壽改字，已失原意，南監效尤，并本書而失之矣。其云開館以接，飾館以待者，故當時之所以招來遠人，非爲鄰國聘問而設也。《焦度傳》云：「南安氐人也。祖文珪，避難至襄陽，宋元嘉中，僑立天水郡略陽縣，乃屬焉。度以歸國，補北館客。」又《崔慧景傳》：「時慧景等蓐食輕行，皆有饑懼之色。軍中北館客三人，走投虜，具告之。」並其事也。

善明家無遺儲，唯有書八千卷。（《列傳第九·劉善明》/五二七頁）

議：善明家書比李充、謝靈運所録（李三千一十四卷，謝四千五百八十二卷），幾於倍之。元徽初王儉造目有萬五千七十四卷，永明中王亮造目萬八千一十卷，劉書近得其半矣。

南齊書卷二十九校議

時舊將帥又有吴郡全景文，字弘達。少有氣力，與沈攸之同載出都，到奔牛埭，於岸上息。（《列傳第十·吕安國》/五三九頁）

議：《薛淵傳》云「果幹，有氣力」，《焦度傳》云：「年雖老，而氣力如故。」今吴語猶有此言。

今有奔牛縣，當時一埭耳。

周山圖……有氣幹，爲吴郡晉陵防郡隊主。（《列傳第十·周山圖》/五四〇頁）

校：「氣」毛本、局本作「器」。

議：二本臆改，非是。《宋書·元凶劭傳》劭答奚承祖詰讓，有云：「比用人雖取勞舊，亦參用有氣幹者。」《魏書·乙瓌子乾歸傳》：「及長，身長八尺，有氣幹。」《周書·文帝紀》：「肱任俠有氣幹。」《賀若敦傳》：「敦少有氣幹，善騎射。」《魏書·裴叔業傳》：「叔業少有氣幹，頗以將略自許。」《宋書·殷孝祖傳》：「孝祖少誕節，好酒色，有氣幹。……世祖以其有武用，除奮武將軍濟北太守，入爲積射將軍。」「氣幹」自當時語。《魏書·畢泉敬傳》附孫《祖暉傳》云：「祖暉早有器幹。」《魏書·劉道斌傳》：「幼而好學，有器幹。」與「氣幹」

語別而義不同。

鎮軍將軍張永征薛安都於彭城，山圖領二千人迎運至武原。（《列傳第十・周山圖》/五四〇頁）

校：「運」《御覽》四百三十五引作「軍」，《元龜》三百九十二、三百九十五亦作「軍」，疑作「軍」是。

議：本書當爲「運」。《宋書・沈攸之傳》：「三年六月，自率運送米下邳，并鑿四周深塹，遣龍驤將軍垣護之領民口還淮陰。」迎運、率運，語略同耳。《王廣之傳》：「琰（殷琰）遣長史杜叔寶領五千人，運車五百乘援從（劉從）。」「廣之等肉薄攻營，自晡至日没，大敗之，殺傷千餘人，遂退，燒其運車。」「運」同運車之運，迎運正謂迎接送運之援如叔寶所領者爾。諸書改「軍」，則成泛語矣。

建元二年，虜寇壽春，以盤龍爲軍主、假節，助豫州刺史垣崇祖決水漂漬。（《列傳第十・周盤龍》/五四三頁）

校：「漬」局本及《元龜》三百五十一並作「潰」。

議：《廣雅・釋詁》：「溺、淪、氾……漬也。」是漂漬猶漂溺也。《張沖傳》：「江水暴長，加湖城淹漬，義師乘高艦攻之。」溺謂之漬，故是江左人語。

琰將劉從築壘拒守，臺軍相守移日。（《列傳第十・王廣之》/五四七頁）

校：「守」南監本、毛本、殿本、局本作「拒」。

議：「守」字是，諸本臆改。史謂劉從以逆犯順故曰「拒守」，臺軍止曰「守」耳。然散文亦通。

南齊書卷三十校議

沈攸之事起，太祖入朝堂，僧靜爲軍主，從袁粲據石頭。太祖遣僧靜將腹心先至石頭。（《列傳第十一·戴僧靜》/五五五頁）

議：「從」當上屬爲句，「袁粲據石頭」下當作逗號。《宋書·袁粲傳》云：「齊王……又遣軍主戴僧靜向石頭助薛淵，自倉門得入。時粲與秉等列兵登東門，僧靜分兵攻府西門。」是袁粲先據石頭，僧靜後往，不得云「從袁粲據石頭」，甚明。

陳胤叔……官至太子左率。啟世祖以鍛箭鏶用鐵多，不如鑄作。東冶令張候伯以鑄鏶鈍不合用，事不行。（《列傳第十一·戴僧靜》/五五七頁）

議：鏶，字書所無，豈謂箭鏃邪？

淮南人尹略，少伏事太祖，晚習騎射，以便捷見使爲將。（《列傳第十一·尹略》/五五九頁）

議：尹略了無事實，絶無足傳，豈徒以曾爲蕭氏家奴，故附見邪？作史如此，筆削云何？

焦度……南安氏人也。祖文珪，避難至襄陽，宋元嘉中，僑立天水郡略陽縣，

乃屬焉。度以歸國，補北館客。（《列傳第十一・焦度》/五五九頁）

議：《梁書・康絢傳》：「康絢……華山藍田人也。其先出自康居。初漢置都護，盡臣西域，康居亦遣侍子待詔於河西，因留爲黔首。其後即以康爲姓。晉時隴右亂，康氏遷于藍田。絢曾祖因爲苻堅太子詹事，生穆，穆爲姚萇河南尹。宋永初中，穆舉鄉族三千餘家，入襄陽之峴南，宋爲置華山郡藍田縣，寄居于襄陽。」焦文珪以南安氏入襄陽，猶康穆之以康居入襄陽。其先大氐以晉時隴右之亂内遷，宋初（永初當武帝時，其元年公元四百二十年。元嘉當文帝世，其元年公元四百二十四年）遂益深入而居襄陽矣。康居，今蘇聯撒馬爾罕。《宋書・州郡志》：「雍州刺史，晉江左立。胡亡氐亂，雍、秦流民多南出樊沔。晉孝武始於襄陽，僑立雍州，并立僑郡縣。宋文帝元嘉二十六年，割荆州之襄陽、南陽、新野、順陽、隨五郡爲雍州，而僑郡縣，猶寄寓在諸郡界。孝武大明中，又分實土郡縣，以爲僑郡縣境。」依沈《志》大明以前，雖有僑郡縣，寄寓而已。自此以後，始有實境。《宋書・州郡志・雍州》云：「南天水太守，徐《志》本西戎流寓，今治巖州。《永初郡國》、何《志》並無，當是何《志》後所立。……領縣四。……略陽侯相。」又：「華山太守，胡人流寓。孝武大明元年立。今治大隄。領縣三。……藍田令。」沈《志》自云：「今《志》大較以大明八年爲正。」又云：「《永初郡國》、何、徐《州郡》及地理雜書，互相考覆。」然依《絢傳》則華山、藍田，永初已置，依《度傳》則天水、略陽，元嘉中立，沈《志》並未能質言，則圖經舊事，遺落多矣。《宋書・律志・序》：「元嘉中東海何承天受詔纂《宋書》，其《志》十五篇，以續馬彪《漢志》。」

度於城樓上肆言罵辱攸之，至自發露〔形體穢辱之〕。（《列傳第十一・焦度》/五六〇頁）

校：「形體穢辱之」據南監本、殿本、局本及《南史》補。

議：《南史》增舊文耳。子顯元本無此五字。承上罵辱，云自發露，已足見意，不煩加字。江左人語，故當爾耳。下文言：「度見朝廷貴（賤）〔戚〕，說郢城事，宣露如初。」（「戚」字，校記云：據南監本、毛本、殿本、局本改。議：「貴賤」猶「上下」，亦當時語，泛指朝廷諸人，無論其位之高下也。諸本臆改，非是）義亦如之耳。《衛風・淇奧》「赫兮咺兮」，陸氏《音義》出咺兮，云：「《韓詩》作宣。宣，顯也。」然「宣露」猶「顯露」矣。《梁書・本紀・武帝上》：永元三年二月戊申，移檄京邑曰：「至乃形體宣露，褻衣顛倒。」則明言形體宣露矣。

虜主元宏遺虎書，虎使人答書曰：「遂復遊魂不戢，（乾没）〔亂猾〕孔熾。」（《列傳第十一・曹虎》/五六三頁）

校：「亂猾」據南監本、局本改。

議：郝懿行云：「乾没二字，始見於《張湯傳》，說者多失其指。《漢書》如淳注：『得利爲乾，失利爲没。』《三國志》裴松之注：『欲有所徼射，不計乾燥之與沈没而爲之。』此與徐廣注：『隨勢浮沈』之說，皆不免望文生訓。唯服虔注『乾没，射成敗也』。此說近之。蓋乾没當時方言以爲行險徼倖之義，不得以利爲言，如如淳說也。」（義證具詳郝氏《晉宋書故》「乾没」條）郝說是也。書云「乾没」，正用此義。二本臆改，非是。

虎領軍屯青溪中橋。（《列傳第十一・曹虎》/五六三頁）

校：「青溪中橋」南史作「青溪大橋」。

議：《陳書・後主張貴妃傳》：「及隋軍陷臺城，妃與後主俱入于井，隋軍出之，晉王廣命斬貴妃，牓於青溪中橋。」江左自有青溪中橋，虎之所屯，當在此處。《南史》作「青溪大橋」，恐是後人臆改。

每好風景，輒開庫拍張向之。（《列傳第十一・曹虎》/五六四頁）

議：杜甫詩「正是江南好風景」（《江南逢李龜年》）用此，故是江左人語。《武陵王曄傳》亦有「風景殊美」之言。

南齊書卷三十二校議

王琨……父懌，不慧，侍婢生琨，名爲崑崙。懌後娶南陽樂玄女，無子，改琨名，立以爲嗣。（《列傳第十三・王琨》／五七七頁）

議：琨以婢生，故以奴名之。後立爲嗣，始改名爾。《通鑑・宋紀》十一世祖孝武皇帝大明七年下云：「又寵一崑崙奴（胡注：「崑崙奴者，言其狀似崑崙國人也。崑崙國在林邑南。」今按胡説實誤。此崑崙奴，正崑崙人之被賣爲奴者爾）。令以杖擊群臣，尚書令柳元景以下，皆不能免。唯惲蔡興宗方嚴，不敢侵媟。」是江左宮庭已畜崑崙奴矣。度當時貴族，必有畜以爲奴者，故雖王氏，至以名其子矣。

公事朝會，必夙夜早起，簡閱衣裳，料數冠幘。（《列傳第十三・王琨》／五七九頁）

議：《廣韻・三十四嘯》：「顤，力弔切九」下有「料，料度，量也，又音僚。」又《三蕭》：「聊，落蕭切四十二」下有「料，料理也，量也，又郎弔切。」「撩，取物，又理也。」二讀並通，料、撩亦一語爾。

鏡少與光禄大夫顏延之鄰居，顏談議飲酒，喧呼不絶；而鏡靜翳無言聲。（《列傳

第十三・張岱》/五七九頁）

議：「翳」讀與「瘱」同。《廣韻・十二霽》「翳，於計切十七」下有「瘱，静也，安也，恭也」，是其義。「㥦」當爲「瘱」。《説文・心部》：「瘱，静也，从心疢聲。」臣鉉等曰「疢非聲，未詳」，鼎臣不明古音，故有此言爾。《唐韻》：「於計切。」此《廣韻》所本。

母年八十，籍注未滿，岱便去官從實還養，有司以岱違制，將欲糾舉。宋孝武曰：「觀過可以知仁，不須案也。」（《列傳第十三・張岱》/五八〇頁）

議：《論語・里仁》：「子曰：民之過也，各於其黨，觀過斯知仁矣。」孝武説與僞孔安國注不同。皇侃《義疏》引殷仲堪曰：「言人之過失，各由於性類之不同。直者以改邪爲義，失在於寡恕。仁者以側隱爲誠，過在於容非。是以與仁同過，其仁可知。觀過之義，將在於斯者。」此説近之。

劉氏《論語正義》亦以殷説爲是。又引《表記》：「子曰：仁之難成久矣，人人失其所好，故仁者之過易辭也。」以發明其義。又云：「《漢書・外戚傳》：燕王上書言子路喪姊，期而不除。《後漢書・吴祐傳》言嗇夫孫性私賦民錢，市衣進父。《南史・張裕傳》言張岱母年八十，籍注未滿，便去官還養，三傳皆引此文美之。」是兩漢舊義然矣。

炫獨曰：「今節候雖適，而雲露尚凝。」（《列傳第十三・褚炫》/五八二頁）

校：「露」南監本、殿本、局本作「霧」。

議：此用《小雅·白華》「英英白雲，露彼菅茅」之文耳。毛傳：「英英，白雲貌。露亦白雲。言天地之氣，無微不著，無不覆養。」箋云：「白雲下露，養彼可以爲菅之茅。」南監無知，而諸本並爲所誤。

南齊書卷三十三校議

中書舍人阮佃夫〔家〕在會（下）〔稽〕，請假東歸。（《列傳第十四·王僧虔》/五九二頁）

校：「家」、「稽」據南監本、殿本、局本補改。

議：古有吴、會之稱，宋嘗立會州（見洪頤煊《諸史考異·宋書》「會州」條）。會稽本可省云「會」。會下猶都下、吴下，《金樓子·雜記篇》「劉穆之居京下」，語亦同矣。蓋當時語爾，諸本臆改。

尋以白衣兼侍中。（《列傳第十四·王僧虔》/五九三頁）又《到撝傳》：隨王子隆帶彭城郡，撝問訊，不修民敬，爲有司所舉，免官。久之，白衣兼御史中丞。（《列傳第十八·到撝》/六四八頁）

議：僧虔以孫敻奏，坐免官，故云白衣；未與即真，故云兼。撝情事同爾。兼義見《庾杲之傳》校勘記二十四引錢大昕《廿二史考異》説。

郡縣獄相承有上湯殺囚，僧虔上疏言之曰：……遠縣，家人省視，然後處理。

（《列傳第十四・王僧虔》/五九五頁）

校：「理」《元龜》四百七十一作「治」。

議：此唐人避高宗諱改之，《元龜》回改是也。《法書要録》：《右軍書記》出右軍諸帖有「無他治」、「復何治」、「謂必得治力」諸語（彦遠所出《右軍書語》，都計四百六十五帖）。並謂治病，足明此文當爲「處治」。

太祖善書，及即位，篤好不已。……示僧虔古迹十一袠，就求能書人名。僧虔得民間所有，袠中所無者，吴大皇帝、景帝、歸命侯書，桓玄書，及王丞相導、領軍洽、中書令珉、張芝、索靖、衛伯儒、張翼十二卷奏之。又上羊欣所撰《能書人名》一卷。（《列傳第十四・王僧虔》/五九六頁）

校：張森楷校勘記云：「《南史》作『十一卷』，以上所述有十一人，疑作『十一卷』爲是。」今按《法書要録》引此，無桓玄，有晉安帝，張芝前又列韋仲將名，正爲十二人也。

議：蕭《書》所録實十一人，而云十二卷，疑不必以一人爲一卷也。《南史》「十一卷」恐是據人數言之耳。張録雖十一人，然有晉安帝、韋仲將而無桓玄，與蕭《書》不合。疑後人有所出入，以足十二卷之數耳。伯儒，衛覬字，不知避何人諱，不名。若韋誕，則《論書》既直云韋誕矣，而張《録》字之曰仲將，何也？張《録》十二人後云：右十二卷故州民王僧虔奉，僧虔琅邪臨沂人，太祖嘗行南徐州事，故也。

其論書曰。（《列傳第十四・王僧虔》/五九七頁）

議：《法書要録》「南齊王僧虔《論書》」，其語之尤詳，子顯於原文有删改。

變古制，今唯右軍。領軍不爾，至今猶法鍾、張。（《列傳第十四・王僧虔》/五九七頁）

議：制下不當逗，逗號當在「今」下。右軍下當用頓號。領軍下當用句號。言唯右軍、領軍「俱變古形」（語見《要録》所出《論書》全文）也。

須吾下，當比之。（《列傳第十四・王僧虔》/五九七頁）

議：下者，謂自荆州下都也。荆州據上游，故言下耳。此自庾《書》原文，《要録》下作「還」，當是後人不曉「下」是何語，故改之。愛賓所見，宜與蕭同。今日唯賴蕭《書》，猶存其真爾。

小人幾欲亂真。（《列傳第十四・王僧虔》/五九七頁）

議：《要録》作「小子」，當是原文。「小子」當時語，子顯從而文之耳。

無以辨其優劣，唯見其筆力驚異耳。（《列傳第十四・王僧虔》/五九七頁）

議：《要録》此上承「古今既異」，蕭《書》删之則語意不完。僧虔云「無以辨其優劣」者，正以諸人之書，體則古而不今，與右軍、領軍變古以後之書，風尚迥殊，故無以辨其優劣爾。驚異

《要録》作「驚絶」，此必僧虔原文。雖一字之差，殊勝蕭筆。

郗嘉賓草亞於二王。（《列傳第十四·王僧虔》/五九七頁）

議：《要録》止作郗超，豈子顯諱超字邪？

孔琳之書天然放縱。（《列傳第十四·王僧虔》/五九七頁）

議：《要録》孔琳之兩見。羊欣後云：「孔琳之書天然絶逸，極有筆力，規矩恐在羊欣後。」康昕後又云：「孔琳之書放縱快利，筆道流便，二王後略無其比。但工夫少，自任，故未得盡其妙，故當劣於羊欣。」蕭前取天然，後取放縱，割「絶逸」字不取者，與不取「驚絶」字同意。其實並當時語，僧虔取以論書，落筆自俊。《宋書·孔琳之傳》云「妙善草隸」，是孔妙草書，以天然絶逸之筆作草，宜「二王後略無其比」矣。子顯作僧虔《傳》第曰：「僧虔弱冠，弘厚，善隸書。宋文帝見其書素扇，歎曰：『非唯跡逾子敬，方當器雅過之。』」是僧虔尤工作隸，故當以規矩爲先。僧虔於羊欣亦云「行書尤善，正乃不稱名」，所見略同爾（《要録》：「行書」作「行草」，「稱」下無「名」字）。

丘道護與羊欣俱面受子敬，故當在欣後。（《列傳第十四·王僧虔》/五九七頁）

議：依此文，則羊欣優於丘道護也。然《要録》作：「丘道護與羊欣俱面授子敬，故當在欣後。丘殊在羊欣前。」依彼文，則僧虔意當謂丘受法於子敬，雖在羊後；若論其書，則丘在羊前也。此正甲丘乙羊之論。僧虔於羊欣雖稱其「行草尤善」，於正書殊有微辭，故云「正乃不稱名」也。《宋書・羊欣傳》云「尤長隸書」，與僧虔異撰者，僧虔所長在是，不肯以此事讓人也。子顯所録，割裂下文，遂致後先之論，適得其反。然《要録》今無善本，未知此文果有錯否也。

范曄與蕭思話同師羊欣，後小叛，既失故步，爲復小有意耳。（《列傳第十四・王僧虔》/五九七頁）

議：《要録》作：「范後背叛，皆失故步，名亦稍退。」末句大異，疑蕭史得之。《要録》云云，乃後人不解僧虔所謂，改著今語耳，殊不足信。

謝綜書，其舅云緊生起，是得賞也，恨少媚好。（《列傳第十四・王僧虔》/五九七頁）

議：《要録》作：「其舅云『緊潔生起』，實爲得賞。至不重羊欣，欣亦憚之。書法有力，恨少媚好。」本傳「緊」下蓋脱「潔」字。舅語當止「起」字。以下並僧虔語。僧虔謂其舅所評爲知言，故云「得賞」。

賀道力書亞丘道護。（《列傳第十四・王僧虔》/五九八頁）

議：《要録》但云「顔騰之、賀道力並便尺牘」，蓋脱此句。

僧虔宋世嘗有書誡子曰：……汝開《老子》卷頭五尺許，未知輔嗣何所道，平

叔何所説，馬、鄭何所異，《指例》何所明。（《列傳第十四・王僧虔》/五九八頁）

校：按下云「馬、鄭何所異」。梁玉繩《瞥記》云：「馬、鄭未嘗注《老》。王西莊光禄云『老子』當作『老易』，蓋是也。」

議：《後漢書・馬融傳》云「注《孝經》、《論語》、《詩》、《易》、《三禮》、《尚書》、《列女傳》、《老子》、《淮南子》、《離騷》」，是季長嘗注《易》、《老》，梁偶失檢。陸氏《經典釋文・序録・老子》有王弼注二卷，原注：「又作《老子指略》一卷。」《隋書・經籍志》不著録，然僧虔所云《指例》，蓋謂是邪？《隋志》云：「梁有《老子道德論》二卷，何晏撰。何、王等注《老子・私記》十卷，梁簡文帝撰。」此平叔《老子》義也。然鄭實未注《老》，則此《老子》豈真當如西莊説作「《老》、《易》」邪？若爾，即「指例」當兼輔嗣《老子指略》、《易略例》（亦見《釋文・序録》）而言，是「指例」又當標作「《指》、《例》」矣。（《指例》一九七四年版已改作《指》、《例》）

且論注百氏，荆州《八袠》。……《八袠》所載，凡有幾家。（《列傳第十四・王僧虔》/五九八頁）

議：荆州《易》義，則有劉表《章句》五卷（後漢荆州牧，《中經簿録》云：注《易》十卷。《七録》云：九卷，《録》一卷）。宋衷注九卷（後漢荆州五等從事，《七志》、《七録》云：十卷）。王廙注十二卷（東晉荆州刺史，《七志》、《七録》云十卷）。是荆州《易》義盛矣，然未知《八袠》者何謂也。要爲談玄者所取資，故僧虔及之爾。

設令吾學如馬、鄭，亦必甚勝；復倍不如，今亦必大減。（《列傳第十四·王僧虔》/五九九頁）

議：此當以「如今」句絕，逗號當移「今」下。此文語勢自駢，兩「亦必」正相呼應也。

南齊書卷三十四校議

太祖鎮東府，朝野致敬，玩之猶躡屐造席。太祖取屐視之。訛黑斜鋭，蒵斷，以芒接之。（《列傳第十五・虞玩之》／六〇七頁）

議：蒵，《釋草》以爲「蘩，菟蒵」，郭云「未詳」。《釋文》：「蒵，音兮。」非此所用。今謂「蒵」讀與「系」同。《廣韻・十二霽》：「蒵，屧蒵，胡計切十四」下有「系，緒也。緜，籀文。」然江左用「蒵」字，漢人止作「系」。錢輯《風俗通義逸文・災異》云：「延熹中，京師長者皆著木屐。婦女始嫁至，作漆畫展，五采爲系。」（《御覽》六百四十四，又六百九十八。見盧氏《群書拾補》）是也。

或户存而文書已絶，或人在而反託死（板）〔叛〕。……乃别置板籍官。（《列傳第十五・虞玩之》／六〇八—六〇九頁）

校：「叛」據南監本及《南史》改。言人在而在籍上妄注死叛也。「板」《南史》、《通典・食貨典》、《元龜》四百八十六作「校」。

議：上云：「今户口多少，不減元嘉，而板籍頓闕，弊亦有以。」蓋黄籍謂之板籍，名在死籍，謂之死板，緣籍設官，謂之板籍官，蕭《書》正可原是「板」字。《論語·鄉黨》「式負版者」，皇侃《義疏》云：「鄭司農注《宫伯》職云：版，名籍也，以版爲之，今時鄉户籍謂之户版。」是以户籍爲版，由來舊矣。皇引鄭注見《天官·宫伯》：「掌王宫之士庶子，凡在版者。」又《廣韻·二十八獮》「息淺切十三」下有「籑，簡籑，今人户版籍也。簡音牽上聲」，是户版又名簡籑矣。然《南史》、《通典》、《元龜》作「校籍官」者，蕭書《王奂傳》：「永明四年，遷尚書僕射，中正如故。校籍郎王植屬吏部郎孔琇之以校籍令史俞公喜求進署，矯稱奂意，植坐免官。」是武帝時校籍之官實有郎、令史之屬也。

玩之以久(官年)〔宦衰〕疾，上表告退。(《列傳第十五·虞玩之》/六一〇頁)

校：「宦衰」據南監本、殿本及《南史》改。

議：蕭《書》仍當作「久官年疾」。「久官」者，表云「以宋元嘉二十八年爲王府行佐，於兹三十年矣」是也。「年」者，所謂「七十懸車」、「老宜休息」是也。「疾」者，「自頃以來，衰耗漸篤」云云是也。以「年疾」爲文，猶以「年禮」爲文矣。《陳顯達傳》「以年禮告退」，是其比類。此等並當時案牘常語，易代視之，則以爲齟齬不安矣。殿本臆改《陳傳》「年禮」爲「年老」，彼《傳》校勘記斥其妄作，諦矣。

帝頗有好尚，尤嗜飲食，休多藝能，爰及鼎味，問無不解。（列傳第十五・劉休》/六二二頁）

議：《隋書・經籍志》：「梁有劉休《食方》一卷，齊冠軍將軍劉休撰，亡。」《虞悰傳》云：「悰善爲滋味，和齊皆有方法。豫章王嶷盛饌享賓，謂悰曰：『今日肴羞，寧有所遺不？』悰曰：『恨無黄頷臛，何曾《食疏》所載也。』」又云：「世祖幸芳林園，就悰求扁米糲。悰獻糲及雜肴數十轝，太官鼎味不及也。上就悰求諸飲食方，悰秘不肯出，上醉後體不快，悰乃獻醒酒鯖鮓一方而已。」是當時飲食之方、和齊之法，已美備乃爾。《大廣益會玉篇・米部》：「糤，先旱切，糤米餅屬。」糲，當是糤之别體。同部又云：「糏，白鳩切。粰糏，糤也。」是糤又名粰糏。「粰，扶牛切。粰糔粥也。」此别一義。然白鳩切是粰音，白當爲「力」。《萬象名義》：「糏，力求反。粰糏，饊。」是也。《名義》無「糤」，是原本《玉篇》止作「饊」。《萬象名義・食部》：「饊，先但反。以膏煎乾飯。」此原本《玉篇》云爾。《大廣益會玉篇》：「先但切。饊，飯也。」則簡而陋矣。其上一字「餳」云：「徒當切，飴和饊也。」是餳略如今北京之酥餳。饊之爲狀，亦髣髴可知已。

元嘉世，羊欣受子敬正隸法，世共宗之。右軍之體微古，不復見貴。休始好此法，至今此體大行。（《列傳第十五・劉休》/六一三頁）

議：依此文欣實受正隸法於子敬，而僧虔乃云「行書尤善，正乃不稱名」者，意在矯俗耳。

時會稽孔廣，字淹源，亦美姿制。（《列傳第十五·庾杲之》/六一六頁）

議：《金樓子·説蕃篇》：「竟陵蕭子良……禮才好士，居不疑之地，傾意賓客，天下才學，皆游集焉。……好文學，我高祖、王元長、謝玄暉、張思光、何憲、任昉、孔廣、江淹、虞炎、何僩、周顒之儔，皆當時之傑，號士林也。」

南齊書卷三十五校議

晃便弓馬，多從武容，燻赫都街，時人爲之語曰：「焕焕蕭四繖。」（《列傳第十六・高帝十二王》/六二三頁）

校：「武容」《御覽》四百九十五引及《元龜》二百七十一並作「武客」。

議：「容」字是，焕焕其繖，正謂容也。下云：「諸王在京都，唯置捉刀左右四十人，晃愛武飾，罷徐州還，私載數百人仗還都，爲禁司所覺，投之江水。」其事狀相近。武容武飾，軍容、馬容，江左人於武事多喜用容飾字。

與諸王共作短句，詩學謝靈運體，以呈上，報曰：「見汝二十字，諸兒作中最爲優者。但康樂放蕩，作體不辨有首尾，安仁、士衡深可宗尚，顔延之抑其次也。」（《列傳第十六・高帝十二王》/六二五頁）

議：逗號當移「詩」字下。若於「句」字下逗，「詩」字便成衍文矣。潘、陸五言爲江左之宗如此，雖顔、謝未能及也。蕭之論謝，猶李之論木乎？李充《翰林論》曰：「木氏《海賦》，壯則壯矣。然首尾負揭。狀若文章，亦將由未成而然也。」見《文選》木玄虚《海賦》李注引。

後於華林賭射，上敕暈疊破，凡放六箭，五破一皮，賜錢五萬。（《列傳第十六・高帝十二王》/六二五頁）

議：放箭、疊破、皮皆當時語。破謂破的，皮謂中皮。《論語・八佾》：「子曰：射不主皮。」馬融曰：「主皮，能中質也。」皇侃疏：「張布爲栅，而用獸皮帖其中央，必射之取中央，故謂主皮也。」然皮謂中質，破謂貫之歟？亦可破謂貫正，皮謂中鵠也（「《詩・賓筵》疏引《周禮》鄭衆、馬融注，皆謂正在鵠内。惟正在鵠内，故詩以射不出正，誇爲技藝。則金氏引賈景伯以正在鵠外，非也。」義見劉氏《論語正義》。金氏云云，謂金榜《禮箋》引賈氏《周禮》注説）。

尚書令王儉詣暈，暈留儉設食，柈中菘菜鮑魚而已。（《列傳第十六・高帝十二王》/六二六頁）

議：《大廣益會玉篇・魚部》：「鮑，於業切，鹽漬魚。」《廣韻・三十三業》：「腌鹽漬魚也。於業切，十四。鮑，上同。」

廣漢什邡民殷祖以錞于獻鑑，古禮器也。高三尺六寸六分，圍二尺四寸，圓如筩，銅色黑如漆，甚薄。上有銅馬，以繩懸馬，令去地尺餘，灌之以水，又以器盛水於下，以芒莖當心跪注錞于，以手振芒，則其聲如雷，清響良久乃絶。古所以節樂也。（《列傳第十六・高帝十二王》/六二九頁）

議：《北史·斛斯徵傳》：「自魏孝武西遷，雅樂廢缺，徵博采遺逸，稽諸典故，創新改舊，方始備焉。又樂有錞于者，近代絕無此器。或有自蜀得之，皆莫之識。徵見之曰：此錞于也，衆弗之信。徵遂依干寶《周禮注》，以芒筒捋之，其聲極振，衆乃歎服，徵仍取以合樂焉。」史稱士亮尤精三《禮》，其能援干注以明古樂，自無足異，然史文「芒筒」依此傳文當作「芒莖」。南北朝時，此器已絕，而並自蜀得之。豈此樂本出於蜀中歟？

淵圖遠算，意在無遺。（《列傳第十六·高帝十二王》/六三二頁）

校：《南史》作「意在求安」。

議：無遺謂無遺算，《南史》改舊文耳。

故韜末命於近親，寄重權於疎戚，子弟布列，外有強大之勢，疎親中玄，可息覬覦之謀。（《列傳第十六·高帝十二王》/六三二頁）

校：「疎親」南監本、殿本及《南史》並作「支庶」。

議：疎親即承疎戚爲文，變「戚」言「親」，既以避複，兼欲以平仄相間，俾諧其宮商耳。《南史》自有所改作，二本援此以易蕭《書》舊文，非是。

南齊書卷三十六校議

王母殷淑儀卒，超宗作誄奏之，帝大嗟賞。曰：「超宗殊有鳳毛，恐靈運復出。」（《列傳第十七·謝超宗》/六三五頁）

議：《傳》云：超宗，祖靈運，父鳳。中華書局新點校本只標「鳳」字，以爲人名，然《金樓子·雜記篇》：「世人相與呼父爲鳳毛，而孝武亦施之祖，便當可得通用。不知此言意何所出？」是鳳毛本當時通語，世人相與呼父，孝武亦施之超宗之祖，故云「恐靈運復出」也。梁元世代相接，見聞彌近，其言宜足徵信，然則「鳳毛」不當標作人名。《雜記篇》又云「超宗字幾卿，中拜率更令」，亦足爲蕭《傳》補遺。

使兼中丞袁彖奏曰：……超宗少無行檢。（《列傳第十七·謝超宗》/六三七頁）

校：「行檢」各本並作「士行」。

議：各本臆改。

迷慠之釁，累朝點觸。（《列傳第十七·謝超宗》/六三七頁）

校：「點」各本並作「兼」。

議：各本臆改。

屬聖明廣愛，忍禍舒慈。（《列傳第十七·謝超宗》/六三七頁）

校：「舒」各本並作「宣」。

議：各本臆改。

遂遘扇非端，空生怨懟。（《列傳第十七·謝超宗》/六三七頁）

校：「遘」原作「避」，不成字，張元濟校勘記云恐是「遘」字，今據張説改。按遘通構。各本作「連」，非。

議：「遘」作「避」者，當由南渡剜補避高宗嫌名作「諱」，以後遞印模胡，遞修遞失，致令筆畫重疊，作字不成，遂訛作「避」耳。

南齊書卷三十七校議

悛於州治下立學校，得古禮器銅罍、銅甑、山罍樽、銅豆鍾各二口，獻之。（《列傳第十八·劉悛》／六五一頁）

校：南監本、北監本、局本及《南史》均作「豳山銅罍樽」。宋本與殿本作「山罍樽」。按出土古器有山罍樽，無豳山銅罍樽，作山罍樽不誤。

議：銅豆、銅鍾自是二物，豆下宜有頓號。

車駕數幸悛宅。宅盛治山池，造甕牖。世祖著鹿皮冠，被悛菟皮衾，於牖中宴樂，以冠賜悛，至夜乃去。（《列傳第十八·劉悛》／六五一頁）

議：《張欣泰傳》：「下直輒遊園池，著鹿皮冠，衲衣錫杖，挾素琴。有以啟世祖者，世祖曰：『將家兒何敢作此舉止！』」是鹿皮冠齊世以爲郊居遊宴之服。《南史·何胤傳》：「胤恐朏不出，先示以可起。乃單衣鹿皮巾，執經卷下牀，跪受詔，出就席伏讀。」是又謂之鹿皮巾，亦棲遁隱居之服也。《宋書·志·禮五》：「魏文帝黄初三年，詔賜漢太尉楊彪几杖，待以客禮。延請之日，使挾杖入朝，又令著鹿皮冠。彪辭讓不聽，乃使服布單衣皮弁以見。」是魏初已有故事也。

建元四年，奉朝請孔覬上《鑄錢均貨議》，辭證甚博。（《列傳第十八・劉悛》／六五二頁）

校：「孔覬」南監本、殿本及《南史》、《元龜》五百並作「孔顗」。按《通鑑》齊武帝永明八年亦作「孔顗」。《考異》云「《齊紀》作『孔覬』，今從《齊書》、《南史》」，則所見本亦作「孔顗」也。

議：此人自是孔顗，校勘記是也。本書顗、覬字，殊有爲後人所亂者。孔顗此議得附見《悛傳》者，以悛亦啟世祖鑄蒙山銅爲錢也。此傳具見子顯史才。

永明八年，悛啟世祖曰：「南廣郡界蒙山下，有城名蒙城，可二頃地，有燒鑪四所，高一丈，廣一丈五尺。從蒙城渡水南百許步，平地掘土深二尺，得銅。又有古掘銅坑，深二丈，並居宅處猶存。鄧通，南安人，漢文帝賜嚴道縣銅山鑄錢，今蒙山近青衣水南，青衣（在）〔左〕側並是故秦之嚴道地。青衣縣又改名漢嘉。且蒙山去南安二百里，案此必是通所鑄。近喚蒙山獠出，云『甚可經略』。此議若立，潤利無極。」并獻蒙山銅一片，又銅石一片，平州鐵刀一口。上從之。遣使入蜀鑄錢，得千餘萬，功費多，乃止。（《列傳第十八・劉悛》／六五三頁）

校：「左」據《南史》改。按張森楷校勘記云「在側」當作「左側」。

議：《水經注》卷三十六：「青衣水出青衣縣西蒙山，東與沫水合也。」注：「縣故青衣羌國也。……青衣王子心慕漢制，上求内附。順帝陽嘉二年改曰漢嘉，嘉得此良臣也。縣有蒙山，青衣水所發。東逕其縣，與沬水會于越嶲郡之靈關道。青衣水又東，邛水注之。水出漢嘉嚴道邛來山東，至蜀郡臨邛縣東，入青衣水。」然古之羌地，齊世遂爲蒙山獠所據歟？又《若水注》云：「莋，夷也。汶山曰夷，南中曰昆彌，蜀曰邛，漢嘉、越嶲曰莋，皆夷種也。」若爾，則青衣地亦莋種也。豈莋、獠皆羌歟？注又云：「若水又逕會無縣，縣有駿馬河，水出縣東高山。……河中有貝子胎銅，以羊祠之，則可取也。」是駿馬河有銅石矣。又下「沬水……東南過旄牛縣北，又東至越嶲靈道縣，出蒙山南。」注「靈道縣一名靈關道。漢制夷狄曰道，縣有銅山。……沬水出岷山西，東流過漢嘉郡，南流衝一高山，山上合下開，水逕其間，山即蒙山也。」是蒙山銅酈書故詳言之。

世祖幸芳林園，就悰求扁米粣。（《列傳第十八・虞悰》/六五五頁）

議：《廣韻・二十七銑》：「編，方典切十一」下有「糄，燒稻作米。」「扁」疑同「糄」。《大廣益會玉篇・米部》：「糤，先旱切。糤米餅屬。」「粣」讀與「糤」同。

南齊書卷三十八校議

遇疾，遣言曰：「……馬五匠、牛一頭奉東宫。」（《列傳第十九·蕭景先》／六六三頁）

議：「匠」，當爲「匹」。《四部備要》校刊武英殿本不誤。

「三處田勤，作自足供，衣食力少，更宜隨買麤猥奴婢充使。」（《列傳第十九·蕭景先》／六六三頁）

議：當於「田」字下逗，「勤」當下屬爲句。「供」下逗號，當移於「食」字下（此句標點一九七四年版已改正）。

建武二年……賜穎胄以常所乘白犕牛。（《列傳第十九·蕭赤斧》／六六六頁）

議：《大廣益會玉篇·牛部》：「犕，音臾。黑牛也。」此字不見《萬象名義》，當是孫强加字。非原本《玉篇》所有。此云「白犕牛」，知江左人不以犕爲黑牛矣。《廣韻·十虞》「逾，羊朱切四十五」下有「羭，黑羝」、「騟，紫馬」，不收「犕」字。

上慕儉〔約〕。欲鑄壞太官元日上壽銀酒鎗。（《列傳第十九·蕭赤斧》／六六六頁）

校：「約」據南監本、殿本補。「官」原譌「宫」，各本不譌，今改正。「銀酒鎗」《御覽》八百十二引作「銀酒鐺」。按《説文》「鏓，鎗鏓也」。《集韻》「鐺，斧屬，通作鎗」。蓋鎗即鎗鏓，今之鐺也。説詳桂馥《札樸》。

議：《説文・金部》：「鎗，鐘聲也。从金倉聲。」《唐韻》「楚庚切」。段於「鎗」下補「鏓」字，云「今依全書例補之，雙聲字也」，是也。是《説文》此下出「鏓，鎗鏓也」，《唐韻》「倉紅切」者，亦謂鐘聲之鎗鏓耳。《説文》：「鐺，鋃鐺也。」《唐韻》：「都郎切」，「鋃，鋃鐺瑣也」，「魯當切」。亦不以爲酒鎗字。尋《廣韻・十二庚》：「鎗，鼎類。楚庚切四。鐺，俗本音當。」此正以爲酒鎗字。蓋鼎類之鎗，本無正字，書傳假鎗、鐺爲之耳。《集韻》「斧屬」當爲「釜屬」。桂説殊誤會。

竝勳彰中興，功比申、邵。（《列傳第十九・蕭赤斧》/六六八頁）

校：「申邵」南監本、毛本、殿本、局本作「周邵」。

議：南監本以下臆改殊謬，百衲本是也。此云：申、邵，《詩・崧高》所謂「維申及甫，維周之翰」，「王命召伯，定申伯之宅」，「申伯之功，召伯是營」者，是也。毛傳：「召伯，召公也。」孔疏：「以常武之《序》，知召伯是召穆公也。」蓋申伯、召伯嘗佐成宣王中興之功，故以爲比爾。若是周召，並在周初，當周極盛，焉得承勳彰中興，而以爲比也？召爲邵者，《廣韻・三十五笑》：「邵，邑名，又姓，出魏郡。周文王子邵公奭之後，實照切七。召，上同。」是也。

屬無妄之時，居道消之運。（《列傳第十九・蕭赤斧》/六七〇頁）

校：「道消」南監本作「中否」。

議：南監本臆改。

建武中，荆州大風雨，龍入柏齋中，柱壁上有爪足處，刺史蕭遥欣恐畏，不敢居之。至是以爲嘉祐殿。（《列傳第十九·蕭赤斧》/六七一頁）

校：「嘉祐殿」《御覽》一百七十五引作「嘉福殿」，《南史》及《元龜》二百三同。

議：荆州時多異物，此龍其一也。其雲夢澤之大爬蟲乎？

南齊書卷三十九校議

初，瓛講《月令》畢，謂學生嚴植曰：「江左以來，陰陽律數之學廢矣。吾今講此，曾不得其髣髴。」時濟陽蔡仲熊禮學博聞，謂人曰：「凡鍾律在南，不容復得調平。昔五音金石，本在中土；今既來南，土氣偏陂，音律乖爽。」〔瓛亦以爲然〕。仲熊歷安西記室，尚書左丞。（《列傳第二十・劉瓛》／六八〇頁）

校：「瓛亦以爲然」據南監本、殿本補。按《南史》亦有此五字。

議：此五字《南史》加之，南監以下依《南史》沾字，非別有據也。仲熊之言徒以與江左以來律數之學興廢有關，故附見於此，初不繫於瓛之以其言爲然也。蕭《書》本無此言，百衲本是也。

永明元年，轉度支尚書。尋領國子博士。時國學置鄭、王《易》，杜、服《春秋》，何氏《公羊》，麋氏《穀梁》，鄭玄《孝經》。澄……乃與儉書論之曰：《易》近取諸身，遠取諸物，彌天地之道，通萬物之情。自商瞿至田何，其間五傳。年未爲遠，無訛雜之失；秦所不焚，無崩壞之弊。雖有異家之學，同以象數爲宗。……晉太興四年，太常荀崧請置《周易》鄭玄注博士，行乎前代，于時政由王、庾，皆儁神清識，能言玄遠，捨輔嗣而用康成，豈其妄然。太元立王肅《易》，當以在玄、弼之間。……《左氏》太元取服虔，而兼取賈逵《經》，〔由〕服傳無《經》，雖在注中，而《傳》又有無《經》者故也。今留服而去賈，則《經》有所闕。……《穀梁》太元舊有麋信注，顏益以范寧，麋猶如故。顏論閏分范注，當以同我者親。常謂《穀梁》劣《公羊》，爲注者又不盡善，竟無及《公羊》之有何休，恐不足兩立。必謂范善，便當除麋。（《列傳第二十・陸澄》／六八三—六八四頁）

校：「太元」各本譌作「泰元」……今並據《晉書・孝武帝紀》改正。「由」據《元龜》五百九十九補。

議：「服傳無《經》」，傳當標作《傳》。

〔澄〕當世稱爲碩學，讀《易》三年不解文義，欲撰《宋書》竟不成，王儉戲之曰：「陸公，書廚也。」家多墳籍，人所罕見。撰地理書及雜傳，死後乃出。（《列傳第二十・陸澄》／六八五—六八六頁）

校：「澄」據南監本及《南史》補。

議：此亦《南史》加之爾，蕭《書》不必定有「澄」字。書廚之戲，與書簏何異。讀《易》三年，不解文義，亦由時尚玄言，澄隆象數故爾。觀其與儉書論《易》，殊得要領，非竟不解文義，豈初讀三年，有所不通，後來遂進邪？

晉世以玄言方道，宋氏以文章閒業，服膺典藝，斯風不純，二代以來，爲教衰矣。（《列傳第二十・陸澄》/六八六頁）

議：《通典・選舉典》引蕭子顯曰：「自宋以來，謝靈運、顔延年以文章彰於代，謝莊、袁淑又以才藻係之，朝廷之士及閭閻衣冠，莫不仰其風流，競爲辭賦之事。五經文句，無復通其義者。」意雖猶是，言則加詳。《通典》此條，實吾友王元崇著書餘料，千里寫示，其意良勤，余爲著於此，俾與史臣之言相印證云。

南齊書卷四十校議

太祖踐阼，子良陳之曰：……開亭正榦，便振荆革。（《列傳第二十一·武十七王》/六九二頁）

議：《廣韻·二十一盍》：「榻，牀也。吐盍切十九。榦，上同。」是榦、榻同字。「荆革」猶「棰革」，下「又啟」云「猶求請無地，棰革相繼」，是也。

徵村切里，俄刻十催。（《列傳第二十一·武十七王》/六九二頁）

校：按《通典·食貨典》作「遠村深里，頃刻十催」。

議：切正謂「徵求急速」，俄刻即「頃刻」，並當時語。子良又啟曰「每至州臺使命，切求懸急」，其言切正同，切里即切求於里矣。《通典》變易舊文，欲人易曉，亦可是後人所改，要非子顯故書如此。

明年，上表曰：「……舊遏大塘，非唯一所。而民貧業廢，地利久蕪。……脩治塘遏。」（《列傳第二十一·武十七王》/六九四頁）

議：《三國志·魏書·鄭渾傳》「興陂遏，開稻田」，錢大昭《辨疑》云：「《晉書·食貨志》遏作堨，疑與堰同。」子良塘遏字止作「遏」，與《三國志》同。

小人之心，罔思前咎。（《列傳第二十一·武十二王》/六九五頁）

校：「咎」南監本、毛本、殿本、局本作「恩」。《元龜》二百八十八作「過」。

議：《元龜》及諸本並出臆改，百衲本自可據。

縑纊雖賤，駢門躶質。（《列傳第二十一·武十七王》/六九六頁）

議：躶露形體謂之「躶質」，亦當時語。

必須輪郭〔完全〕。（《列傳第二十一·武十二王》/六九六頁）

校：據南監本及《元龜》五百補。

議：《元龜》增字，取易曉耳。南監又依《元龜》改本書，非是。

兖、豫二藩，雖曰舊鎮，往屬兵虞，纍棄鄉土。密邇寇庭，下無安志。編草結菴，不違凉暑；扶淮聚落，靡有生向。俱禀人靈，獨絶温飽，而賦斂多少，尚均沃實。謂凡在荒民，應加蠲減。（《列傳第二十一·武十二王》/六九七頁）

校：南監本、毛本、殿本、局本作「扶淮聚洛」，《元龜》二百八十八作「扶攜流落」，未知孰是。

議：聚即「鄉屯里聚」之聚（見《州郡志》：柳世隆奏）。落即「招集荒落」之落（見《州郡志》：吕安國啟）。百衲本是也。《州郡志》：「宋永初二年，分淮東爲南豫州，治歷陽，而淮西爲豫州。」永明雖二豫分置，亦自扶淮，初不聚洛。南兖既西至淮畔（亦見柳世隆奏），北兖亦鎮淮陰（見《州郡志》）。南監以下改「落」爲「洛」，謬甚。《元龜》並改「淮」字，亦可謂不知而作矣。然即子良所啟，而荒民之實，可見一斑。

又司市之要，自昔所難。頃來此役，不由才舉，竝條其重貲，許以賈衒。前人增估求俠，後人加税請代，如此輪回，終何紀極？（《列傳第二十一・武十七王》/六九七頁）

議：「求俠」，當時語。《説文・大部》：「夾，持也。从大俠二人。」《唐韻》：「古狎切。」求俠本字當爲「夾」，謂求俠持也。隸俗相承借俠爲之，故許君説解即云「从大俠二人」矣。

吾日冀汝善，勿得敕如風過耳，使吾失氣。（《列傳第二十一・武十七王》/七〇三頁）

議：今人云「耳邊風」，語亦有自。

子響少好武，在西豫時，自選帶仗左右六十人，皆有膽幹。……令内人私作錦袍絳襖，欲餉蠻交易器仗。……子響自與百餘人袍騎，將萬鈞弩三四張，宿江堤上。……子響於堤上放弩。（《列傳第二十一・武十七王》/七〇五頁）

議：膽幹猶氣幹。蠻好錦、絳，而饒器仗，即此可見。其貴袍襖，亦好武之徵也。《宋書・孔琳之傳》：琳之於衆議之外，又曰：「昔事故之前，軍器正用鎧而已。至於袍襖裲襠，必俟戰陣。實在庫藏，自無損毁。今儀從直衞，及邀羅使命，有防衞送迎，悉用袍襖之屬。非唯一府，衆軍皆然。綿帛易敗，勢不支久。又晝以禦寒，夜以寢卧，曾未周年，便自敗裂。每絲綿新登，易折租以市。又諸府競收，動有千萬，積貴不已，實由於斯。私服爲之難貴，官庫爲之空盡。愚謂若侍衛所須，固不可廢，其餘則依舊用鎧。小小使命送迎之屬，止宜給仗，不煩鎧襖。用之既簡，則其價自降。」然琳之雖有斯議，齊世變本加厲矣。子響袍騎，則正用之戰陣。弩亦言放，與箭同也。

子響大怒，執寅等於後堂殺之。以啟無江愈名，欲釋之，而用命者已加戮。（《列傳第二十一・武十七王》／七〇五頁）

議：《金樓子・説蕃篇》：「蕭子響在荆州造仗，長史、司馬皆以啟聞。王知大怒，乃僞請入坐起，既至坐，厲聲色而語曰：『身父則是天子，政復造五千人仗，此復何嫌，而君遂以上啟？』二人下牀叩頭，拔褥刀自下斬之。」依此文，長史劉寅、司馬席慕穆子響實手斬之牀下，與子顯傳聞異辭。

亡命王充天等蒙楯陵城。（《列傳第二十一・武十七王》／七〇五頁）

校：「王充天」殿本、局本及《南史》並作「王衝天」。

議：《南史》存其本名，子顯謂衝天名俚改之耳。二本從《南史》，非子顯之真。

並約語諸州，當其堺皆爾，不如法，即問事。（《列傳第二十一・武十七王》／七〇九頁）

校：「問事」南監本作「周章」。

議：「即問事」者，當時語，謂不如法將問其罪耳。南監本臆改，非是。

子隆年二十一，而體過充壯，常服蘆茹丸以自銷損。（《列傳第二十一·武十七王》/七一〇頁）

議：古治肥有藥見此。

南齊書卷四十一校議

浮海至交州，於海中作《海賦》曰：……反覆懸烏，表裏菟色。（《列傳第二十二·張融》/七二二頁）

議：烏菟謂日月，水天之際，日月光景，相反覆，爲表裏也。境雖即日，而造語自新。

螯音螯澤于及涾音沓洽音合，來往相辛䶢合。（《列傳第二十二·張融》/七二二頁）

議：《廣韻·二十七合》：「侯閤切十一」下「迨，迨遝，行相及也。」又：「沓，重也，合也，徒合切十八」下「遝，迨遝」。涾洽即迨遝，疊韻連綿字，無妨倒言之耳。《二十七合》有「趁，走也，赴會也，七合切」。辛趁音義並同，故自一語。融《賦》所云。正取赴會之意。

若木於是乎倒覆，折扶桑而爲渣在牙。（《列傳第二十二·張融》/七二二頁）

議：《廣韻·九麻》：「楂，水中浮木，鉏加切六。查槎二同。」渣楂音義並同。在從（一）字，鉏，崇紐（牀二）字。思光吴郡吴人，其讀牀如從也。《張沖傳》：「沖遣軍主桑係祖由渣口攻拔虜建陵、驛馬、厚丘三城，多所殺獲。」是當時地名，亦用此字。

重彰岌岌，攢嶺聚立。（《列傳第二十二·張融》/七二二頁）

議：《文選》謝靈運《晚出西射堂》：「連鄣疊巘崿，青翠杳深沈。」李注：「《爾雅》曰：山正鄣。巘崿，崖之別名。《爾雅》曰：重巘隒。《文字集略》曰：崿，崖也。」《釋山》「上正章」，郭注：「山上平。」李引《爾雅》字作鄣，與謝《詩》同者，《廣韻・十陽》：「章，諸良切十五」下有「彰，明也」，「障，隔也，又丘山頂上平，又音去聲。云「丘山頂上平」即《爾雅》「上正章」字，《廣韻》此文蓋承陸氏《切韻》、孫氏《唐韻》之舊，是唐人所見《爾雅》舊本字或作障。山阜義通，故或从阜。邑、阜形近，改易殊體，以新視聽，非竟从邑也。彰障音義並同，不作章者，別於文章之章耳。然《廣韻・四十一漾》：「障，之亮切，五」下有「嶂，峰嶂。」《文選》沈休文《鍾山詩應西陽王教》「崚嶒起青嶂」，《遊沈道士館》「山嶂遠重疊」並作此字。《鍾山詩》與望、壯相協，是亦讀去聲，杜甫《劍門詩》「意興産疊嶂」，亦然。障、嶂音義並相通轉，疑本一語，而有二讀，猶障之兼收《陽》、《漾》矣。張《賦》作彰，則讀如平，與休文詩之作去聲呼之者，聲調自別。

流柴磹五感反岉五窟。

議：《廣韻・四十八感》：「顉，五感切三」下有「嵁，嵁崿，山形。」《十九鐸》：「咢，五各切二十五」下有「崿，崖崿。」磹、嵁音義並同，然思光自作「磹」字。又《十一没》：「窟，苦骨切。」「兀，五忽切十六」下有「岉，崛岉，禿山皃。」是張《賦》嵁崿自作「磹岉」，其讀崿蓋與「岉」同。豈吳音《鐸》《没》時相出入邪？《賦》中出音其一字者爲直音，二字者爲反切，當皆作者自注。此獨云「五感反」，反字非衍文，即後人誤加。

窂浪硠音郎(拉)〔揞〕，崩山相磕苦合。（《列傳第二十二·張融》/七二三頁）

校：「揞」據南監本、毛本、殿本、局本改。

議：南監本以下臆改，非也。《廣韻·二十七合》：「拉，折也，敗也，摧也。盧合切，十一。」硠、拉雙聲，拉、磕爲韻。《二十七合》：「溘，口荅切七」下有「𡲢，閉户聲」，又二十八盍「榼，苦盍切六」下有「㕎，山崩損也。」磕與𡲢㕎音義並相轉注。

淬贔貴潰大人之表，泱於朗蕩君子之外。（《列傳第二十二·張融》/七二三頁）

議：此用《山海經·海外東經》「海外自東南陬至東北陬者」有「䃥丘」，「大人國在其北」，「君子國在其北」。大人、君子當標專名綫。

則若士神中，琴高道外。（《列傳第二十二·張融》/七二四頁）

議：此「若士」正謂盧敖所見，《淮南·道應訓》所謂「若士舉臂而竦身，遂入雲中」者也，然《淮南》之文此上云「見一士焉」，又云「若士者齤然而笑」，若士猶若人，本通名而冠以指代詞者。張《賦》用之，既不與餘文相麗，即無異專名，宜與琴高同加專名綫。

咕者幾於上善。（《列傳第二十二·張融》/七二五頁）

議：下云：融自名集爲《玉海》。司徒褚淵問《玉海》名，融答：「玉以比德，海崇上善。」倉曹又以「正月俗人所忌，太倉爲可開不」，融議：「不宜拘束小忌。」（《列傳第二十

二·張融》/七二六頁)

議：漢以來便有此俗。

王敬則見融革帶垂寬，殆將至骼。謂之曰：「革帶太急。」融曰：「既非步吏，急帶何爲？」(《列傳第二十二·張融》/七二七—七二八頁)

校：「骼」《南史》及《元龜》九百四十四作「髀」。按疑作「髀」是。

議：敬則故作反語，遂有此答。「髀」字未知《南史》本爾，抑是宋人所改。要之，蕭《書》自作「骼」。《大廣益會玉篇·骨部》：「骻，口亞切，髆骨也。骼，同上。骰，同上。」《萬象名義·骨部》：「骻，口亞反，腰骨。」「骰，骻字。」是原本《玉篇》未收骼字，孫强加字有之。《廣韻·四十禡》：「骼，髆骨，枯駕切六。骰，上同。」與孫强合，殆承孫愐《唐韻》之舊。頗謂骼字晚出，故子顯但假「骼」字爲之耳。尋《說文》「胯，股也。从肉夸聲」，苦故切。又「股，髀也，从肉殳聲」，公户切。「髁，髀骨也。从骨果聲」，苦卧切。古無骻骼字，子顯作骼，依《說文》「禽獸之骨曰骼」，非其義。蓋古者髀股，从肉言之謂之胯，古音在《魚部》，其借作骼，晚出字作骼，反作口亞切者，並與《魚部》音相出入；從骨言之謂之髁，音轉入《歌部》，其作苦卧切，及晚出字作骻者，皆古《歌部》音也。然《魚》、《歌》之音，古今異讀，時復相亂，臨文用之，每依時俗，其有不足，更造新字，遂令異體紛然，驟覩難曉矣。子顯此文，自有本字，但書作髁，音義俱得。

融……爲(問)《〔門〕律自序》曰：……且中代之文，道體闕變，尺寸相資，彌縫舊

物。（《列傳第二十二·張融》/七二九頁）

校：「門」據《元龜》八百十七改。按《高逸·顧歡傳》云「司徒從事中郎張融作《門律》」，問與門形近而譌。各本皆未正，《南史》亦同譌。

議：八代之文，多有此弊。融言如此，不可謂昌黎之前，曾無先覺也。

建元初，爲……山陰令。縣舊訂滂民，以供雜使。顒言之於太守聞喜公子良曰：「竊見滂民之困，困實極矣。……唯上虞以百户一滂，大爲優足，過此列城，不無凋罄。」（《列傳第二十二·周顒》/七三一頁）

議：弊乃至此，竟不知何以名滂。

顒音辭辯麗，出言不窮，宫商朱紫，發口成句。（《列傳第二十二·周顒》/七三一頁）

議：觀此知當時音韻之字，不獨用諸文章。又當時有文句之學，所謂「宫商朱紫，發口成句」，亦其一耑乎？《武十七王傳》史臣曰：「帝王子弟……齠年稚齒，養器深宫，習趨拜之儀，受文句之學。」《張融傳》：「爲《門律自序》曰：『吾無師無友，不文不句，頗有孤神獨逸耳。』」皆是也。《顒傳》下云：「每賓友會同，顒虚席晤語，辭韻如流，聽者忘倦。」是不獨其音辭辯麗，亦以語帶宫商故也。《南史·張敷傳》云：「善持音儀，盡詳緩之致，與人别，執手曰：念相聞，餘響久之不絶，張氏後進皆慕之，其源起自敷也。」又《暢傳》：「孝伯辭辯，亦北土之美，暢隨宜應答，吐屬如流，音韻詳雅。」時尚音韻，可以概見。

少從外氏車騎將軍臧質家得衞恒散隸書法，學之甚工。文惠太子使顒書玄圃茅齋壁，國子祭酒何胤以倒薤書求就顒换之，顒笑而答曰：「天下有道，丘不與易也。」（《列傳第二十二・周顒》/七三二頁）

議：散隸書南齊能者已尠，故彦倫矜祕乃爾。《魏書・崔玄伯傳》：「尤善草隸行押之書，爲世慕楷。玄伯祖悦，與范陽盧諶，並以博藝著名。諶法鍾繇，悦法衞瓘，而俱習索靖之草，皆盡其妙。諶傳子偃，偃傳子邈。悦傳子潛，潛傳玄伯。世不替業，故魏初重崔盧之書。又玄伯之行押，特盡精巧，而不見遺迹。」恒即瓘子，是衛書江左罕傳，而河北崔氏，獨世傳瓘法。顒工散隸，得巨山一藝耳。王僧虔録宋羊欣采《古來能書人名》云：「河東衞覬字伯儒，魏尚書僕射，善草及古文，略盡其妙。草體微瘦，而筆跡精熟。覬子瓘，字伯玉，爲晉太保，採張芝法，以覬法參之，更爲草藁。草藁是相聞書也。瓘子恒，亦善書，博識古文。」玄伯草書行押，正從伯玉草藁來耳。河北傳伯儒古篆之法者，則有陳留江氏。《魏書・江式傳》云：「六世祖瓊，字孟琚，晉馮翊太守，善蟲篆詁訓。永嘉大亂，瓊棄官西投張軌，子孫因居涼土，世傳家業。祖彊，字文威。太延五年，涼州平，内徙代京，上書三十餘法，各有體例。」又云：「式篆體尤工，洛京宫殿諸門板題，皆式書也。延昌三年，式上表曰：『臣六世祖瓊，家世陳留。往晉之初，與從父兄應元，俱受學於衞覬。古篆之法，《倉》、《雅》、《方言》、《説文》之誼，當時並收善譽。』」是也。

後何胤言斷食生，猶欲食（肉）白魚、䱇脯、糖蟹，以爲非見生物。疑食蚶蠣，使學生議之。學生鍾岏曰：「䱇之就脯。……至於車螯蚶蠣。……礦殼外緘。……不悴不榮。……與瓦礫其何算。」（《列傳第二十二・周顒》／七三二頁）

校：「言斷食生」南監本作「亦斷食肉」。「肉」據南監本删。按《南史》亦無「肉」字。

議：《酉陽雜俎・酒食篇》云：「猶食白魚䱇腊糖蟹」、「學士鍾岏（一作岏）」、「䱇之就品」、「車熬母蠣」、「脣吻外緘」、「不榮不悴」、「與瓦礫而何異」。二「脯」字成式引之並異，疑是後人所改。《齊民要術・脯腊》第七十五：「浸四五日，嘗味徹，便出置箔上陰乾。火炙熟搥，亦名瘃腊，亦名瘃魚，亦名魚腊。」疑胤之所食，正是此爾。「就品」疑當爲「就治」，治即《要術》所云「浄治」、「鱗治」之治。治爲品者，形之譌也。《廣韻・四十五厚》「母，莫厚切十四」下有「牡」。母蠣即「牡蠣」，疑原本作母蠣，後人不知是「牡」字之借，故改作「蚶」爾。「脣吻」作「礦殼」，疑是子顯所改。「其何算」近是原本，段書「而何異」，疑是後人所改。「礦」《南史》作「獷」。

顒與書，勸令菜食。曰：……歎彼弱麑，顧步宜悉。觀其飲啄飛沈，使人（物）憐悼。（《列傳第二十二・周顒》／七三二頁）

校：「飛沈」南監本、殿本及《元龜》八百二十一並作「飛行」。「物」據《元龜》、《廣弘明集》删。按南監本、殿本、局本作「人應憐悼」。

議：「慜」作字不成，當爲「愍」，避宋諱耳。《魏書·崔鴻傳》載鴻《十六國春秋表》有云「隱愍鴻濟之澤」（《四部備要》校刊武英殿本），毛氏汲古閣本愍作「慜」，王先謙《魏書校勘記》以葉氏宋監本校毛本，有云「慜作慜」，其諱「愍」作「慜」，與此本正同。《説文》「喙，口也。从口彖聲」，許穢切。「啄，鳥食也，从口豖聲」，竹角切。此文「飲喙」，當爲「飲啄」。本謂水鳥涉禽，「飛沈」是也。諸本云「飛行」者，臆改故書。南監本以下改「使人」作「人應」，亦非是。

南齊書卷四十二校議

時〔尚書〕令王儉雖貴而疎，晏既領選，權行臺閣，與儉頗不平。（《列傳第二十三・王晏》/七四二頁）

校：「尚書」據南監本、局本及《南史》補。按殿本無「尚書令」三字。

議：百衲本是也。南監本、局本依《南史》補「尚書」字，殊失蕭《書》之真。殿本並删令字，亦近不知而作也。尋此承上文「晏固辭不願出外，見許，留爲吏部尚書」，故不煩更著「尚書」字。吏部以下諸尚書并屬尚書臺，「尚書令總領尚書臺二十曹，爲内臺主」，但書令，其爲尚書令自明。《王秀之傳》：「至秀之爲尚書（按：爲都官尚書），又不與令王儉款接。」句法正同。然子顯屬辭，條例謹嚴故爾，是又學者所宜知也。

謀志曰：「見炊飯熟，推以與人。」王晏聞之曰：「誰復爲蕭謀作（堰）〔甌〕箭者。」（《列傳第二十三・蕭諶》/七四六頁）

校：「甌」據南監本、殿本、局本改。

議：堰即用爲甌，當時别字有之，屢見《天文志》。各本臆改，殊失蕭《書》之舊。

上遣左右莫智明數諶曰：……卿恒懷怨望，乃云炊飯已熟，合甑與人邪？（《列傳第二十三・蕭諶》/七四六頁）

議：《世説新語・夙惠》：「賓客詣陳太丘宿，太丘使元方、季方炊。客與太丘論議，二人進火，俱委而竊聽。炊忘箸箄，飯落釜中。太丘問：炊何不餾？元方、季方長跪曰：大人與客語，乃俱竊聽，炊忘箸箄，飯今成糜。」明古云炊，正謂蒸飯，江左猶然。

明年（按建武二年）虜動，假坦之節，督徐州征討軍事。虜圍鍾離，春斷淮洲，坦之擊破之。（《列傳第二十三・蕭坦之》/七四九頁）

校：按文有譌奪，不可解。

議：實無譌奪，文亦可解。虜動本在正月，既圍鍾離，遂斷淮洲，地望自合。時在春月，故云春斷淮洲耳。《沈文季傳》：「三年冬，寓之聚黨四百人，於新城水斷商旅。」御史中丞徐孝嗣奏曰：「餘建德、壽昌，在劫斷上流，不知被劫掠不？」其言斷略同耳。淮洲自謂緣淮洲渚，《廣韻・十八尤》「洲，洲渚也。《爾雅》：水中可居曰洲」，是也。

坦之……從東冶僦渡南渡，間道還臺。（《列傳第二十三・蕭坦之》/七四九頁）

議：《後漢書・虞詡傳》：「先是運道艱險，舟車不通，驢馬負載，僦五致一。」注：「《廣雅》曰：『僦，賃也。』音子救反。僦五致一，謂用五百賃而致一石也。」賃謂之僦，故是漢語。光武

「與同舍生韓子合錢買驢，令從者僦以給諸公費」，見《東觀漢記》，是也。

從兄翼宗……檢家赤貧，唯有質錢帖子數百。（《列傳第二十三・蕭坦之》/七四九頁）

議：《廣韻・三十怗》「他協切十一」有「帖，券帖」，是江左以書券爲帖子也。此下又有「貼，以物之（「之」字衍，或「之」上當有「貼」字）質錢」，是以物質錢謂之貼也。

江祏弟祀……歷……南東海太守，行府州事。治下有宣尼廟，久廢不脩，祀更開掃構立。（《列傳第二十三・江祏》/七五二頁）

議：《州郡志》：南東海郡屬南徐州，治郯。廟既久廢，是建於前代，但未知何世耳。

南齊書卷四十三校議

世祖嘗問王儉，當今誰能爲五言詩？ 儉對曰：「謝朏得父膏腴，江淹有意。」

（《列傳第二十四・謝瀹》/七六四頁）

議：朏即瀹兄，父謂莊也。 江、謝五言之美，爲當時所推如此。

南齊書卷四十四校議

後豫章王北宅後堂集會，文季與淵並（喜）〔善〕琵琶，酒闌，淵取樂器，爲《明君曲》。（《列傳第二十五・沈文季》／七七六頁）

校：「善」據南監本、殿本、局本及《元龜》九百十七改。

議：此《杜詩》所謂千載琵琶作胡語者矣。

昭略建武世嘗（酒）酣〔酒以自晦〕，與謝瀹善。（《列傳第二十五・沈文季》／七八〇頁）

校：「酒以自晦」據《元龜》一百三十六删補。按南監本、殿本無「昭略建武世嘗酒酣與謝瀹善」十二字。

議：《謝瀹傳》：「瀹建武之初，專以長酣爲事，與劉瑱、沈昭略以觴酌交飲，各至數斗。」此正承其兄朏之教，所謂「此中唯宜飲酒」者也。彼傳文正與此相應。《元龜》加字不足據，百衲本是也。

贊曰：……豐城歷仕，音儀孔昭。（《列傳第二十五・沈文季》／七八一頁）

校：《沈文季傳》云封西豐縣侯，而贊乃云「豐城歷仕」，必有譌。按《宋書・州郡志》，西豐、豐城皆侯國。據《宗室・蕭遥昌傳》，遥昌於建武元年封豐城縣公，則沈文季之封自當在西豐。「豐城」疑「西豐」之譌。

議：校謂沈封當在西豐，是也。然《贊》文「豐城」，專名線當但標「豐」字，文自可通。《贊》係《傳》後，故不嫌與西豐相亂也。

南齊書卷四十五校議

建武元年，以爲持節、都督揚、南徐二州諸軍事、前將軍、揚州刺史。……遥光好吏事，稱爲分明。頗多慘害。……每與上久清閑，言畢，上索香火，明日必有所誅殺。（《列傳第二十六・宗室》／七八九頁）

議：《金樓子・説蕃篇》：「蕭遥光……性聰察，善吏政。每至理朝廷大事及揚州曹獄，動至三四更，前列倡人，後列侍女，華燭照爛於其間，手捉玉柄毛扇，有時以金鏤炙刀自割牛肱而食之。每明帝有所誅殺，必先取其名。」觀梁元此言，則子顯所云「好吏事」、「多慘害」者可見矣。

帝崩，遺詔加遥光侍中、中書令，給扶。（《列傳第二十六・宗室》／七八九頁）

議：《金樓子・説蕃篇》：「明帝大漸，託以後事，後主疑焉。常就王索寶物。王奉琥珀盤螭二枚，枚廣五寸。炯然潤徹，無有瑕滓。後主怒云：『琥珀者，欲使虎來拍我也。』仍匍匐下地，作羊行，遂動心疾。有時著衣袷，而伏地入户扇裏。」尋「仍匍匐」以下令本直承上文，則似斥東昏而言。然此下所叙，並記遥光。「動心疾」云云，竟不知誰指。《東昏紀》不云有心疾，此

《傳》下云「遥光大怒，於牀上自竦踊」，又《説蕃篇》下文所記「不勝忿怒」及「不復識人」云云，似與有心疾者情狀都合，或者此文所云，亦遥光事，但書有譌奪，故不可讀耳。

十五日，暢與撫軍長史沈昭略潛自南出，濟淮還臺，人情大沮。（《列傳第二十六·宗室》/七九一頁）

議：《金樓子·説蕃篇》：「蕭遥光將敗，都不復識人。……於時名士皆在側，見不識人，沈昭略、昭光之徒，一時皆去。」

遥光還小齋帳中，著衣帢坐，秉燭自照，令人反拒，齋閤皆重關。（《列傳第二十六·宗室》/七九一頁）

議：「中」下逗號似宜移著「齋」下。「帳中」下屬爲句。「反拒」下逗號當移於「齋閤」下，其時城潰勢蹙，左右將散，遥光無計，唯能令人反拒齋閤耳。

遥光聞外兵至，吹滅火，扶匐下牀，軍人排閤入，於暗中牽出斬首。（《列傳第二十六·宗室》/七九一頁）

校：按《通鑑》作「扶匐牀下」。

議：《金樓子·説蕃篇》云：「常所親信鮮卑道兒及閹人吴明紹。頭卧道兒膝上，至四更中覓飲，已而無人矣。唤道兒又不得，唯明紹伏牀下，答云：人皆叛去。衆軍悉至，於牀下斬之。」

南齊書卷四十六校議

時衛軍掾孔逭亦抗直，著《三吴決録》，不傳。（《列傳第二十七・王秀之》/八〇一—八〇二頁）

議：王奂從弟《續傳》：「出補義興太守。輒録郡吏陳伯喜付陽羨獄，欲殺之，縣令孔逭不知何罪，不受續教，爲有司所奏，續坐白衣領職。」當即此人。蓋始官陽羨令，後至衛軍掾也。以一縣令，能不曲徇太守意，枉戮郡吏，史云抗直，非虚美矣。

義非綿古，事殷中世。（《列傳第二十七・王慈》/八〇二頁）

校：「殷」《元龜》四百七十一作「啟」。

議：「殷」字是。《史記・天官書》：「衡殷南斗。」《索隱》引宋均云：「殷，當也。」是其義。

愚謂空彪簡第。（《列傳第二十七・王慈》/八〇三頁）

校：「彪」南監本、毛本、殿本、局本作「標」。按《元龜》作「彪」。

議：「彪」字是。《廣雅・釋詁》：「彪，文也。」《法言・君子篇》：「以其弸中而彪外也。」李軌注：「彪，文也。」是其義。「第」當爲「策」，形之誤也。

儀曹郎任昉議：「……直班諱之典，爰自漢世，降及有晉，歷代無爽。今之諱榜，

兼明義訓，『邦』之字『國』，實爲前事之徵。」（《列傳第二十七·王慈》/八〇三頁）

議：如昉此言，知荀悦《漢紀》所書（《漢書音義》引荀悦曰：「諱邦，字季。邦之字曰國。」見《高祖紀》顔《注》引。即出《漢紀》）悉取諱榜之文。

謝超宗嘗謂慈曰：「卿書何當及虔公？」慈曰：「我之不得仰及，猶雞之不及鳳也。」時人以爲名答。（《列傳第二十七·王慈》/八〇四頁）

議：《宣和書譜》：正書齊王僧虔，末云：「子慈……善行書。謝超宗見慈學書，謂慈曰：卿書何如僧虔公？答曰：慈書與大人，猶鷄之比鳳。蓋超宗即鳳之子也。超宗慚而退。時以爲名答。」其文小異，或取之它書。

高宗爲録尚書輔政，百僚屣履到席，約躡屐不改。帝謂江祏曰：「蔡氏故是禮度之門，故自可悦。」祏曰：「大將軍有揖客，復見於今。」（《列傳第二十七·蔡約》/八〇四—八〇五頁）

校：「屣履到席」南監本作「脱屐到席」，《南史》同。按《元龜》八百七十七作「百僚脱履到席，約躡履不改」。

議：《虞玩之傳》：「太祖鎮東府，朝野致敬，玩之猶躡屐造席。」本傳云「躡屐不改」，是也。《南史》文如非後人所改，即延壽已不諳江左舊事矣。《元龜》改「屐」爲「履」，非是。合二傳之文，知當時造席，無論屐履，初不脱也。太祖鎮東府，朝野致敬，亦當屣履到席耳。平時躡屐，屣履所以致敬。

世祖敕示會稽郡：「此詎是事？宜可訪察即啟。」（《列傳第二十七·陸慧曉》/八〇七頁）

議：「事」下問號當移著「宜」下。憲之議曰：「今雍熙在運，草木含澤，其非事宜，仰如聖旨。」正與敕文相應。

憲之議曰：尋始立牛埭之意，非苟逼僦以納税也。當以風濤迅險，人力不捷，屢致膠溺，濟急利物耳。（《列傳第二十七·陸慧曉》/八〇七頁）

議：南曰僦，北曰賃矣。牛埭之法如是。

舊格新減，尚未議登，格外加倍，將以何術？（《列傳第二十七·陸慧曉》/八〇八頁）

校：按《元龜》六百八十八作「將何以濟」。

議：百衲本是也。《元龜》臆改。

乃囊漏，不出貯中。（《列傳第二十七·陸慧曉》/八〇九頁）

校：《南史》、《元龜》六百八十八作「乃當有漏」。

議：《南史》之文，疑出延壽潤色，《元龜》又喜其文句整齊，故援用之耳。

吴興本是塉土。（《列傳第二十七·陸慧曉》/八〇九頁）

議：塉土便著土旁，故是六朝別字。《魏書》亦然，不獨江左。《魏書·高祖紀》：太和六年詔曰「靈丘郡土既褊塉」，宋監本（見王先謙等《魏書校勘記》）、殿本並作「塉」是也。毛氏汲古閣本誤作「塉」。

自宋大明以來，聲伎所尚，多鄭、衛淫俗，雅樂正聲，鮮有好者。惠基解音律，尤好魏三祖曲及《相和歌》，每奏，輒賞悅不能已。（《列傳第二十七·蕭惠基》/八一一頁）

議：《王僧虔傳》：「又今之《清商》，實由銅爵，三祖風流，遺音盈耳。京、洛相高，江左彌貴。諒以金石干羽，事絶私室，桑、濮、鄭、衛，訓隔紳冕，中庸和雅，莫復於斯。而情變聽移，稍復銷落，十數年間，亡者將半。」是魏三祖曲，即齊世《清商》是也。

宋文帝世，羊玄保爲會稽太守，帝遣思莊入東與玄保戲，因製局圖，還於帝前覆之。（《列傳第二十七·蕭惠基》/八一一頁）

議：是棊譜古有之也。宋有褚、羊對弈局圖。

南齊書卷四十七校議

虜使遣求書，朝議欲不與。融上疏曰：……且棘實薦虞，晉疆彌盛，大鍾出智，宿氏以亡。（《列傳第二十八・王融》/八一九頁）

議：「棘實」謂垂棘之璧。《左僖・二年傳》：「晉荀息請以屈産之乘與垂棘之璧，假道於虞以伐虢。」杜注：「屈地生良馬，垂棘出美玉，故以爲名。」《吕氏春秋・權勳篇》：「荀息曰：請以垂棘之璧與屈産之乘以賂虞公，而求假道焉，必可得也。」高注：「垂棘，美璧所出之地，因以爲名也。」是「棘」字當標專名綫。大鍾事見《戰國策・西周篇》，云：「游騰謂楚王曰：昔智伯欲伐厹由（高注：厹由，狄國，或作仇首也），遺之大鍾，載以廣車，因隨入以兵，厹由卒亡，無備故也。」是其義。《韓非子・喻老》、《説林下》、《淮南子・精神訓》同作「仇由」，《史記・樗里子傳》作「仇猶」。厹、仇音近字通，初不云「宿氏」。唯《吕氏春秋・權勳篇》作「夙繇」，云「中山之國有夙繇者」，高注：「夙繇，國之近晉者也，或作仇首。」夙實誤字，黄丕烈重刻姚氏本《戰國策・札記》云「夙是厹形近之譌」，是也。宿、夙同音（同在《廣韻・一屋》「肅息逐切」下）。《説文・夕部》「㐁」下有「㑛，亦古文夙，从人㐁，宿从此。」是夙、宿音義相通，故融《疏》字又作宿耳。然元長所見《吕覽》已譌作「夙」矣。

朝廷討雍州刺史王奂，融復上疏曰：……母后内難，糧力外虚。（《列傳第二十八·王融》/八二三頁）

校：「糧」南監本作「兵」。

議：南監臆改。糧力兼指兵食。

事曝遠近，使融依源據答。（《列傳第二十八·王融》/八二四頁）

議：「源」猶「原」，謂依原奏據答也。

融辭曰：……今叚犬羊乍擾，紀僧真奉宣先敕，賜語北邊動静，令囚草撰符詔。（《列傳第二十八·王融》/八二四頁）

議：「叚」當爲「段」。《蕭惠休傳》：「上敕中書舍人茹法亮曰：『可問蕭惠休。吾先使卿宣敕答其勿以私禄足充獻奉。今段殊覺其下情厚於前後人。』」「今段」猶今云「者回」也。

「反覆脣齒之間」，未審悉與誰言？「(輕)〔傾〕動頰舌之内」，不容都無主此。（《列傳第二十八·王融》/八二四頁）

校：「傾」據南監本、局本及《南史》改。「主」南監本、局本作「彼」。

議：奏正作「傾」。「主」字是。此言奏云「傾動頰舌之内」，爲與誰言，何以竟無主名爾。二本臆改。

朓以文才，尤被賞愛。（《列傳第二十八·謝朓》/八二五頁）

校：「文才」，《文選》二十六謝玄暉《暫使都夜發新林至京邑贈西府同僚詩》李善注引作「才文」，《元龜》二百九十二亦作「才文」。

議：當爲「才文」，如二書所引，知唐及宋初本未誤。今本作「文才」，曾鞏諸人校書時所改。「才文」云者，言其才與文並被賞愛。非但重其文才而已也。謝詩題胡刻宋淳熙本《文選》作「暫使下都」，與《四部叢刊》影明鈔本《謝宣城詩集》正同。隨在建康上游，故云「下都」，不當删「下」字。西府謂隨王鎮西府耳，明鈔本《謝集》作兩府誤，蕭《史》自作西府。

常恐鷹隼擊，秋菊委嚴霜。（《列傳第二十八·謝朓》/八二五頁）

議：淳熙本《文選》、明鈔本《謝集》並作「時菊」，李善注：「潘岳《河陽詩》曰：時菊耀秋華。」

朓上表三讓，中書疑朓官未及讓，以問祭酒沈約。約曰：「例既如此，謂都自非疑。」（《列傳第二十八·謝朓》/八二六頁）

校：南監本無「自」字。

議：《張融傳》：「往詣戢，誤通尚書劉澄。融下車入門，乃曰：『非是。』至户外，望澄，又曰：『非是。』既造席，視澄曰：『都自非是。』」（校：「自」原譌「目」，今據南監本、殿本、局本改正）都自非□，當時語正如此。

南齊書卷四十八校議

稚珪以虜連歲南侵，征役不息，百姓死傷，乃上表曰：「北虜頑而愛奇，貪而好(古)〔貨〕，畏我之威，喜我之賂，畏威喜賂，願和必矣。」(《列傳第二十九·孔稚珪》八四〇頁)

校：「貨」據殿本、局本改。

議：二本臆改。《王融傳》稱「虜遣使(原倒)求書」，即好古之一例。齊明帝建武元年，實魏高祖孝文帝太和十八年。《魏書·高祖紀下》：太和十有九年夏四月庚申，「行幸魯城，親祠孔子廟」，六月癸丑，「詔求天下遺書，祕閣所無，有裨益時用者，加以優賞。」「戊午，詔改長尺大斗，依周禮制度，班之天下。」皆其好古之徵。融上疏曰：「今經典遠被，詩史北流，馮、李之徒，必欲遵尚；直勒等類，居致乖阻。」其云馮，即所謂「師保則后族馮晉國」，李即所謂「李元和、郭季祐上于中書」者矣。此疏當齊世祖時，融言如是，即建武初事勢可知矣。

永明末，京邑人士盛爲文章談義，皆湊竟陵王西邸。繪爲後進領袖，機悟多能。時張融、周顒竝有言工，融音旨緩韻，顒辭致綺捷，繪之言吐，又頓挫有風

氣。時人爲之語曰：「劉繪貼宅，別開一門。」言在二家之中也。（《列傳第二十九・劉繪》／八四一頁）

議：子顯此文，寫永明末京邑人士所謂言工如繪。時人語云云，正如今歇後語之類。俗諺以「四金剛騰雲」，爲「懸空八隻脚」者，蓋其比也。貼宅謂以宅質人，故云「別開一門」也。

後北虜使來，繪以辭辯，敕接虜使。事畢，當撰《語辭》。繪謂人曰：「無論潤色未易，但得我語亦難矣。」（《列傳第二十九・劉繪》／八四二頁）

議：《王融傳》：「永明十一年，使兼主客，接虜使房景高、宋弁。」具記問答語辭。及收下廷尉獄，融辭曰：「自上《甘露頌》及《銀甕啟》、《三日詩序》、《接虜〔使〕語辭》（校：「使」據南監本、殿本、局本及《南史》、《元龜》五百二十一補）。竭思稱揚，得非『誹謗』？」是《融傳・語辭》，即出元長手筆。若士章所言，則由別人代記。

南齊書卷四十九校議

校籍郎王植屬吏部郎孔琇之以校籍令史俞公喜求進署，矯稱奂意，植坐免官。（《列傳第三十・王奂》/八四八頁）

議：事在永明四年。《孔稚珪傳》：「先是七年，尚書删定郎王植撰定律章表奏之。」謂永明七年也。是植免校籍郎後不久即起爲尚書删定郎也。

晏位遇已重，與奂不能相推，答上曰：「柳世隆有重望，恐不宜在奂後。」（《列傳第三十・王奂》/八四八頁）

校：「重望」原譌「動望」，各本不譌，今改正。按《南史》作「勳望」。

議：《南史》是也。百衲本「動」即「勳」之壞字，各本臆改。

明帝詔曰：殷道矜有生便病。（《列傳第三十・王奂》/八五一頁）

校：「有生便病」南監本作「生便有病」。

議：南監臆改，不足據。

南齊書卷五十校議

明帝十一男：敬皇后生東昏侯寶卷，江夏王寶玄，鄱陽王寶寅。（《列傳第三十一·明七王》/八六二頁）

校：「寶寅」殿本作「寶夤」。按下文亦作「寶夤」，又作「寶寅」，寅夤錯出。錢大昕《廿二史考異》云：「《魏書》作『寶寅』，不从夕。據其字智亮，當以『寅』爲是。」

議：《魏書》卷五十九《蕭寶夤傳》，《四部備要》校刊武英殿本、王先謙等《魏書校刊記》以宋監本校毛氏汲古本，字俱作「夤」。《魏書》卷十九中《任誠王澄傳》：「以蕭寶夤爲東揚州刺史據□城」，王校宋監本「據下作東」。（《備要》本同宋本。）又卷五十八《楊椿傳》：「且寶夤不籍刺史爲榮」，王校宋本「籍作藉是」。（《備要》同宋本。）又卷七十四《爾朱榮傳贊》：「配奴寶夤」，王校宋本「配作醜是」（《備要》同宋）。又卷一百五之一《天象志》「十月己酉朔」下「討擒萬俟醜奴蕭寶夤於安定」，王校宋本「萬作万是」（《備要》同宋）。是宋監本、毛本、殿本《魏書》凡「寶夤」字俱从夕，錢氏所據，不知何本。然錢云當以「寅」爲是，自不誤。《齊書》寅夤錯出者，寅其本名，夤或背齊後齊人改其本名，加夕字以貶之，猶蕭子響之作蛸氏矣。或改或不改者，史之駮文。亦可叛魏後魏人改之，故《魏書》字皆从夕，後人轉以《魏書》亂《齊書》，而又改之不盡，故猶時存本名耳。

《周書·列傳》第六《賀拔勝弟岳傳》：「高平城中又執蕭寶寅以（歸）〔降〕。」校：宋本、南本、局本都作「又執蕭寶夤以降」，北本，汲本和《册府》卷三五五（4210頁）「寅」字同殿本，「歸」也作「降」。按《南齊書》卷五〇、《南史》卷四四本傳作「寶寅」，《魏書》卷五九、《北史》卷二九本傳作「寶夤」，《通鑑》從《南齊書》、《南史》。「寅」、「夤」通，今後不再出校記。「歸」字則《殿本考證》云「依《北史》卷四九《賀拔允》附弟《岳傳》改正」，二張都以爲作「降」是，今回改。今謂此校所出諸文，亦足證成吾說。

寶玄娶尚書令徐孝嗣女爲妃，孝嗣被誅離絶，少帝送少姬二人與之。（《列傳第三十一·明七王》/八六三頁）

校：錢大昕《廿二史考異》云：「按江夏王寶玄、鄱陽王寶夤二傳，皆前稱東昏，後稱少帝。《裴叔業傳》稱東昏爲少主，《魏虜傳》亦稱少帝。《蕭坦之傳》稱鬱林王爲少帝。《茹法亮傳》『二少帝並居西殿』，謂鬱林與海陵也。《梁書·江淹傳》前稱蒼梧帝爲少帝，後稱鬱林王爲少帝。」

議：《寶夤傳》前書「東昏即位」，後云「尉馳以啟帝，帝迎寶寅入宫問之」，「帝笑」，並謂東昏，不云「少帝」。此下書「和帝立」，又書「少帝以爲使持節、都督荆、益、寧、雍、梁、南、北秦七州軍事、荆州刺史，將軍如故」。此少帝自謂和帝。竹汀誤認是東昏，偶不省耳。

和帝立，西臺以寶夤爲使持節、都督南徐、兖二州軍事、衛將軍、南徐州刺史。

（《列傳第三十一·明七王》/八六五頁）

議：此當以和帝立西臺爲句，逗號當在「臺」字下。《巴陵王寶義傳》：「和帝西臺建，以爲侍中、司空，使持節，都督、刺史如故。」《崔慧景傳》：子覺，「覺弟偃，爲始安内史，藏竄得免。和帝西臺立，以爲寧朔將軍」。是其比。

南齊書卷五十一校議

帝又遣右衛將軍左興盛率臺内三萬人，拒慧景於北籬門。（《列傳第三十二·崔慧景》/八七五頁）

校：「籬」原作「離」，今據南監本、殿本、局本改。

議：《高逸傳》：何求弟點，「隱居東離門卞望之墓側」。校勘記云：「「東離門」局本作「東籬門」」。按籬、離古通用。二校參差，後校是也。

覺弟偃，……詣公車門上書曰：……必若不然，僥小民之無識耳。使其曉然知此，相聚而逃，陛下以責江夏之寃，朝廷將何以應之哉？（《列傳第三十二·崔慧景》/八七八頁）

校：「僥」南監本、殿本、局本作「倖」。

議：「僥」《説文》以爲焦僥字，此借爲「儌」。《説文·心部》：「儌，幸也。从心敫聲。」《唐韻》「古堯切」，是也。《唐韻》「僥，五聊切」，此就「焦僥人」作音，與此處文義不合。本傳當音「古堯切」，諸本臆改。下文當以「而逃陛下」句絶，逗號當移「陛下」字下。

欣泰謂諧之曰：……今叚此行，勝既無名，負誠可恥。（《列傳第三十二・張欣泰》/八八二頁）

議：「今叚」當爲「今段」，說具前議。《四部備要》校刊武英殿本「段」不誤「叚」。

欣泰等使人懷刀於座斫元嗣，頭墜果柈中。（《列傳第三十二・張欣泰》/八八四頁）

議：今有果柈，或方或圓，或漆或磁，柈中有格，或可出入，或就柈爲之。柈上有蓋。然江左以有格爲欙，此云頭墜柈中，則當時果柈中不置格矣。

南齊書卷五十二校議

丘靈鞠……建元元年，轉中書郎，中正如故，敕知東宫手筆。尋又掌知國史。

（《列傳第三十三·文學》／八九〇頁）

議：《檀超傳》：「建元二年，初置史官，以超與驃騎記室江淹掌史職。」然靈鞠在元年已掌知國史者，謂以中書郎知國史事耳，特置史官，則在明年。《史通·史官建置》云：「晉元康初又職隸祕書，著作郎一人，謂之大著作，專掌史任。又置佐著作郎八人。宋、齊以來以佐名施於作下。」（改佐著作郎爲著作佐郎）又云：「而齊、梁二代，又置修史學士。」然蕭《史》但云「初置史官」，無以明其實爲何官。又不知修史學士即置於此時，抑在其後，如江淹即以他官掌史職。居此職者何人，竟無所見，亦其疎也。《百官志》祕書監丞下有「郎、著作佐郎」。疑時雖有此官，實不知史事。子顯又不出著作郎，豈以著作郎統於祕書郎邪，抑時不設著作郎邪？王珪之《職儀》既亡，齊官之詳，不可得而聞矣。《王逡之傳》：「昇明末……轉國子博士。……建元二年，逡之先上表立學，又兼著作，撰《永明起居注》。」逡之撰《起居注》，亦以他官兼著作也。

作《蚤虱賦序》曰：「……探揣擭撮，日不替手。……宴聚乎久襟爛布之裳。」

（《列傳第三十三・文學》／八九三頁）

校：「襟」《南史》作「袴」。

議：攫今吴語讀若「窊」，烏瓜切。《南史》作「袴」，當是卞氏元本，子顯以其文複而語褻，故改之耳。以文句言襟字自勝，以風格言，謂卞賓作「袴」。

彬曰：「擲五木子，十擲輒鞬，豈復是擲子之拙。吾好擲，政極此耳。」（《列傳第三十三・文學》／八九三頁）

議：擲五木子，謂簺也。

巨源少舉丹陽郡孝廉，爲宋孝武所知。大明五年，敕助徐爰撰國史。（《列傳第三十三・文學》／八九四頁）

議：《史通・古今正史》云：「大明六年，又命著作郎徐爰踵成前作，爰因何、孫、山、蘇所述，勒爲一書。」尋《宋書・恩倖傳》云：「六年，又以爰領著作郎，使終其業。」是爰領史職，實在六年，此云「大明五年，敕助徐爰撰國史」者，誤也。

民偵，國算迅足，馳烽旆之機，帝擇逸翰，赴罽羅之會。（《列傳第三十三・文學》／八九五頁）

議：「偵」當爲「值」，蓋原版模胡，剜補乖謬爾。此當下屬爲句，「國」上逗號當删。

王智深……宋建平王景素爲南徐州……辟爲西曹書佐。貧無衣，未到職而景

素敗。後解褐爲州祭酒。（《列傳第三十三・文學》／八九六頁）

議：此以貧無衣而未到職也，於以見解褐之難。

世祖使太子家令沈約撰《宋書》。（《列傳第三十三・文學》／八九六頁）

議：《史通・古今正史》：「至齊著作郎沈約，更補綴所遺，製成雜史。自義熙肇號，終乎昇明三年爲紀十，志三十，列傳六十，合百卷，名曰《宋書》。永明末，其書既行。」蕭云：太子家令，劉以爲著作郎者。《梁書・沈約傳》：「遷太子家令，後以本官兼著作郎。」當以既有此命，後遂以本官兼領耳。

又敕智深撰《宋紀》。（《列傳第三十三・文學》／八九七頁）

議：智深被敕時已「除豫章王國常侍，遷太學博士，豫章王大司馬參軍，兼記室」，而蕭《史》此下云：「智深告貧於豫章王，王曰：須卿書成，當相論以禄。」是當時雖爲參軍記室，猶不足以養也。故下又云：「家貧無人事，嘗餓五日不得食，掘莧根食之。」是他人之得不餓者，徒賴有人事耳。

書成三十卷，世祖後召見智深於璿明殿，令拜表奏上。表未奏而世祖崩。隆昌元年，敕索其書。（《列傳第三十三・文學》／八九七頁）

議：《水經注・泗水》「又東過沛縣東」注：「黄溝又東逕平樂縣故城南，又東右合泡水，即豐水之上源也。」「澧水又東合黄水，時人謂之狂水。蓋狂黄聲相近，俗傳失實也。自下黄水又兼通稱矣。水上舊有梁，謂之泡橋。王智深《宋史》云：宋太尉劉義恭于彭城遣軍主稽玄敬北至城覘候魏軍，魏軍于清西，望見玄敬士衆。魏南康侯杜道儁引趣泡橋，沛縣民逆燒泡橋，又于林中打鼓，儁謂宋軍大至，争渡泡水。水深酷寒，凍溺死者殆半。清水，即泡水之別名也。沈約《宋書》稱魏軍欲渡清西，非也。」如知幾所云沈書之行在永明末，王書隆昌元年始見敕索，是其行更在沈書之後。其記宋、魏間事，乃諦於休文。善長注《水經》，當在梁武大同以前，已能徵引王氏《宋紀》，兼評沈、王二家得失，可見齊、梁書禁不嚴，而北朝人士於江左新書亦能及時綜覽也。

厥……五言詩體甚新變。（《列傳第三十三・文學》/八九七頁）

校：「新變」各本作「新奇」。

議：新變謂新穎善變，故是當時語，各本臆改。

永明末，盛爲文章。吴興沈約、陳郡謝朓、琅邪王融以氣類相推轂。汝南周顒善識聲韻。約等文皆用宫商，以平上去入爲四聲，以此制韻，不可增減，世呼爲「永明體」。（《列傳第三十三・文學》/八九八頁）

議：厥與約書，約答曰：「宫商之聲有五，文字之別累萬，以累萬之繁，酌五聲之約，高下低昂，非思力所舉。」是約明云「五聲」，而蕭云「四聲」，何邪？約答又云：「自古辭人，豈不知宫羽之殊，商徵之别，雖知五音之異，而其中參差變動，所昧實多。」是實有五音，又可知也。然則「宫羽相變，低昂舛節」，實兼五音言之，不但「前有浮聲，後須切響」而已也。尋《魏書・術藝・江式傳》：「式上表曰：忱弟静，别放故左校令李登《聲類》之法，作《韻集》五卷，宫商龣徵羽，各爲一篇，而文字與兄，便是魯、衞，音讀楚、夏，時有不同。」是以宫商制韻，吕静已有成書。《文心雕龍・聲律篇》：「商徵響高，宫羽聲下。」黄侃《札記》云：「案此二句有訛字。當云宫商響高，徵羽聲下。《周語》曰：大不踰宫，細不踰羽。《禮記・月令》鄭注云：凡聲尊卑取象五行，數多者濁，數少者清。案宫數八十一，商數七十二，角數六十四，徵數五十四，羽數四十八（詳見《律曆志》），是宫商爲濁，徵羽爲清，角清濁中。彦和此文爲誤無疑。」今謂大不同高，劉文不誤。若清濁本以相對而言，則黄説近是。約舉宫羽之殊，商徵之别，實爲大細之殊，高下之别舉例云爾。捨角不言，亦明其兩端之義。

厥與約書曰：……沈尚書亦云「自靈均以來，此祕未覩」。（《列傳第三十三・文學》／八八九八頁）

議：此即與休文書，何待稱姓。此下並云「尚書」，是也。此處恐非子顯之舊，或後人加之爾。

昇明末……轉國子博士。國學久廢，建元二年，逡之先上表立學，又兼著作，

撰《永明起居注》。轉通直常侍，驍騎將軍，領博士、著作如故。（《列傳第三十三·文學》/九〇二頁）

議：此以博士兼著作郎撰起居注之例。

宋元嘉中，用何承天所制曆，比古十一家爲密，冲之以爲尚疎，乃更造新法。上表曰：臣博訪前墳，遠稽昔典，五帝躔次，三王交分，《春秋》朔氣，《紀年》薄蝕。（《列傳第三十三·文學》/九〇三頁）

議：文遠考曆，已用《紀年》，明《紀年》所載薄蝕，俱足徵信。何承天曆，比古爲密，冲之以爲尚疎，知《紀年》非晉人能造。

謹立改易之意有二……其二：以《堯典》云「日短星昴，以正仲冬」。以此推之，唐世冬至日，在今宿之左五十許度。〔漢〕（伐）〔代〕之初，即〔用〕秦曆，冬至日在牽牛六度。漢武改立《太初曆》，冬至日在牛初。後漢四分法，冬至日在斗二十二。晉世姜岌以月蝕檢日，知冬至在斗十七。今參以中星，課以蝕望，冬至之日，在斗十一。通而計之，未盈百載，所差二度。（《列傳第三十三·文學》/九〇四頁）

校：「伐」據局本補改。按錢大昕《廿二史考異》云：「《宋志》云漢代之初，即用秦曆。此誤『代』

爲『伐』，又脱『漢』、『用』二字。」

議：《釋天》「星紀，斗牽牛也」，疑是太初後人所加。五家之法，皆在斗也。《逸周書・周月篇》云「日月俱起于牽牛之初」，此亦太初後人語。

又設法者，其一：以子爲辰首，位在正北，爻應初九升氣之端，虚爲北方列宿之中。元氣肇初，宜在此次。前儒虞喜，備論其義。今曆上元日度，發自虚一。（《列傳第三十三・文學》/九〇五頁）

議：《釋天》：「北陸，虚也。」《左昭四年傳・正義》引孫炎：「陸，中也。北方之宿，虚爲中也。」

永明中，竟陵王子良好古，冲之造欹器獻之。（《列傳第三十三・文學》/九〇六頁）

議：《隋志・經籍三・小説》有：「魯史欹器圖一卷，儀同劉徽注。」文遠能傳其法耳。

永元二年，冲之卒。年七十二。著《易、老、莊義釋》、《論語、孝經注》，《九章》造《綴述》數十篇。（《列傳第三十三・文學》/九〇六頁）

議：《隋志・經籍三・曆數》有「《綴術》六卷」，次諸家《九章》後，不著作者。鄭樵《通志略》題祖冲之。然「述」當爲「術」，「綴術」自是算學用語。又《隋志四・集》：梁有長水校尉祖冲之《集》五十一卷，亡。

史臣曰：……裴頠内侍，元規鳳池，子章以來，章表之選。（《列傳第三十三·文學》/九〇八頁）

議：子章當爲孔璋，琳、瑀章表，有譽當時，孔璋稱健，則其標也。

南齊書卷五十三校議

願在側曰：「陛下起此寺，皆是百姓賣兒貼婦錢。」（《列傳第三十四・良政》/九一六頁）

議：觀士恭此言，則宋明之世已有貼婦之俗。

帝好圍碁，甚拙，去格七八道，物議共欺爲第三品。與第一品王抗圍碁，依品賭戲，抗每饒借之。（《列傳第三十四・良良政》/九一六頁）

議：碁格見此。饒碁今語猶有之。

遷中書郎，領東觀祭酒。（《列傳第三十四・良政》/九一七頁）

議：《文學・丘靈鞠傳》亦云：「世祖即位，轉通直常侍，尋領東觀祭酒。」並謂總明觀祭酒。《百官志》：「總明觀祭酒一人，右太始六年，以國學廢，初置總明觀，玄、儒、文、史四科，科置學士各十人。」「永明三年，國學建，省。」是也。必繩以史法，實當書總明觀祭酒，此從時俗書之爾。

兗州刺史柳世隆與懷慰書曰：「膠東淵化，潁川致美。」（《列傳第三十四・良政》/九一八頁）

校：「淵化」南監本、殿本、局本及《南史·劉懷珍傳》從子懷慰附傳並作「流化」。

議：《南史》「淵」作「流」，自避唐諱，諸本改字，失之。

先是，四年，滎陽毛惠素爲少府卿，吏才强而治事清刻。敕市銅官碧青一千二百斤供御畫，用錢六十萬。有譏惠素納利者，世祖怒，敕尚書評賈，貴二十八萬餘。（《列傳第三十四·良政》/九一二頁）

議：此國畫用色及江左時價資料。

南齊書卷五十四校議

僧紹宋元嘉中再舉秀才，明經有儒術。（《列傳第三十五・高逸》/九二七頁）

議：陸德明《經典釋文・序録》：《易》有明僧紹注《繫辭》，《孝經》有明僧紹《注》。

顧歡，字景怡。（《列傳第三十五・高逸》/九二八頁）

議：《釋文・易・序録》云：「顧懽，字景怡，或云字玄平。」

上詔曰：「朕夙旦惟夤，思弘治道。」（《列傳第三十五・高逸》/九三〇頁）

校：「曰」《元龜》五百二十九作「夜」。

議：當從本書。

還葬舊墓，木連理出墓側，縣令江山圖表狀。（《列傳第三十五・高逸》/九三〇頁）

議：《隋志・經籍四・集》：梁有永嘉太守《江山圖集》十卷，亡。是江先爲剡令，後至永嘉太守也。

猶蟲嚾鳥聒，何足述効。（《列傳第三十五・高逸》/九三二頁）

校：「嚾」南監本及《弘明集》七、《元龜》八百三十並作「喧」。《南史》作「躍」。

議：「嚾」見司馬彪注《莊子》，《南史》形譌，餘並以今字改古字耳。百衲本是也。

歡答曰：……請問所異，歸在何許？（《列傳第三十五・高逸》／九三四頁）

校：《南史》作「請問所歸，異在何許」。

議：《南史》文義易曉，然非歡原文，讀下文自見。「爲異」云云，即問所異「此非所歸，歸在常住」，即問歸在何許也。

司徒從事中郎張融作《門律》云：「道之與佛，逗極無二。」（《列傳第三十五・高逸》／九三五頁）

校：「逗」《南史》作「遥」。

議：「逗極」當時語，猶今云「到底」耳。顒難之曰：「論所云『逗極無二』者，爲逗極於虚無，當無二於法性耶？」同。

又注王弼《易》二《繫》，學者傳之。（《列傳第三十五・高逸》／九三五頁）

議：《釋文・序録・易》有「顧懽注《繫辭》」，又《老子》有「顧懽《堂誥》四卷」，自注：「一作《老子義疏》」，史不書。

建元中，啟太祖曰：「榮緒……撰《晉史》十衺，贊論雖無逸才，亦足彌綸一代。」（《列傳第三十五・高逸》／九三六頁）

議：如褚淵啟，足明贊論實見史才，爲當時所重。

永元中，京師頻有軍寇，點（欲）〔嘗〕結裳爲袴，與崔慧景共論佛義。（《列傳第三十五·高逸》/九三八頁）

校：「嘗」據南監本改。

議：袴，戎服以赴急耳。此所以有衣裳之會，不同於兵車也。

易謂使人曰：「民樵採麋鹿之伍，終其解毛之衣。」（《列傳第三十五·高逸》/九四〇頁）

校：南監本、局本及《元龜》八百五作「終歲鮮毛之衣」。

議：百衲本是。庾易自謂鳥獸解毛，而彼衣之，以明其服野人之服，非謂其無毛衣也。

測答府召云：「何爲謬傷海鳥，橫斤山木？」（《列傳第三十五·高逸》/九四〇頁）

議：張彥遠《歷代名畫記》南齊宗測條「測答曰」下「何爲」作「得何」。疑本作「何得」，其文偶倒；亦可本是「得毋」，「毋」譌作「何」。要與蕭《書》不合，疑出沈約《齊紀》。

測答曰：「豈容課虛責有，限魚慕鳥哉！」（《列傳第三十五·高逸》/九四〇頁）

校：《南史》作「限魚鳥慕哉」。《元龜》二百九十二、八百十作「恨魚慕鳥哉」。

議：「課虛責有」、「限魚慕鳥」並當句有對，句法一律，《南史》「鳥慕」字倒。《元龜》「恨」字，後人以爲形誤而改之。敬微自云「性同鱗羽，愛止山壑」，若使就徵辟，便如限魚，不令止壑耳。

《元龜》改字，非是。

欲遊名山，乃寫祖炳所畫《尚子平圖》於壁上。……測善畫，自圖阮籍遇蘇門於行障上，坐卧對之。又畫永業佛影臺，皆爲妙作。（《列傳第三十五·高逸》/九四一頁）

議：臨摹曰寫，自圖曰圖，故是江左遺言。張彦遠《歷代名畫記》南齊宗測條「蘇門」作「孫登」，永業下有「寺」字，云見《南齊記》。永業即永業寺，當時語多省寺字，史文時從省稱。彦遠所引，與子顯書文或小異，又云見《齊記》（「齊」上「南」字，當是宋以後人妄加）。疑出休文書，《梁書·沈約傳》有「《齊紀》二十卷」，是也。

京産請瓛至山舍講書，傾資供待，子栖躬自屣履，爲瓛生徒下食，其禮賢如此。（《列傳第三十五·高逸》/九四二頁）

議：江左躡屐，以屣履爲敬。

南齊書卷五十五校議

元孫曰：「王尊驅驥，王陽回車，欲令忠孝竝弘，臣子兩節。」（《列傳第三十六・孝義》/九五六頁）

校：「節」《南史》作「遂」。

議：元本自作「節」，兩節謂兩全其節。《魏虜傳》：「遣僞中書舍人公孫雲謂伯玉曰：卿先事武帝，蒙在左右，不能盡節前主，而盡節今主，此是一罪。」此臣節也。子節見下文。臣子之節，既不得同，故去住亦異也。《南史》作「遂」，殊失舊觀。

治父喪至孝，事母及伯父（甚）謹（節），年（穀）饑（穀）貴。（《列傳第三十六・孝義》/九五六頁）

校：「甚」據殿本及《南史》改。按南監本作「事母及伯父謹」，無「節」字。「穀」據南監本、局本改。

議：「甚」諸本臆改，非是。蕭自謂僧遠事母及伯父能謹子若從子之節耳。此「節」與「臣子兩節」之「節」正同。《南史》已改作「遂」，豈唐人已不閑當時語，抑後人亂之邪？「年穀饑貴」，亦當時體。二本臆改，非是。

弟亡，無以葬，身販貼與鄰里，供斂送之費。（《列傳第三十六·孝義》/九五六頁）

議：江左有販貼之風。

欣之詣欽乞代弟命，辭淚哀切。（《列傳第三十六·孝義》/九五七頁）

校：「淚」《元龜》八百五十一作「旨」。

議：元本自作「淚」，言辭哀淚切也。《元龜》改字，非復舊文。

襄陽土俗，鄰居種桑樹於界上爲誌，係伯以桑枝蔭妨他地，遷界上開數尺，鄰畔隨復侵之，係伯輒更改種。（《列傳第三十六·孝義》/九五七頁）

議：襄陽鄰居堺上植樹，猶有古風。《孟子》云「五畝之宅，樹之以桑，五十者可以衣帛矣」，趙氏注「樹桑牆下」是也。

趙詣鄉里自賣，言辭哀苦。（《列傳第三十六·孝義》/九五九頁）

校：「哀苦」各本並作「哀切」。

議：此謂言哀而辭苦也。各本望上文哀切字改耳。

（姨）〔嫂〕亡無以葬，自賣爲十夫客，以營冢槨。（《列傳第三十六·孝義》/九六一頁）

校：「嫂」據南監本、毛本、殿本、局本及《南史》改。

議：江左「客」亦賣身。

有一老嫗行擔斛蔌（若）〔葉〕將詣市，聞預死，棄擔號泣。（《列傳第三十六・孝義》/九六四頁）

校：「葉」據南監本、局本改。按《南史》云「有一嫗年可六七十，擔㰌蔌葉造市貨之」。

議：當爲斛蔌、槲樕，《南史》作「㰌」，形之譌也。《釋木》「樕樸，心」，郭注：「槲樕別名。」陸氏《音義》：「槲，音斛。」又「栵，栭」，郭注「樹似槲樕而庳小」（《四部叢刊》影印常熟瞿氏宋本「槲」譌作「㰌」，今正）。《音義》「槲，胡木反」，本今作「槲」，是也。

母病經時不差，入山採藥，遇一老父語之曰：「得丁公藤，病立愈。此藤近在前山際高樹垂下便是也。」忽然不見。仲恭如其言得之，治病，母即差。至今江陵人猶有識此藤者。（《列傳第三十六・孝義》/九六四頁）

議：唐李勣等脩《新脩本草・有名無用》卷第二十：「丁公寄，味甘，主金瘡痛，延年，一名丁文（『文』字疑『父』之譌），生石間，蔓莚木上，葉細六枝，赤莖。母大如磧，黄有汁，七月七日採。」丁公藤疑即「丁公寄」。

南齊書卷五十六校議

中書之職，舊掌機務。……《晉令》舍人位居九品，江左置通事郎，管司詔誥。其後郎還爲侍郎，而舍人亦稱通事。……孝武以來，士庶雜選，如東海、鮑照，以才學知名。（《列傳第三十七・倖臣》/九七一—九七二頁）

議：散騎侍郎虞炎奉教（本作敕，毛扆校宋作教）撰《鮑照集序》云「本上黨人，家世貧賤」，「孝武初除海虞令，遷太學博士，兼中書舍人」。

人數無員。莫非左右要密，天下文簿板籍，入副其省，萬機嚴祕，有如尚書外司。（《列傳第三十七・倖臣》/九七二頁）

議：「員」下句號宜作逗號，「密」下逗號宜作句號。板籍正在尚書省，副入中書省，而令舍人主之。

係宗還，上曰：「此段有征無戰。」（《列傳第三十七・倖臣》/九七五頁）

議：「此段」即「今段」。

明帝曰：「學士不堪治國，唯大讀書耳。一劉係宗足持如此輩五百人。」（《列傳第三十七・倖臣》/九七六頁）

校：「明帝曰」《南史》作「武帝常云」。「學士」下南監本及《南史》並有「輩」字。「一劉係宗足持如此輩五百人」文有譌脱。南監本作「一劉係宗足恃，如此輩數人，於事何用」。《南史》作「一劉係宗足矣，沈約、王融數百人，於事何用」。「持」當依南監本改「恃」，「五百人」當依《南史》作「數百人」，「五百人」下當依南監本、《南史》補「於事何用」四字，文義乃順。

議：《南史》「沈約、王融」云云，乃別采他書以改蕭《史》，然益見武帝本當作明帝也。南監本依違《南史》，以改舊文，都自非是。持，直之轉語。直，當也。猶今言抵、言當耳。此當時語，不煩改字。

宋大明世，出身爲小史。（《列傳第三十七・倖臣》/九七六頁）

校：「世」各本及《南史》並作「中」。「小史」南監本作「小吏」。

議：隋諱「中」，唐諱「世」，遂令此文參差。

尋爲司徒中兵參軍，淮南太守，直舍人省。（《列傳第三十七・倖臣》/九七八頁）

議：是永明世舍人省別於中書矣。

時茹法亮掌雜驅使簿，及宣通密敕；呂文顯掌穀帛事；其餘舍人無別任。（《列傳

第三十七·倖臣》/九七八頁）

議：永明中舍人分掌機要如是。

南齊書卷五十七校議

追謚犍烈祖文平皇帝。（《列傳第三十八・魏虜》／九八三頁）

議：吾友王元崇曰：「按烈祖，拓跋珪之廟號。平文皇帝，什翼犍父鬱律之謚。拓跋珪稱帝後，追謚什翼犍爲昭成皇帝，廟號高祖。此蕭子顯原書之譌。」

立晃子濬，字烏雷直勤，年號和平。（《列傳第三十八・魏虜》／九八四頁）

議：《魏書》諸帝紀例不書字；又《高宗紀》和平前有興安、興光、太安諸年號。然則此傳取材，當在宋孝武帝大明四年以後。《宋書・索虜傳》：「晃子濬，字烏䨓直懃，素爲燾所愛。燕王謂國人曰：博真非正本宜立，直懃嫡孫應立耳。乃殺博真及宗愛，而立濬爲主，號年爲正平。」休文又誤和平爲正平。

其郭城繞宮城南，悉築爲坊，坊開巷。坊大者容四五百家，小者六七十家。每南坊搜檢，以備奸巧。（《列傳第三十八・魏虜》／九八五頁）

校：按「南」字疑「閉」字之譌。

議：坊在宮城南，故稱「南坊」，此史家直記當時語，不譌。

城西三里，刻石寫《五經》及其國記，於鄴取石虎文石屋基六十枚，皆長丈餘，以充用。（《列傳第三十八・魏虜》／九八五頁）

議：此北魏《石經》，石虎石工之精，又見《水經注》。

國中呼内左右爲「直真」，外左右爲「烏矮真」。（《列傳第三十八・魏虜》／九八五頁）

議：此下諸官，通以真名，蓋鮮卑語。魏正始四年《故徵士奚君諱智墓誌》：「君故大人大莫弗烏洛頭之曾孫，内行（當即行字）羽真散騎常侍鎮西將軍雲中鎮大將内亦干之孫。」内行羽真疑亦内左右之比，史偶弗具爾。尋山西大同石家寨新出司空瑯琊康王《墓表》亦云「代故河内郡温縣肥鄉孝敬里使持節侍中鎮西大將軍吏部尚書羽真司空冀州刺史瑯琊康王司馬金龍之銘」（見《文物》一九七二年第三期）。

又《周書・怡峰傳》：「遼西人也。本姓默台，因避難改焉。高祖寬，燕遼西郡守。魏道武時，率户歸朝，拜羽真。」並有羽真之號矣。

蜡日逐除，歲盡，城門磔雄雞，葦索桃梗，如漢儀。（《列傳第三十八・魏虜》／九八六頁）

議：北俗猶存漢儀。下云：「宏既經古洛，是歲（太和三年）……又詔罷臘前儺，唯年一儺。」又詔：「季冬朝賀，典無成文，以袴褶事非禮敬之謂，若置寒朝服，徒成煩濁，自今罷小歲賀，歲初一賀。」是魏太和以前乃有二儺及小歲歲初二賀也。《玉燭寶典・十二月季冬》第十二：「《續漢書·禮儀志》曰：……先臘一日大難，謂之逐疫也。」是漢有臘前儺也。《寶典·季冬》又引崔寔《四民月令》曰：「十二月……遂臘先祖五祀。其明日，是謂小新歲，進酒降神。」《季冬篇》又云：「過臘一日謂之小歲。《史記·天官書》凡候歲前臘明日人衆一會飲食，發陽氣，故曰初歲，在官者並朝賀（杜氏自注：「今世多不行。」是西漢有小歲賀也）。

正殿西又有祠屋，琉璃爲瓦。宮門稍覆以屋，猶不知爲重樓。竝設削泥采，畫金剛力士。（《列傳第三十八·魏虜》/九八六頁）

議：永明九年遣使李道固、蔣少游報使。少游有機巧，密令觀京師宮殿楷式。清河崔元祖啟世祖曰：「少游，臣之外甥，特有公輸之思。宋世陷虜，處以大匠之官。」本傳又云：「少游，安樂人。虜宮室制度，皆從其出。」北朝宮室制度淵源所出，可見一斑。「設削泥采」當即影壁之類。

青、徐間赴義民，先是或抄虜運車。（《列傳第三十八·魏虜》/九八八頁）

議：此運車之見《齊書》者。

平城南有干水，出定襄堺，流入海，去城五十里，世號爲索干都。（《列傳第三十八·魏虜》/九九〇頁）

校：錢大昕《廿二史考異》云「索干即桑乾之轉」。

議：下云「詾意不樂，思歸桑乾」，「天子聞之，必走向河北（走）桑乾（校：『走』據南監本、局本刪）。仍斷河橋，爲河南天子。隔河而治，此時不可失也」。仍作桑乾。

初，匈奴女名托跋，妻李陵，胡俗以母名爲姓，故虜爲李陵之後，虜甚諱之，有言其是陵後者，輒見殺，至是乃改姓焉。（《列傳第三十八·魏虜》/九九三頁）

議：陵妻名真僞不可知，鮮卑俗以母名爲姓，當不虚。

英攻城……軍中糧盡，擣麫爲食，畜菜葉直千錢。（《列傳第三十八·魏虜》/九九五頁）

議：元英攻南鄭畜菜葉貴乃爾。此《詩》所謂「我有旨蓄」者也。

英退保濁水，聞氏衆盛，與楊靈珍復俱退入斜谷，會天大雨，軍馬含漬，截竹煮米，於馬上持炬炊而食。（《列傳第三十八·魏虜》/九九五頁）

校：「食」字下《御覽》三百二十引有「之」字。按《通鑑》作「執炬火於馬上炊之」。

議：《廣韻·二十二覃》：「含，胡南切二十二」有「涵，水澤多皃」，「𦨜，船没」。此云含漬，音義與涵、𦨜通。

伯玉遣軍副樂稚柔答曰：「……既荷國恩，聊耳撲掃。」（《列傳第三十八·魏虜》/九九七頁）

議：此以耳爲「爾」。《紀僧真傳》：「我意不欲便爾。」校勘記云：「『爾』原譌『耳』，各本不譌，今改正。與此正是一例，而校勘記一改一不改，何也？

遣人謂城中曰：「房伯玉已降，汝南(爲)〔何〕獨自取糜碎？」（《列傳第三十八·魏虜》/九九七頁）

校：「何」據南監本、殿本、局本改。

議：不煩改字。「爲」猶「何爲」矣。

槊多白真毦。（《列傳第三十八·魏虜》/九九四頁）

議：《廣韻·七志》「餌，仍吏切十六」有「毦，氅毦，羽毛餌(當爲飾)也」。《宋書·志·禮五》：宋孝武孝建元年改革諸王車服制度，諷有司更增廣條目，奏曰：「槊毦不得孔雀白氅。」然白真毦者謂以真白氅羽毛爲槊毦也。

遣直衞三郎兵討懤，執殺之。（《列傳第三十八·魏虜》/九九九頁）

校：「郎」南監本、局本作「部」。

議：二本臆改，非是。尋本傳上云「輦邊皆三郎曷剌真」，三郎曷剌真當即掌直衞三郎兵之官。《魏書·官氏志》：「幢將員六人，主三郎衞士直宿禁中者，自侍中已下，中散已上，皆統之。」三郎衞士直宿禁中，即所謂「直衞三郎兵」，疑鮮卑語「曷剌真」即幢將之屬，魏收從漢名書之，子顯特存代北舊名耳。《周書·梁椿傳》：「父提內(正)〔三〕郎。」校勘記云：「宋本『正』作『三』，百衲本從諸本改作『正』。按《魏書》卷一一三《官氏志》述魏初制度云『幢將員六人主三郎、衛士直宿禁中者』，《魏書》卷三十《豆代田傳》『子求周爲内三郎』，《陸真傳》『拜内三郎』，卷三四《陳建傳》『擢爲三郎』，《宋書》卷九五《索虜傳》見『三郎大帥』。作『三郎』是，今據改。」考「三郎」之文，義證尤詳，足明二本之誤，並記於此。

史臣曰：……而督將逗留，援接稽(曉)〔晚〕。（《列傳第三十八・魏虜》/一〇〇〇頁）

校：張元濟校勘記云：「『稽曉』係『稽晚』之譌，《謝瀹傳》亦有論公事稽晚語。」今據改。按南監本、局本作「稽緩」，義與「稽晚」近。殿本作「稽繞」，「繞」乃「緩」字之形譌。

議：南監本、局本臆改，非是。殿本作「繞」，疑所據底本亦譌作「曉」，校書者又以爲「繞」之形譌爾。

南齊書卷五十八校議

蠻，種類繁多，言語不一，咸依山谷，布荆、湘、雍、郢、司等五州界。……蠻俗衣布徒跣，或椎髻，或翦髮。兵器以金銀爲飾，虎皮衣楯，便弩射，皆暴悍好寇賊焉。（《列傳第三十九·蠻》／一〇〇七、一〇〇九頁）

議：諸蠻初非一種。

今宸曆改物，舊册杓降。（《列傳第三十九·蠻》／一〇〇七頁）

議：《大廣益會玉篇·木部》：「杓，子吝切。織者梳絲具。」《廣韻·二十一震》：「晉，即刃切十」下有「杓，凡織先經，以杓梳絲使不亂，出《埤蒼》。」

司州蠻引虜攻平昌戍，戍主苟元賓擊破之。……北上黄蠻文勉德寇汶陽，太守戴元孫孤城力弱，慮不自保，棄戍歸江陵。（《列傳第三十九·蠻》／一〇〇七頁）

校：《通鑑》齊高帝建元二年：「北上黄蠻文勉德寇汶陽。」《考異》云：「《齊紀》作『文施德』，今從《齊書》。」

議：《通鑑・齊紀》建元二年云：「司州蠻引魏兵寇平昌，平昌戍主苟元賓擊破之。北上黄蠻文勉德寇汶陽，汶陽太守戴元賓棄城奔江陵。」「戴元孫」作「戴元賓」，蓋承上文「苟元賓」而誤。

宋末，高麗王樂浪公高璉爲使持節、散騎常侍、都督營、平二州諸軍事、車騎大將軍、開府儀同三司。……高璉年百餘歲卒。隆昌元年，以高麗王樂浪公高雲爲使持節、散騎常侍、都督營、平二州諸軍事、征東大將軍、高麗王、樂浪公。（《列傳第三十九・東南夷》／一〇〇九、一〇一〇頁）

議：高璉即長壽王，在位七十八年，其元年當晉安帝義熙九年（公元四一三年），其七十八年當齊武帝永明八年。高雲即文咨王，隆昌元年實文咨王四年（公元四九四年）。

使兼謁者僕射孫副策命大襲亡祖父牟都爲百濟王。（《列傳第三十九・東南夷》／一〇一一頁）

議：牟大即東城王，其元年當齊高帝建元元年（公元四七九年），在位二十二年，當東昏侯永元二年。上文云「往泰始中，比使宋朝」（指高達、楊茂、會邁三人），事在宋明帝世，當百濟蓋鹵王時。

南夷林邑國，在交州南，海行三千里，北連九德，秦時故林邑縣也。……元嘉

二十二年，交州刺史檀和之伐林邑。……和之進兵破其北界犬戎區粟城。（《列傳第三十九·東南夷》／一〇一二、一〇一三頁）

校：「二十二年」《南史》作「二十三年」。按《宋書·文帝紀》繫此事於元嘉二十三年六月。

議：馮承鈞譯鄂盧梭《秦代初平南越考·輯子史文》引《太平寰宇記》卷一七六：「林邑國本秦象郡林邑縣地。漢爲象林縣屬日南郡。」《考》謂林邑或象林應在今廣南省中 Fai-fo 之南，今茶蕎 Tra-Kieu 地方（第三章、辰）。又謂西捲，即區粟，今 Hué（仝章、巳）。又謂《水經注》卷三六：「浦西即林邑都也。治典沖。……北連九德。」註：「此浦即廣南 Fai-fo 地方之帶江口（Cua Dai）；典沖應在廣南之茶蕎；九德郡，吴時置。大致可當今之乂安河静等地。」尋《水經注·温水注》：「元嘉二十年以林邑頑凶，歷代難化，恃遠負衆，慢威背德。北寶既臻，南金闕貢。乃命偏將與龍驤將軍交州刺史檀和之陳兵日南，脩文服遠。二十三年揚旍從四會浦口入郎湖，軍次區粟，進逼圍城。以飛梯雲橋懸樓登壘。鉦鼓大作，虎士電怒，風烈火揚，城摧衆陷，斬區粟王范扶龍首。」是破城定在二十三年，「區粟」作「區粟」。酈書此上引《林邑記》曰：「城開十三門，凡宫殿南向，屋宇二千一百餘間，市居周繞，阻峭地險。故林邑兵器戰具，悉在區粟，多城壘。」又《宋書·文帝紀》：元嘉二十三年夏六月，「交州刺史檀和之伐林邑國剋之。」《宋書·夷蠻傳》南夷林邑國：元嘉二十三年，「使龍驤將軍交州刺史檀和之伐之。……景憲等乃進軍向區粟城。陽邁遣大帥范扶龍大戍區粟。……五月剋之。斬扶龍大首。……乘勝追討，即剋林邑。」

並云「區粟」，疑此文「區栗」字誤也。

晉建興中，日南夷帥范稚奴文數商賈，見上國制度，教林邑王范逸起城池樓殿。（《列傳第三十九·東南夷》/一〇一三頁）

議：《水經注·温水注》：「外孫范熊代立，人情樂推。後熊死，子逸立。有范文，日南西捲縣夷帥范稚奴也。」又云：「椎嘗使文遠行商賈，北到上國，多所聞見。以晉愍帝建興中南至林邑，教王范逸制造城池，繕治戎甲，經始廓略，王愛信之。」是其事。然稚作「椎」。

貴女賤男，謂師君爲婆羅門。（《列傳第三十九·東南夷》/一〇一四頁）

校：「師君」南監本、局本作「師巫」。

議：二本臆改。

區栗城建八尺表，日影度南八寸。（《列傳第三十九·東南夷》/一〇一四頁）

議：《水經注·温水注》引《林邑記》曰：「區粟建八尺表，日影度南八寸。」是子顯此傳亦取《記》文入史耳。

又有激國人混填，夢神賜弓一張，教乘舶入海。（《列傳第三十九·東南夷》/一〇一四頁）

校：「一張」各本並作「二張」。

議：《萬象名義·舟部》：「舶，菩各反，大舩。」史臣曰「商舶遠届，委輸南州」，是也。

臣有奴名鳩酬羅，委臣（免）〔逸〕走。（《列傳第三十九·東南夷》／一〇一五頁）

校：「逸」據殿本、局本改。按南監本作「逃」。

議：南監本臆改。「免」即「逸」之壞字。

宋末，扶南王姓僑陳如，名闍耶跋摩。……永明二年，闍耶跋摩遣天竺道人釋那伽仙表……并獻金鏤龍王坐像一軀，白檀像一軀，牙塔二軀，古貝二雙，瑠璃蘇鉝二口，瑇瑁檳榔柈一枚。」（《列傳第三十九·東南夷》一〇一四、一〇一五、一〇一六頁）

議：當時已有牙塔之獻，蘇鉝不知何物。甘肅安西榆林窟寺中舊藏象牙造像一軀，高15.9公分，寬17.3公分，爲兩片對合造像，共厚3.9公分，外形爲騎象持塔，除象以外，有人像十塔一。裏每面分成二十五格，共五十格，分刻佛傳故事。計有人像二百七十九，動物塔、車馬十二（以上見《文物參考資料》一九五五年第十期顧鐵符「象牙造像」説明，圖版見封裏及底封裏）。顧氏説明引《廣弘明集》卷十五梁武帝《牙象詔》：「大同四年，詔曰：……上虞縣民李胤之掘地得一牙象，方減二寸，兩邊雙合，俱成獸形。」以爲所説與此造像相彷。又引《南史》卷七十八《丹丹國傳》：「大通二年，其國王遣使奉表，送牙像及畫塔二軀。」又引《法苑珠林》卷十二引《西域志》：「王玄軍至大唐，獻象塔佛塔一，舍利寶塔一，佛印四。」（以上並見《説明》）閻文儒謂此像時代約當七八世紀至十一世紀（見同期閻氏《談象牙造像》）。今謂永明二年扶南王所獻牙塔二軀，蓋即此像之先驅。永明二年當公元四八四年，早於閻氏所推上限約二世紀。梁大通二年爲公元五二八年，大同四年爲五三八年，已後扶南所獻約半世紀。《宋書·夷蠻傳》：「《師子國》元嘉五年國王刹利摩訶南奉表曰：『……故託四道人，遣二白衣，送牙臺像，以爲信誓。』」元嘉五年當公元四二八年。是此牙像又在永明所獻前五十六年也。

扶南人黠惠知巧，……大家男子截錦爲横幅，……鍜金鐶鏆銀食器。……國王行乘象，婦人亦能乘象。鬭雞及狶爲樂。（《列傳第三十九·東南夷》/一〇一七頁）

議：馮承鈞譯鄂盧梭《秦代初平南越考·輯子史文》引《水經注》卷三六「南接扶南」注一六九云：「扶南古柬埔寨（Cam-bodge）之上國。所佔地居今南圻（Cochinchine）一大部份。」今柬埔寨吴哥城内闍耶跋摩七世（Jayavarman VII）（1181—1215C）所建巴戎寺（Bagon）浮雕迴廊即有浮雕《鬭雞圖》（見《考古》一九七二年第三期《吴哥古迹》圖六）。《廣韻·二十九换》：「貫，古玩切二十八」下有「鏆臂鐶」。「鍜」當爲「鍛」。同韻「鍛，打鐵，丁貫切」，是也。末句當標作「鍛金環鏆，銀食器」。趙汝适《諸蕃志》闍婆國：「其王椎髻，戴金鈴，衣錦袍。」「出入乘象或腰輿。」「有鬭鷄、鬭猪之戲。」扶南、闍婆風土亦相近爾。

有甘蔗、諸蔗、安石榴及橘，多檳榔。（《列傳第三十九·東南夷》/一〇一七頁）

議：《齊民要術》卷第十「五穀果蓏菜茹非中國物産者」有甘蔗。「《説文》曰：藷蔗也。按

《書傳》曰：或爲芋蔗，或干蔗，或邯睹，或甘蔗，或都蔗，所在不同。」尋賈引《書傳》所説，並即甘蔗之異名，是都蔗、甘蔗一也。甘蔗之外不當别有諸蔗。賈書同卷别條有藷，引《南方草物狀》有甘藷條，注：「出交趾：武平、九真、興古也。」又《異物志》甘藷條，注：「蒸炙皆香美，賓客酒食亦施設，有如果實也。」疑蕭《史》此文當作「有甘蔗、甘諸」。校書者或不知更有「甘諸」，遂改作「諸蔗」耳。

南齊書卷五十九校議

宋世其國相希利垔解星筭數術，通胡、漢語。（《列傳第四十・芮芮虜》/一〇二三頁）

議：芮芮國相多所通曉乃爾。

二年、三年，芮芮主頻遣使貢獻貂皮雜物。……獻師子皮袴褶，皮如虎皮，色白毛短。時有賈胡在蜀見之，云此非師子皮，乃扶拔皮也。（《列傳第四十・芮芮虜》/一〇二三—一〇二四頁）

議：建元二、三年當齊高帝初，公元四百八十、八十一年也。此確非師子皮，但扶拔不知何物。《釋獸》有「甝，白虎」，郭注「漢宣帝時南郡獲白虎獻其皮骨爪牙」，又「貔白狐，其子豰」，郭注「一名執夷，虎豹之屬」，扶拔豈其類耶？

國相邢基祇羅迴奉表曰：……雖吴（漢）〔漠〕殊域，義同脣齒，方欲剋期中原，龔行天罰。（《列傳第四十・芮芮虜》/一〇二四頁）

校：「漢」當作「漠」，各本並譌，今改。

議：此以江左爲吴。

芮芮王求醫工等物，世祖詔報曰「知須醫及織成錦工、指南車、漏刻，竝非所愛。南方治疾，與北土不同。織成錦工，竝女人，不堪涉遠。指南車、漏刻，此雖有其器，工匠久不復存，不副爲悞」。（《列傳第四十・芮芮虜》／一〇二五頁）

校：「王」各本並同，按子顯前後書例，當作「主」。「悞」《元龜》九百九十九作「恨」。

議：中華科技自古爲外族所慕如此。

芮芮常由河南道而抵益州。（《列傳第四十・芮芮虜》／一〇二五頁）

議：益州爲華夷交通孔道所會，前書賈胡在蜀見扶拔皮，亦其一證。

河南，匈奴種也。……一謂之「貲虜」。鮮卑慕容廆庶兄吐谷渾爲氏王。在益州西北，亘數千里。其南界龍涸城，去成都千餘里。……肥地則有雀鼠同穴，生黄紫花；瘦地輒有鄣氣，使人斷氣，牛馬得之，疲汗不能行。（《列傳第四十・河南》／一〇二五—一〇二六頁）

議：雀鼠同穴，河南有之。《釋鳥》：「鳥鼠同穴，其鳥爲鵌，其鼠爲鼵。」郭注：「鼵如人家鼠而短尾，鵌似鵽而小，黄黑色，入地三四尺。鼠在内，鳥在外。今在隴西首陽縣鳥鼠同穴山中。」大氐河、隴之間多有之。

拾寅子易度侯好星文，嘗求星書，朝議不給。（《列傳第四十・河南》／一〇二六頁）

議：吐谷渾好星文如此。芮芮亦然。

氏楊氏，與苻氏同出略陽，漢世居仇池。……仇池四方壁立，自然有樓櫓却敵狀，高𨰻數丈。……上有岡阜泉源。氏於上平地立宮室菓園倉庫，無貴賤皆爲板屋土牆，所治處名洛谷。（《列傳第四十・氐》/一〇二七頁）

議：在其板屋，西戎之俗。

建元元年，詔曰：……茄蘆失守，華陽暫驚。（《列傳第四十・氐》/一〇二八頁）

議：「華陽」宜標專名綫。

除難剿寇，豈俟徵習！（《列傳第四十・氐》/一〇二九頁）

校：「徵習」南監本作「召集」，殿本、局本作「徵集」。

議：南監本盡改舊文，二本改習爲集，並非是。

莊子故言

内篇逍遥遊第一

北冥有魚，其名爲鯤。　陸德明《莊子音義》：「北冥，本亦作溟，覓經反，北海也。」又「鯤，徐音昆，李侯温反，大魚名也。崔譔云：鯤當爲鯨，簡文同。」王叔岷《莊子校釋》申崔云：「其説是也。《文選·宋玉對楚王問》：故鳥有鳳而魚有鯤，《新序·雜事篇》作鯨，即其證。」

季海按：下云「海運則將徙於南冥」，不云「冥運」；又自爲説曰「南冥者，天池也」，則知此北冥者，亦非北海之謂矣。其曰「窮髮之北有冥海也，天池也。有魚焉，其廣數千里，未有知其脩者，其名爲鯤」，是已。猶曰冥海者，連類言之，以曉人也。復曰天池者，恐或誤仞以爲北海也。齊諧志怪，豈不知北海哉？不謂之海，而謂之冥，是其所言，本軼在北海外，説者直以爲天池耳。卷子本《玉篇·水部》、《一切經音義》三一·六七並引司馬《注》：「溟謂南北極也，去日月遠，故以溟爲名也。」（見王叔岷《校釋》）《注》釋冥義極精，近得其實。極地大水，今謂之南北冰洋。諧雖言怪異，實亦有資於多聞。鯤之爲鯨，崔譔言之矣。若南冥北冥，司馬已能實指爲南北極，顧於二冥之爲天池，轉不能言之鑿鑿如齊諧然，則知諧必有得於海外傳聞，若今愛斯基莫人之鄉者，乃能爲此似奇而反正之言耳。尋漢象牙印章多有用猛獁象牙者，則知極北沍寒之地，與我華夏貿遷有無者，故已久矣。齊諧出於齊，熟諳海運，宜其多聞往來海客所傳異事耳。然則《莊子》所偁，雖以爲中國傳聞南北冰洋之最古文獻可也。尋陸氏《音義》：「窮髮，李云：髮猶毛也。司馬云：北極之下，無毛之地也。」彪釋「窮髮」，以「北極之下，無毛之地」當之，可也。若逕以南北冥爲南北極，則莊子自有明文，一則曰天池，再則曰天池，豈皆不見，抑彪本都無此言邪？然《釋文・序録》云「其内篇衆家竝同」，則故書信有之矣。紹統此注，於義不了，故元朗有所不取也。

張華《博物志》卷第一：「漢北廣遠，中國人尠有至北海者，漢使驃騎將軍霍去病北伐單于，至瀚海而還，有北海明矣。」汝南周日用注曰：「余聞北海言蘇武牧羊之所，去部落甚邇，祇一池，號北海。蘇武牧羊，常在於是耳。此地見有蘇武廟，非北溟之海。」周注於北冥之非北海，辨之甚明。

《志》又云：「今渡南海至交趾者，不絶也。」尋漢末之亂，士人避地交州者往往有之，則茂先此言信矣。《吴書・張嚴程闞薛傳》云：「程秉字德樞，汝南南頓人也。逮事鄭玄，後避亂交州，與劉熙考論大義，遂博通五經。」又云「薛綜字敬文，沛郡竹邑人也。少依族人，避地交州，從劉熙學。」是熙年輩先於敬文，而稍晚於康成，熙北海大師，晚在交州，是三子者並渡南海而至交趾者矣（程薛從劉問學，錢大昕已言之，見《潛研堂文集・跋釋名》）。前乎是，則秦置南海、象郡矣。若《墨子·節用中》云「古者堯治天下，南撫交阯」，《尚書大傳》云「堯南撫交阯」（《水經注》三十七淹水注》引，陳壽祺輯入《唐傳》），《大戴禮記·少間》云「昔虞舜以天德嗣堯，朔方幽都來服，南撫交趾」，是先秦所傳，唐虞之際已南撫交趾，明戰國時人習聞南海久矣。

化而爲鳥，其名爲鵬。

《音義》：「鵬，步登反。徐音朋，郭甫登反。崔音鳳，云：鵬即古鳳字，非來儀之鳳也。《說文》云：朋及鵬皆古文鳳字也。朋鳥象形，鳳飛群鳥從以萬數，故以鵬爲朋黨字。《字林》云：鵬，朋黨也。古以爲鳳字。」《校釋》引崔音，申之云：「其說是也。《文選·宋玉對楚王問》：『故鳥有鳳而魚有鯤』，即本《莊子》，字正作鳳。」

季海按：崔音鳳者，依《說文》謂朋鵬皆古文鳳，故讀如字耳。然此是鯤魚所化大鳥，故又云：「非來儀之鳳也。」如崔說，鵬鳳同名而異實。

覆杯水於坳堂之上，則芥爲之舟。

《音義》：「坳堂，於交反，又烏了反。李又伊九反。崔云：堂道謂之坳。司馬云：塗地令平。支遁云：謂有坳垤形也。」王氏《校釋》：「案《一切經音義》四九引堂作塘，堂塘同音通用。」

季海按：坳堂《音義》二反，從支遁讀耳。崔云：「堂道謂之坳」者，正與李音相應。是弘範作音，雖依郭本，於此猶未改崔讀也。陸氏《序録》向秀「爲音三卷」，郭象亦「爲音三卷」，郭注多

襄向氏，未知其音何如。然此出三音，而以李音居後，知郭音必不同李矣。今謂崔注李音是也。崔云「堂道」者，尋《釋宫》云「堂途謂之陳」，郭注「堂下至門徑也」，堂道猶堂途，正謂「堂下至門徑」。然謂之坳者，《釋宫》「地謂之黝，牆謂之堊」，郭注「黑飾地也」，「白飾牆也」，是也。《一切經音義》引堂作塘者，正當作唐，涉上坳字，加土旁耳。《釋宫》「廟中路謂之唐」，注《詩》曰：「中唐有甓」，路途一類，廟中路義通於堂途，所謂散文則通也。坳謂飾地，故司馬云：「塗地令平。」唐爲堂道，覆水平地，故惟芥爲之舟耳。《方言》第三：「蘇、芥，草也。江淮南楚之間曰蘇，自關而西或曰草，或曰芥。南楚江湘之間謂之芥。」《音義》引李云「小草也」，與《方言》合。

蜩與學鳩笑之。《音義》：「蜩，音條。司馬云：蟬。」

季海按：《方言》第十一：「蟬楚謂之蜩（注：音調），宋衛之間謂之螗蜩。」（注：今胡蟬也，似蟬而小，鳴聲清亮，江南呼螗蛦）此同楚語，司馬云蟬，不言大小，殆統胡蟬於蟬矣。景純此注，最爲審諦。

適莽蒼者三湌而反，腹猶果然。適百里者宿舂糧，適千里者三月聚糧。

季海按：《方言》第一：「逝、徂、適，往也。……逝，秦、晉語也。徂，齊語也。適，宋、魯語也。往，凡語也。」尋《漢書·藝文志》道家有「《莊子》五十二篇」，自注：「名周，宋人。」

惠蛄不知春秋。《音義》：「司馬云：惠蛄，寒蟬也，一名蝭蟧，春生夏死，夏生秋死。崔云：蛁蟧也，或曰：山蟬，秋鳴者不及春，春鳴者不及秋。《廣雅》云：蟪蛄，蛁蟧也。案即《楚辭》所云寒螿者也。蝭音提。蟧音勞，又音遼。蛁音彫，螿音將。」

季海按：《方言》第十一「楚謂之蟪蛄」（注：《莊子》曰：蟪蛄不知春秋也）；又云「自關而東謂虭蟧（貂料二音），或謂之蝭蟧（音帝）」，是也。此即《釋蟲》之「蜓蚞，螇螰」，郭注「即蝭蟧也，一名蟪蛄，齊人呼螇螰」（亦本《方言》），是也。郝氏《義疏》：「今在齊人謂之德勞，或謂之都盧，揚州人謂之都蟟，皆蜓蚞螇螰之語聲相轉，其不同者，方音有輕重耳。陶注《本草》云：七月八月鳴者名蛁蟟，色青。按今德勞正以七月鳴。其鳴自呼，其色青碧，形小修長，順天人謂之夫爹夫娘者也。《鹽鐵論．散不足篇》云：諸主獨不見季夏之螇乎，音聲入耳，秋風至而無聲。今則蟬八月中即不鳴矣。」若寒螿者，於《釋蟲》爲「蜺，寒蜩」，郭注：「寒螿也，似蟬而小，青赤。《月令》曰：寒蟬鳴。」《方言》第十一：「蟪謂之寒蜩，寒蜩，瘖蜩也。」郭注：「按《爾雅》以蜺爲寒蜩，《月令》亦曰寒蜩鳴，知寒蜩非瘖者也。」又云：「寒蜩，螿也，似小蟬而色青，蟪音應。」郝疏釋蜺云：「今此蟬青緑色，鳴聲幽抑，俗人呼之秋涼者也。」今謂秋涼即螿之轉語，齊言舒緩，復作送氣呼之耳。然陸以寒螿説惠蛄，殆失之矣。下文又云「楚之南有冥靈，以五百歲爲春，五百歲爲秋」，與此疑皆出楚人所記。

窮髮之北有冥海者，天池也。

季海按：自此以下又具言鯤鵬圖南之事，與齊諧所志正同，但變蜩與學鳩笑之爲斥鴳笑之耳。然此章終之以「而宋榮子猶然笑之」，疑此即出宋榮子之書，莊周有取焉耳。與上文本或自成篇，劉向校書，或莊子後學取其事相若，義相比，故先後相次，録在一篇，遂不覺其言之重而語之複也。即此可見雖内篇亦非莊子手定也。

故夫知效一官，行比一鄉，德合一君，而徵一國者，其自視也亦若此矣，而宋榮子猶然笑之。且舉世而譽之而不加勸，舉世而非之而不加沮，定乎内外之分，辯乎榮辱之竟，斯已矣；彼其於世，未數數然也；雖然，猶有未樹也。《音義》：「宋榮子，司馬、李云：宋國人也。崔云：賢者也。猶然笑之，崔、李云：猶，笑貌。案謂猶以爲笑。」

季海按：《天下篇》：「不累於俗，不飾於物，不苟於人，不忮於衆。願天下之安寧以活民命，人我之養畢足而止，以此白心，古之道術有在於是者，宋鈃、尹文聞其風而悦之。」《音義》：「宋鈃，音刑，徐胡泠反，郭音堅。尹文，崔云：齊宣王時人，著書一篇。」今謂宋榮子即宋鈃，榮刑古音同在青部，榮聲在喻三，黄侃《反切解釋》在爲母，云：「凡爲母皆濁聲，古皆讀影母清聲。」鈃，《説文》「似鍾而頸長，从金幵聲」，《唐韻》「户經切」。刑，《説文》「剄也，从刀幵聲」，《唐韻》

「户經切」。户在匣母，黄氏《解釋》：「凡匣母，皆濁聲。」匣喻皆喉音，語相轉耳。宋鈃曰宋鈃子，猶尹文曰尹文子矣。《天下篇》又曰「見侮不辱」，「雖天下不取，强聒而不舍者也」，此所謂舉世非之而不加沮。又曰「君子不爲苛察，不以身假物，以爲無益於天下者，明之不如已也」，此所謂舉世譽之而不加勸。又曰「其自爲太少」，此其於世，未數數然也。又曰「以禁攻寢兵爲外，以情欲寡淺爲内，其小大精粗，其行適至是而止」，是所謂定爲内外之分，辯乎榮辱之竟矣。

鷦鷯巢於深林，不過一枝。《音義》：「鷦，子遥反。鷯，音遼。李云：鷦鷯，小鳥也。郭璞云：鷦鷯，桃雀。」

季海按：陸機《毛詩艸木鳥獸蟲魚疏》「肇允彼桃蟲」云：「桃蟲，今鷦鷯是也。微小于黄雀，其雛化而爲雕，故俗語鷦鷯生鵰，言始小終大者。始爲桃蟲，長大而爲鷦鳥。」又「鴟鴞鴟鴞」云：「鴟鴞似黄雀而小，其喙尖如錐，取茅莠爲巢，似麻紩之如刺襪然，縣著樹枝或一房，或二房。幽州人謂之鸋鴂，或曰巧婦，或曰女匠，關東謂之工雀，或謂之過羸，關西謂之桑飛，或謂之襪雀，或曰巧女。」據《釋鳥》「桃蟲，鷦，其雌鴱」，郭注「鷦鷯，桃雀也，俗呼爲巧婦」，則鴟鴞即鷦鷯也。郝氏《爾雅義疏》謂桑飛即鷦，鷦即鴟鴞，是也。又云：「今鷦鷯青黄色，眉間有白如粉，編麻爲巢，至爲緻密，故得女匠巧婦諸名矣。今東齊人謂之屨事稽留，揚州人謂之柳串。」尋《爾雅》、毛傳鄭箋但謂之鷦，陸機吴人，乃以桃蟲爲「今鷦鷯」矣。張華爲賦，亦曰：「鷦鷯，小鳥也。生於蒿萊之間，長於藩籬之下，翔集尋常之内，而生生之理足矣。」然漢晉間人殆以是爲通語矣。

《荀子・勸學》：「南方有鳥焉，名曰蒙鳩，以羽爲巢，而編之以髪，繫之葦苕，風至苕折，卵破子死，巢非不完也，所繫者然也。」楊注：「蒙鳩，焦鷯也。苕，葦之秀也。今巧婦之巢至精密，多繫於葦竹之上，是也。蒙當爲蔑。《方言》云：鷦鷯业自關而西謂之桑飛，或謂之蔑雀。或曰一名蒙鳩，亦以其愚也。……《説苑》：客謂孟嘗君曰：鷦鷯巢於葦苕，著之以髪，可謂完堅矣，大風至則苕折卵破者，何也？所託者然也。」

《説苑・善説》：「客曰：不然，臣見鷦鷯，巢於葦苕，著之髪毛，建之女工不能爲也，可謂完堅矣，大風至則苕折卵破子死者何也？其所託者使然也。」此客説孟嘗君語，文類《國策》，而不見於《齊策》。《藝文類聚》卷第九十二《鳥部下・鷦鷯》引葦下有「之」字，女工作「工女」。

偃鼠飲河，不過滿腹。《音義》：「李云：鼷鼠也。《説文》：鼢鼠，一曰偃鼠。鼢，扶問反。」

季海按：《釋獸》「鼠屬」有「鼢鼠」，郭注「地中行者」，《説文》所謂「一曰偃鼠」者，此也。郝《疏》以爲「今呼地老鼠」，「潛行地中，起土如耕，《方言》謂之犂鼠」，是也。《説文》：「坋，塵也，从土分聲。一曰：大防也。」房吻切。其曰大防者，《釋丘》「厓岸」有「墳，大防」，是坋讀若墳，鼠能起土成坋，故謂之鼢鼠，隱行地中，故謂之偃鼠耳。偃讀若匽，《説文》「匽，匿也。从匚妟聲」，於蹇切。郝《疏》「《本草别録》：鼹鼠在土中行，陶注：俗中一名隱鼠」是也，隱猶匿矣。《應帝王》曰：「鼷鼠深穴乎神丘之下，以避熏鑿之患。」《釋獸·鼠屬》别有「鼷鼠」，非偃鼠，李軌説非是。

宋人資章甫而適諸越，越人斷髮文身，無所用之。《音義》：「宋人，宋今梁國睢陽縣，殷後，微子所封。」「斷，丁管反，李徒短反。司馬本作敦，云：敦斷也。」

季海按：章先生《莊子解故》云：「作敦者是故書，敦斷一聲之轉，作斷者後人以訓詁改之。」尋《説文》，「斷，截也，从斤从㡭，㡭，古文絶」，徒玩切。斷謂之敦，宋人語，此商之遺言。於甲骨文作𦎫，凡言𦎫伐（宗周鐘）、𦎫某地者，義出於此，並謂斷截，猶《小雅·雨無正》言「斬伐四國」矣。郭沫若《殷契粹編》一一七六片《考釋》知爲撻伐而已，不悟其與《莊子》敦髮之云，初無二致也。

惠子謂莊子曰：魏王貽我大瓠之種，我樹之成而實五石。以盛水漿，其堅不能自舉也；剖之以爲瓢，則瓠落而無所容。非不呺然大也，吾爲其無用而掊之。《音義》：「惠子，司馬云：姓惠，名施，爲梁相。」「魏王，司馬云：梁惠王也。案魏自河東遷大梁，故謂之魏，或謂之梁也。」「則瓠，户郭反，司馬音護，下同。落，簡文云：瓠落，猶廓落也。司馬云：瓠，布護也。落，零落也。

言其形平而淺，受水則零落而容也。」「掊之，徐方垢反，司馬云：擊破也。」

季海按：《史記·魏世家》「武侯卒，子罃立，是爲惠王」，《索隱》：「按《紀年》，武侯二十六年卒。」又曰：「安邑近秦，於是徙治大梁。」《史記》此文在三十一年後，三十三年前。《集解》：「駰案，《汲冢紀年》曰：梁惠成王九年四月甲寅徙都大梁也。」《索隱》以《紀年》爲誤。《魏世家》於三十六年書「惠王卒」，然「十六年襄王卒，子哀王立」。《集解》：「荀勗曰：和嶠云：《紀年》起自黄帝，終於魏之今王。今王者，魏惠成王子。案《太史公書》，惠成王但言惠王，惠王子曰襄王，襄王子曰哀王。惠王三十六年卒，襄王立。十六年卒，并惠襄爲五十二年。今案古文惠成王立三十六年改元稱一年，改元後十七年卒。《太史公書》爲誤分惠成之世，以爲二王之年數也。《世本》惠王生襄王，而無哀王，然則今王者，魏襄王也。」《索隱》從《史記》，以《世本》、《紀年》爲脱失哀王之代。今謂若從《紀年》，則惠子此言，或尚在惠成王九年四月甲寅前，故尚稱魏王，不云梁也。

然《養生主》「庖丁爲文惠君解牛」，《音義》：「文惠君，崔、司馬云：梁惠王也。」據《莊子》述惠子之言，則偁魏王，不云梁也。文惠君則稱及王謚，此文若非後人追加，則書成已在襄王時矣。然《紀年》書惠成王，又疑惠若文惠並是生王美稱，成方是罃謚耳。

《外篇·田子方》第二十一：「莊子見魯哀公，哀公曰：魯多儒士，少爲先生方者。莊子曰：魯少儒。」《音義》：「魯哀公，司馬云：莊子與魏惠王、齊威王同時，在哀公後百二十年。」司馬説是也。外篇多後人依託为之，故不知時代耳。

莊子曰：子獨不見狸狌乎，卑身而伏，以候敖者，東西跳梁，不辟高下，中於機辟，死於罔罟。　《音義》：「狸，力之反。狌，徐音姓，郭音生，又音星。司馬云：狌也。狌音由救反。敖者，徐、李五到反。支云：伺彼怠敖，謂承夫閒殆也，本又作慠同。司馬音遨，謂伺遨翔之物而食之，雞鼠之屬也。跳，音條。」

季海按：狸同貍，《説文》「貍，伏獸似貙，从豸里聲」，里之切。狌同猩，《説文》「猩，猩猩，犬吠聲，从犬星聲」，桑經切。借猩爲狸狌字，故又音星矣。《説文》「伏，司也，从人从犬」，房六切。司馬云「狖」者，於《爾雅》爲「蜼」，《釋獸》：「蜼，卬鼻而長尾。」郭注：「蜼似獼猴而大，黄黑色。尾長數尺，似獺尾，末有歧。鼻露向上，雨即自縣於樹，以尾塞鼻，或以兩指。江東人亦取養之，爲物捷健。」《音義》：「蜼音誄，《字林》：余繡反，或餘季、餘水二反。」陸氏所出狖音，與《字林》合。《説文》作「蜼，如母猴，卬鼻，長尾。从虫隹聲」，余季切。然《犬部》又有「猶，玃屬，从犬酋聲；一曰：隴西謂犬子爲猷」，以周切。一曰以下，别是一義。若玃屬之猶，正當是蜼耳。《説文》：「玃，母猴也。」蜼如母猴，故云玃屬矣。蜼，猶於六書爲轉注，脂（微）幽語轉耳。敖在《説文・出部》，云「敖，游也，从出从放」，五牢切。此文正用本字本義，司馬讀近之。跳梁即踔梁。《説文》「坴，土塊坴坴也，从土先聲，讀若逐。一曰坴梁」，力竹切，是也。坴古音在《覺部》，此《幽》之入。跳古音在《宵》，當以《藥》爲入。是《莊子》之文，幽或讀如宵也。《釋獸音義》：「猩，音生。郭云：人面豕身，能言語。又云：狀如貛豘，聲似小兒啼。案《禮記》云：猩猩能言，不離禽獸是也。」是江左舊讀猩亦音生矣。

齊物論第二

子綦曰：夫大塊噫氣，其名爲風。《音義》：「噫，乙戒反，注同，一音蔭。」

季海按：一音蔭者，讀若喑也。《方言》第一「平原謂啼極無聲謂之㖃哴，楚謂之噭咷，齊宋之間謂之喑」，郭注「音蔭」，是也。其曰噫氣者，《方言》第十三「臆，滿也」，郭注「愊臆，氣滿之也」，是也。於《盜跖》曰馮氣。王念孫《讀書雜志餘編》出「今富人侅溺於馮氣」，謂「馮氣，盛氣也。昭五年《左傳》『今君奮焉震電馮怒』，杜注：『馮，盛也。』《楚辭·離騷》『馮不猒乎求索』，王注：『馮，滿也。』楚人名滿曰馮，是馮爲盛滿之義」。其實《天問》「康回馮怒」，洪氏《補注》：「《方言》云：憑，怒也，楚曰憑。注云：恚盛貌，引康回憑怒。然則馮憑一也。」是宋人謂之噫氣者，楚人謂之馮氣，《盜跖》之文語楚，其莊子後學者所記歟？噫讀若喑者，單行本《史記索隱·淮陰侯列傳》出「喑啞，上於金反，下烏路反。喑啞，懷怒氣」。蓋怒啼極，其爲愊臆氣滿，情事略同也。宋音陽韻多失收尾，讀入陰韵，故喑謂之噫。

一音從通語讀之，雖得其字，實非宋人語矣。又《知北游》第二十二「自本觀之，生者喑醷物也」，郭注：「直聚氣也。」《音義》：「喑，音蔭。郭音闇。李音飲，一音於感反。」「醷，於界反，郭於感反。李音意，一音他感反。李郭皆云：暗醷，聚氣貌。」其作暗醷者，猶暗啞矣。崔駰《扇銘》以子、否、暑爲韻，是之魚韻或相轉也。醷一音他感反者，字當作醓，王仁煦《刊謬補缺切韻》卷第三上聲《卌三感》「禫，他感反」下有「醓，醓醢，亦作醓」（原誤醓，今正），是也。《說文》正篆作「𧖮，血醢也。从血肬聲。《禮記》有𧖮醢，以牛乾脯、粱䈰、鹽酒也」。徐鉉等曰「肬，肉汁滓也，故从肬，肬亦聲，他感切」，是也。暗、𧖮古音同在《侵部》，暗讀若盦，《說文》「覆蓋也，从皿酓聲」。《唐韻》「烏合切」，此今音耳。古音與暗同在《侵部》。暗李音飲，《說文》「歆，歠也。从欠酓聲。凡歆之屬皆从歆。，古文歆从今水。，古文歆从今食。」於錦切。歆盦同从酓聲，其讀同耳。莊子故書本云「盦醢」，言人本血氣以生，直覆血醢耳，何足控摶。

《知北游》云云似順世論師所説，梵云「路迦耶陀」，佛書謂之「順世外道」或「世間行」，活躍於公元前六至四世紀，大師有阿夷多翅舍欽婆羅。以爲人死，「地還歸地，水還歸水，火還歸火，風還歸風，皆悉壞敗，諸根歸空」，此云「生者盦醢物也」，意亦近之。

大木百圍之竅穴。《音義》：「之竅，崔本作窾。」

季海按：崔本是也。《養生主》「導大窾」，注「節解窾空，就導令殊」，《音義》「大窾，徐苦管反，又苦禾反。崔、郭、司馬云：空也。向音空」，是其義。故書當爲窾。

王氏《校釋》：「苦禾反，則音科。本書《外物篇》：『帥弟子而踆於窾水。』《釋文》：『窾，又音科。』《淮南·原道篇》：『窾者主浮。』注：『窾，空也，讀科條之科。』《説山篇》：『見窾木浮，而知爲舟。』注：『竅，空，讀曰科。』並同此例。《廣雅·釋詁》：『科，空也。』《説文》：『窠，空也。』科即窠之借。」王説是也。

似注者，似污者。　注：此略舉衆竅之所似。《音義》：「似注者，烏攜反，李於花反，又烏乖反，郭烏蛙反。司馬云：若洼曲。污者，音烏，司馬云：若污下。」

季海按：《説文》「窪，清水也；一曰窊也。从水窐聲」，一穎切，又屋瓜切。司馬注洼讀曰窪，與一義合。「洼，深池也」，一佳切，又於瓜切，非其義。污讀曰洿，《説文》「洿，濁水不流也，一曰窊下也。从水夸聲」，哀都切，典一義合。汙，薉也，一曰小池爲汙，一曰涂也，烏故切，音義並不合。

厲風濟則衆竅爲虛。　注：濟，止也。烈風作則衆竅實，及其止則衆竅虛。《音義》：厲風，司馬云：大風。向、郭云：烈風。濟，子細反。向云：止也。

季海按：《説文》「颲，烈風也。从風𠛱聲，讀若𠛱」，良薛切。厲借爲颲，向、郭義是也。厲古音在《泰部》。列其入也。《莊子》厲讀若列。

百骸九竅六藏，賅而存焉。　《音義》：「六藏，才浪反，案心肺肝脾腎謂之五藏，大小腸旁胱三焦謂之六府。身別有九藏氣：天地人，天以候頭角之氣，人候耳目之氣，地候口齒之氣。三部各有天地人，三三而九。神藏五，形藏四，故九。今此云六藏，未見所出。」王氏《校釋》：陳碧虚音義引江南古藏本正作五藏，下更有六府二字，云：「舊本云六藏者，謂腎有兩藏也。其左爲腎，右爲命門也。命門者，謂精神之所舍也。男子以藏精，女子以繫胞，其氣與腎通，故言藏有六也。」此説本《難經·三十九難》，則作六藏，亦非誤字。《列子·天瑞篇注》引此文已作六藏。

季海按：《莊子》書不出一手，其所取材，本雜而多端。劉向取莊子及後學所記以爲一書，宜其自相歧異，時多駮文。今尋主五藏者，在《内篇》有《德充符》（五），在《外篇》者有《駢拇》（八），《在宥》（十一），在《雜篇》有《庚桑楚》（二十三）；然《雜篇》有《外物》（二十六）亦云：「心无天遊，則六鑿相攘。」郭注：「攘，逆。」《音義》：「鑿，在報反。相攘，如羊反。郭云：逆也。司馬云：謂六情攘奪。」司馬説不知何據。今謂六鑿即六藏矣。鑿古音在《宵部》，此讀入《魚部》，劉向《九歎·遠逝》以珠旄韵，《逢紛》以毫露韵，明古音之有此。然以六藏爲六鑿者，陽魚對轉爾。

未成乎心而有是非，是今日適越而昔至也。《音義》：「昔至，崔云：昔，夕也。向云：昔者，昨日之謂也。」

季海按：《天下》惠施厤物之意，曰：「今日適越而昔來。」

可乎可，不可乎不可。道行之而成，物謂之而然。惡乎然？然於然。惡乎不然？不然於不然。物固有所然，物固有所可。無物不然，無物不可。

《音義》：「無物不然，無物不可，崔本此下更有可於可而不可於不可，不可於不可而可於可。」《校釋》：「案『可乎可，不可乎不可』二句，與下文意不相屬，疑當在下文『無物不然，無物不可』下。」又引《釋文》云「於猶乎也」，「是崔本不誤」。今本二句既錯在上，又脱「不可乎不可，而可乎可也」二句，義遂難通。又云：《淮南·泰族篇》「可乎可，不可乎不可，不可乎不可，而可乎可」，即襲用此文，尤可證崔本之存古本之舊也。

季海按：《校釋》不誤。然崔本乎並作「於」，是《莊子》故書此諸乎字當並爲「於」。《人間世》：「南仆子綦遊乎商之丘。」《校釋》：「《藝文類聚》八八、《事文類聚後集》二三引乎並作于，于猶乎也。」是也。

爲是不用而寓諸庸。注：故忽然自忘，而寄當於自用。

季海按：《德充符》「直寓六骸」，注「所謂逆旅」，並以寓爲寄。尋《方言》第二：「託，庇、寓、媵，寄也。齊衛宋魯陳晉汝潁荆州江淮之間曰庇，或曰寓。……凡寄爲託，寄物爲艘。」

夫道未始有封，言未始有常，爲是而有畛也，請言其畛。《音義》：「夫道未始有封，崔云：《齊物》七章，此連上章，而班固説在《外篇》。」「有畛，徐之忍反，郭李音真，謂封域畛陌也。」

季海按：以班説校之，是今《内篇》有取諸《外篇》者矣。

故昔者堯問於舜曰：我欲伐宗、膾、胥敖，南面而不釋然，其故何也？《音義》：「宗膾，徐古外反。胥，息徐反，華胥國。敖，徐五高反。司馬云：宗、膾、胥敖，三國名也。崔云：宗，一也。膾，二也。胥敖，三也。」孫詒讓《札迻》：「案宗、膾、胥敖竝無攷。《人間世篇》云『昔者堯攻叢、枝、胥敖』，宗膾當即叢枝。《荀子·議兵篇》云『堯伐驩兜』（《戰國策·秦策》亦有此語），楊《注》云『《書》曰：放驩兜於崇山』，宗蓋即崇之叚字（宗、崇聲類同。《書·牧誓》『是崇是長』，《漢書·谷永傳》引崇作宗）。《吕氏春秋·召類篇》云『禹攻曹、魏、屈鰲、有扈』，敖疑與鰲字通。胥或當作骨，骨敖即屈鰲。俗書胥作胃，與骨相似。骨屈音近字通，《列子·楊朱篇》『禽骨釐』，《釋文》骨作屈。」

季海按：宗、膾、胥敖，三國名，崔説是也。《人間世》「叢枝」，即此「宗膾」，孫説是也，但未敢質言宗、膾實是二國名耳。《人間世音義》：「叢支，才公反。」《人間世》：「昔者堯攻叢枝、胥敖，禹攻有扈」，實即《召類》所云「禹攻」四國，然宗、叢即曹，古音宗、叢在《冬》、《東》，曹在《幽部》，《吕覽》語轉入陰聲耳。魏从委聲，古音在脂（微），膾在《泰部》，脂泰旁轉耳。若枝則爲支、微旁轉也。孫讀宗如崇，亦是也。以爲驩兜，失之。驩兜特放於崇山耳，崇山非驩兜之國，則所伐之崇，必非驩兜明矣。尋《國語·周語》：「太子晉諫曰：其在有虞，有崈伯鯀。」《吕氏春秋·行論篇》曰：「堯以天下讓舜，鮌爲諸侯，怒於堯曰：得天之道者爲帝，得地之道者爲三公。今我得地之道，而不以我爲三公。以堯爲失論，欲得三公，怒甚猛獸，欲以爲亂。比獸之角，能以爲城，舉其尾，能以爲旌，召之不來，仿佯於野以患帝。舜於是殛之於羽山，副之以吴刀。」是其事也。然則伐宗正謂有崈伯鯀爾。膾、枝語轉，泰、支旁轉，實一國矣。《帝繫》曰：「陸終氏娶于鬼方氏，鬼方氏之妹謂之女隤氏，産六子。其四曰萊言，是爲云鄶人。」云爲發聲，然則膾、枝即云鄶人，鬼方氏之出也。

庸詎知吾所謂知之非不知邪？庸詎知吾所謂不知之非知邪？《音義》：「庸詎，徐本作巨，其庶反。郭音詎。李云：庸，用也。詎，何也，猶言何用也。服虔云：詎猶未也。」

季海按：《荀子·宥坐篇》：「女庸安知吾不得之桑落之下乎哉？」詎猶安也，李説得之。故書當本作巨，徐郭所同，向亦當爾。李本始作詎耳。

蝍且甘帶。《音義》：「蝍，音即。且，字或作蛆，子徐反。李云：蝍且，蟲名也。《廣雅》云：蜈公也。《爾雅》云：蒺蔾，蝍蛆。郭璞注云：似蝗大腹長角，能食蛇腦。蒺音疾，蔾音棃。帶，如字，崔云：蛇也。司馬云：小蛇也。蝍蛆好食其眼。」

季海按：蛇古音在《歌部》，帶在《泰部》，帶即蛇之轉語，歌泰旁轉耳。崔説得之。此《莊子》引諺，或出古語，或用其俗，故下文有蛇蚹矣。

毛嬙麗姬，人之所美也。《音義》：「毛嬙，徐在良反。司馬云：毛嬙，古美人。一云：越王美姬也。麗姬，力知反。下同。麗姬，晉獻公之嬖，以爲夫人。崔本作西施。」

季海按：司馬本是也。或説以毛嬙爲越王美姬，故崔本并改麗姬爲西施耳。然下文又云：「麗之姬，艾封人之子也。晉國之始得之也，涕泣沾襟。及其至於王所，與王同筐牀，食芻豢，而後悔其泣也（《音義》：「崔云：六國時諸侯僭稱王，因此謂獻公爲王也。」）或曰麗姬，或曰麗之姬，知本篇亦非一手一人之言，蓋雜采舊記以成篇耳。」上云：「厲與西施。」《音義》：「西施，司馬云：

夏姬也，案勾踐所獻吴王美女也。」司馬安得不知西施之非夏姬，疑其本自作厲與夏姬耳。曰麗之姬者，於《人間世》亦曰「南伯子綦遊乎商之丘」矣。司馬云「今梁國睢陽縣」（見《音義》），則是以商丘爲商之丘也。

仁義之端，是非之塗，樊然殽亂，吾惡能知其辯？《音義》：「樊然，音煩。殽亂，徐户交反。郭作散，悉旦反。」

季海按：樊讀若闠，《説文》：「闠，闠連結闠紛相牽也。从門，𡙇聲。」臣鉉等案：「𡙇今先典切，从豩聲。豩，呼還切，蓋𡙇亦有豩音，故得爲聲。一本从𤇾，《説文》無𤇾字，撫文切。」鉉説是也。豩、棼古音當同在《寒部》，《唐韻》呼還切，猶存古讀矣。或據豳从豩聲，以爲豩當入《諄部》，失之。此寒諄旁轉，猶闠樊同在《寒部》，而《説文》以闠紛爲解，則讀與紛同也。此自漢汝南讀紛如樊耳。《唐韻》撫文切，此今音。《天官·大宰》「以九式均節財用」，「八曰匪頒之式」，注引鄭司農云：「頒讀爲班布之班，謂班賜也。」足徵漢讀矣。

大澤焚而不能熱，河漢沍而不能寒。《音義》：「沍，户故反，徐又户各反，李户格反。向云：凍也。崔云：沍猶涸也。」

季海按：崔説是也。《淮南·精神訓》「大澤焚而不能熱，河漢涸而不能寒也」，語本《莊子》而沍作涸，楚語然矣。《史記·封禪書》：「春以脯酒爲歲，祠因泮凍（《集解》：服虔曰：解凍）。秋涸凍。」(《索隱》:「案《字林》:涸,竭也,下各反。小顏云:涸讀與沍同。沍,凝也,下故反。春則解,秋則凝)是漢人語多作涸。《左昭四年傳》:「固陰沍寒。」注:「沍,閉也。」固沍語相代,猶涸沍矣。今音沍涸雙聲,並在匣紐,古音同在《魚部》。李音户格反者,正讀如垎。《説文》「垎,水乾也,一曰:堅也,从土各聲」,《唐韻》「胡格切」,是也。《説文》「涸,渴也,从水固聲,讀若狐貈之貈」,《唐韻》「下各切」,與《字林》音同。沍,李户格反,徐又户各反,並讀入聲,與古音合。《地官·牛人》:「凡祭祀,共其牛牲之互。」注:「鄭司農云:互,謂福衡之屬。……玄謂互,若今屠家縣肉格。」今謂康成説是也。漢語縣肉互謂之格,此古語之遺,是證古音互讀《魚部》入聲。

何謂和之以天倪?注:天倪者,自然之分也。《音義》:「天倪,李音崖,徐音詣,郭音五底反。李云:分也。崔云:或作霓,音同,際也。班固曰:天研。」

季海按:章先生《莊子解故》:「段玉裁曰:天倪、端倪皆借爲題,《説文》:耑,物初生之題也。案《天下篇》言端崖,則倪當借爲崖,李音崖訓是也。作天研者,倪、崖、研皆雙聲,《知北游篇》言崖略,崖者圻堮,略者經界,皆際義也。」今謂依段則天倪、端倪皆題之長言,然《説文》「耑,物初生之題也」,謂端借爲耑則可,言端而題在其中,不煩辭費明矣。段説失之。章先生申李崔,又云倪崖研皆雙聲,並是也。班固作天研,蓋所據故書云爾。研漢讀入寒,蓋從《青部》轉入,倪霓並在《支部》，此青、支對轉之理。《莊子》書多有作楚語者，班固所據故書，此文或即楚人所傳，其作倪、霓者，據關東讀乎？知者，《招魂》「倚沼畦瀛兮」（从黄侃讀），班固以爲畦，畦瀛亦支青對轉矣。其分别與楚語、關東語相應，義具《楚辭解故·續編·招魂篇》。

段氏《説文解字注》於幵下曰：「用幵爲聲之字，音讀多歧。如汧、麉、鳽、研、妍、琊在先韻，音之近是者也。如幷刑、形、邢、銒入清青韻，此轉移之遠者也。如笄、枅入齊韻，此轉移更遠者也。幵从二干，古音仍讀如干，何以證之，籀文栞讀若刊，小篆作栞，然則干幵同音可知。刑罰字本從井，刑剄字从幵，畫然異字異音，今則絶不知有从井之字，以刑代荆，音義兩失，而凡荆聲幷聲之字，盡失古音，得吾説存之，而後大略可證。」其實幷聲字之在陽聲者衹有寒、青二讀，以對轉校之，實以讀青爲正。如《齊物論》「似枅」，《音義》音雞，則入《支部》，又音肩，乃在先韻耳。班曰「天研」，李崔研作倪、霓，並青支對轉矣。

養生主第三

技經肯綮之未嘗。《音義》：「技經，本或作猗，其綺反。徐音技。」「綮，苦挺反，崔、向、徐並音啟，李烏係反，又一音罄。司馬云：猶結處也。」

季海按：猗古音在《歌部》，技在《支部》。學者兩讀，歌支旁轉。綮苦挺反，又一音罄，於古音爲《青部》，三家音啟，李烏係反，則在《支部》。《説文》「綮，𢻳繒也，一曰微幟信也，有齒，从糸啟聲」，康禮切。啟聲古音當在《支部》，四家音於文正合。其或讀入《青部》者，豈楚音歟？今《莊子》作天倪，肯綮並在《支部》，而班固所出乃作天研，知故書自有對轉入青者矣。

善刀而藏之。注：拭刀而弢之也。《音義》：「善刀，善猶拭也。」

季海按：《外篇・繕性第十六》，《音義》：「繕，善戰反，崔云：治也，或云：善也。」《夏官・繕人》鄭注：「繕之言勁也，善也。」繕人之職，「掌王之用弓、弩、矢、箙、矰、弋、抉、拾」。繕善音義並通，同有治義，繕人之繕猶繕性之繕，謂當治王弓弩矢箙之屬使常善也。善刀即治刀，郭云拭刀，依文生訓耳。

不蘄畜乎樊中。注：蘄，求也。樊所以籠雉也。《音義》：「樊中，音煩。李云：藩也，所以籠雉也。向、郭同。崔以爲園中也。」又《人間世》：「若能入遊其樊，而無感其名。」

季海按：《齊風・東方未明》「折柳樊圃」，《傳》：「樊，藩也。」李注本此。《傳》又曰：「圃，菜園也。折柳以爲藩園，無益於禁矣。」崔注本此。樊藩古音同在《寒部》，然《莊子》用字與《毛詩》同。《説文》「樊，騺不行也，从𠬜从棥，棥亦聲」，附袁切。「棥，藩也，从爻从林。《詩》曰：營營青蠅，止于棥」，附袁切。《説文》「藩，屏也，从艸潘聲」，甫煩切。樊借爲棥，許君引《詩》，或出三家，正用本字。

《大宗師第六》：「雖然，吾願遊於其藩。」注：「不敢復求涉中道也，且願遊其藩傍而已。」《音義》：「其藩，甫煩反，李音煩。司馬、向皆云：崖也。崔云：域也。」又《外篇・山木》第二十：「莊周游乎雕陵之樊。」《音義》：「雕，徐音彫，本亦作彫。陵之樊，音煩，司馬云：雕陵，陵名。樊，藩也，謂遊栗園藩籬之内也。樊或作埜，埜古野字。」《雜篇・則陽》第二十五：「冬則擉鼈于江，夏則休乎山樊。」《音義》：「樊，音煩，李云：傍也。司馬云：陰也。《廣雅》云：邊也。」《大宗師》云「藩」，駁文；《山木》、《則陽》，雖在外雜，並曰「樊」矣。藩，司馬、向云「崖」者，《説文》「崖，高邊也，从屵圭聲」；山陵之樊，或訓邊傍者，《説文》「厓，山邊也。从厂圭聲」，崖、厓音義並通。藩樊得訓崖、厓者，寒諄旁轉，讀與濆同。《説文》「濆，水厓也。从水賁聲，《詩》曰：敦彼淮濆」，是其義。《淮南・精神》「以游于天地之樊」，高注：「樊，崖也。」藩、樊古音同在《寒部》，是司馬、向皆云「藩，崖」者，猶上承漢讀矣。

人間世第四

是皆脩其身以下傴拊人之民。《音義》：「傴，紆甫反。拊，徐、向音撫。李云：傴拊，謂憐愛之也。崔云：猶嘔呴，謂養也。」

季海按：李説是也。《方言》第一：「憮……愛也。韓、鄭曰憮。」又：「憮……憐，哀也。……自楚之北郊曰憮。」又：「憐、憮、俺，愛也。……陳楚、江淮之間曰憐，宋衛、邠陶之間曰憮，或曰俺。」傴拊猶傴憮矣。傴拊疊韻，古音同在《侯部》，憮古音在《魚部》，西漢魚侯已合，楊雄諸賦，多以魚侯通協，知其讀魚如侯矣。《方言》以拊作憮，亦其一證也。《外篇·田子方》：「莊子曰：周聞之，儒者冠圜冠者，知天時。履句屨者，知地形。」《音義》：「履句，音矩。徐其俱反。李云：方也。」「屨，徐居具反。」季海按：此方讀魚入侯，已開漢讀矣。

止是耳矣，夫胡可以及化？

季海按：《外篇·達生》十九「異雞無敢應者，反走矣」，倫敦藏敦煌石室殘卷郭象注《莊子》（《南華真經·達生品》第十九，斯六一五）作「反走耳矣」，今本脱耳字（見王重民《敦煌古籍叙録》二一五二頁）。

入則鳴，不入則止。無門無毒，一宅而寓於不得已。《音義》：「無毒，如字，治也。崔本作每，云貪也。」「而寓，崔本作如愚。」

季海按：止與已韻，古音同在《之部》。章先生説「毒當以聲借爲竇窬等字」（見《解故》），則門、毒一義。今謂毒借爲堨局。《説文》「堨，保也，高土也。从土、𠷎聲。讀若毒」，都皓切，是也。段《注》「保，《集韻》、《類篇》作堡，俗字也。《檀弓》：公叔禺人遇負杖入保者息，《月令》：四鄙入保，《注》皆云：都邑小城曰保。許云保謂之堨」，亦是也。門可入不可宅，保則可入可宅，無門無保，宜若不可入不可宅，猶曰「一宅而寓於不得已」者，郭注云「體至一之宅，而會乎必然之符也」，蓋得之矣。崔本非也。𠷎聲古音在《幽部》，毒其入也。

郭慶藩《莊子集釋》引李禎、張行學説並謂毒，借爲壔。張氏《説文發疑》曰：「壔者，累土爲臺以傳信，即《吕氏春秋》所謂爲高保禱於王路，寘鼓其上，遠近相聞是也。禱當爲壔之譌。壔是保衛之所，故借其義爲保衛。《易經》、《莊》、《老》三毒字，正是此義（《老子》亭之毒之，《周易》以此毒天下而民從之，毒字並是叚借）。《廣雅》所以有毒安也一訓。」其説尤詳，以《易》與《老》、《莊》三毒字並借爲壔，義皆是也。古文虚實不嫌同詞，無門無毒之爲保猶堡也。《老》、《易》所云，即爲業句，義同保矣。

則幾矣。

季海按：《釋詁》：「戱，汽也。」郭注：「謂相摩近。」《音義》：「戱，音祈，又音沂，郭音剴。案剴音公哀反。《説文》云：摩也。」「汽，古愛反，施音既，樊孫虚乞反。」古音幾、豈、气聲同在《微部》。

吾食也執粗而不臧，爨無欲清之人。《音義》：「執，衆家本並然，簡文作熱。」「粗，音麤，又才古反。」「而不臧，作郎反，善也。絶句。一音才郎反，句至爨字。」「爨無欲清之人，言爨火爲食，而不思清涼，明火微，而食宜儉薄。」

季海按：上文郭注「視聽之所得者粗」，《音義》「音麄」，麄，俗麤字。麤，《唐韻》：「倉胡切。」此粗細字。《莊子》此文言食，而以粗臧爲言，則知宋語蓋精讀若臧矣。《説文》「粗，疏也，从米且聲」，徂古切，與又音合，是其義。又「精，擇也，从米青聲」，子盈切。《論語》：「食不厭精。」知宋人語精謂之臧，青陽旁轉。《説文》：「臧，善也，从臣戕聲。𦣞，籀文。」則郎切，非其義。

其作始也簡，其將畢也必巨。

季海按：又《外篇》《胠篋》十「然而巨盜至」，《至樂》十八「人且偃然寢於巨室」，《知北游》二十二「六合爲巨」，《雜篇·外物》二十六「任公子爲大鉤巨緇」、「已而大魚食之，牽巨鉤」，並以大爲巨。尋《方言》第一：「碩……巨……大也。齊、宋之間曰巨、曰碩。」是也。

獸死不擇音，氣息茀然。注：譬之野獸。蹴之窮地，意急情盡，則和聲不至，而氣息不理，茀然暴怒。《音義》：「氣息，並如字。向本作詭器，云詭，馬氏音息，器，氣也。崔本作諰篙，云喘息，篙，不調也。又作篳字。」「茀然，徐符弗反，郭敷末反，李音佛，崔音勃。」

季海按：向、崔二本並是也。郭本臆改，不足取。器篙字同，加偏旁耳。諰古文息或从言耳。向云「器，氣也」者，實借爲呬。《釋詁》：「呬，息也。」郭注：「呬、齂、呬，皆氣息貌。今東齊呼息爲呬也。」《音義》：「呬，郭許四反，孫許器反，施火季反。」依孫叔然讀器呬疊韻。器，《唐韻》「去冀切」；呬，《説文》「東夷謂息爲呬，从口四聲。《詩》曰：犬夷呬矣」，《唐韻》「虚器切」，與孫音合，叔然齊人，此正齊讀。然息謂之器，亦宋齊通語耳。茀讀若勃，崔音是也。《釋詁》：「浡，作也。」郭注：「浡然，興作貌。」茀然、浡然，音義同耳。《德充符》第五：「我佛然而怒。」《音義》：「佛然，扶弗反。」字又作怫，與李音合。

顏闔將傅衞靈公大子，而問於蘧伯玉。《音義》：「顏闔，胡臘反。向崔本作盧，魯之賢人隱者。」

季海按：《列禦寇》第三十二「魯哀公問乎顏闔曰：吾以仲尼爲貞幹，國其有瘳乎？曰：殆哉圾乎」云云，是闔遊乎魯衞之間，出入哀公、靈公之側，與聞二國之政，不可謂之隱者，其人非仲尼而慕蘧伯玉。

使予也而有用，且得有此大也邪？又：此果不材之木也，以至於此其大也。

季海按：「此大」、「此其大」，猶如此大、如此其大也。今人亦曰「這樣大」、「這樣的大」、「這麽大」也。然上文「弟子厭觀之，走及匠石，曰：自吾執斧斤以隨夫子，未嘗見材如此其美也」，是緩言則曰「如此」爾。《校釋》「以至於此其大也」下云：「案《記纂淵海》一引於下有如字，疑淺人所加，於猶如也（詳《經傳釋詞》），於此即如此，於下不當有如字。」今謂王云於下不當有如字，是也。援《經傳釋詞》以爲於猶如也者，則失之遠矣。「且得有此大也邪」，此上更無於字，其爲如此自若也。

不爲社者，且幾有翦乎？ 注：本自以無用爲用，則雖不爲社，亦終不近於翦伐之害。《音義》：「且幾，音機，或音祈。」「翦乎，子淺反，崔本作前于。」

季海按：幾讀與豈同，凡云豈有即幾有耳。今人習言豈有，不知所謂者久矣。《說文》「前，齊斷也。从刀歬聲」，子善切。又「翦，羽生也，一曰矢羽。从羽前聲」。即淺切，非其義。故書當爲前，崔本是也。乎作于，疑亦故書如是。「南伯子綦遊乎商之丘」，《校釋》「《藝文類聚》八八、《事文類聚後集》二三引乎並作于，于猶乎也」，是也。

《雜篇·徐無鬼》第二十四「凡有怪徵者必有怪行，殆乎非我與吾子之罪，幾天與之也」，注「今無怪行而有怪徵，故知其天命也」，其讀同耳。

隱將芘其所藾。 注：其枝所陰，可以隱芘千乘。《音義》：「隱，崔云：傷於熱也。」「將芘，本亦作庇，徐甫至反，又悲位反。崔本作比，云：芘也。」「所藾，音賴。崔本作賴。向云：蔭也，可以蔭芘千乘也。李同。」「所陰，於鴆反。」

季海按：故書當如崔本，此作芘、庇，賴作藾，並各从所讀加偏旁耳。隱，崔云：傷於熱者，蓋讀若暍。《説文》「暍，傷暑也，从日曷聲」，於歇切。又「暑，熱也。从日者聲」，是其義。《説文》「隱，蔽也。从𨸏㥯聲」，於謹切。隱暍雙聲，語或轉耳。古音隱在《諄部》，暍乃《泰》之入。《釋言》：「庇，庥，廕也。」郭注：「今俗語呼樹蔭爲庥。」

咶其葉，則口爛而爲傷。嗅之，則使人狂酲三日而不已。《音義》：「咶，食紙反。」「嗅，崔云：齅，許救反。」「狂酲，音呈。李云：狂如酲也。病酒曰酲。」

季海按：此致幻植物之最早記録。據莊子之文則戰國宋人已知商丘有是木矣。咶，《説文》作「𦧇，以舌取食也，从舌易聲。䑛，𦧇或从也」，神旨切。易聲及《支部》之入。也聲則在《歌部》。王仁昫《刊謬補缺切韻·上聲四紙》「䑛，食紙反，舌取物，或作𦧇，亦作舓」，不收咶。《切韻》與陸音合。《唐韻》「神旨切」則在五旨，與《切韻》不合。

《校釋》：「案《藝文類聚》八八，《御覽》九五二，《事文類聚後集》二三，引口並作舌。」「案《御覽》九五二，《事文類聚後集》二三引酲並作醉。」尋《説文》「酲，病酒也，一曰：醉而覺也。从酉呈聲」，李説是也。本或作醉，後人臆改，不足據。

故解之以牛之白顙者，與豚之亢鼻者，與人有痔病者，不可以適河。注：巫祝解除，棄此三者，必妙選騂具，然後敢用。《音義》：「顙，息黨反。司馬云：額也。」「適河，司馬云：謂沈人於河祭也。」

季海按：《殷契粹编》第九片有云「河㚖一三宰(一)沈牛三」「辛卯貞其(一)𠦪禾于河㚖二宰沈牛二」（見郭沫若《考釋》）。沈，甲骨文作[illegible]。又第四五片「河㚖(一)五宰(一)沈五(一)牛」「癸巳貞(一)𠦪禾于一河㚖二宰(一)沈牛」，郭云：「此與上第九片當是一骨之折。」然宋巫沈此三者於河以解，猶殷舊俗也。

《方言》第十：「顛、頷、顏，顙也。湘江之間謂之顛，中夏謂之頷，東齊謂之顙，汝潁淮泗之間謂之顏。」

支離疏者，頤隱於齊，肩高於頂，會撮指天，五管在上。《音義》：「於頂，如字，本作項，亦如字。司馬云：言脊曲頸縮也。《淮南》曰：脊管高於頂也。」「會，古外反，徐古活反，向音活。」「撮，子外反，向、徐子活反。崔云：會撮，項椎也。」「指天，司馬云：會撮，髻也。古者髻在項中，脊曲頸低，故髻指天也。向云：兩肩竦而上，會撮然也」，「管，崔本作筦。」「在上，李云：管腧也。五藏之腧，皆在上也。」

季海按：《大宗師》：「曲僂發背，上有五管，頤隱於齊，肩高於頂。句贅指天，陰陽之氣有沴」，《音義》：「曲僂，徐力主反」「於頂，本亦作項，崔本作釘，音頂。」「句，俱樹反，徐古侯反。」「贅，徐之稅反。」「指天，李云：句贅，項椎也。其形似贅，言其上向也。」「有沴，音麗。徐又徒顯反，郭奴結反，云：陵亂也。李同，崔本作𢕟，云：滿也。」然《人間世》云「會撮」者，《大宗師》乃云「句贅」，崔、李竝以爲項椎。會在《泰》，句在《侯》，以雙聲爲旁轉耳。撮贅竝《泰部》字。

挫鍼治繲，足以餬口。《音義》：「治繲，佳賣反。司馬云：浣衣也。向同。崔作𦄜，音綫。」「餬口，徐音胡，李云：食也。崔云：字或作互，或作鉆。」

季海按：《方言》第二：「餬（音胡）、託、庇、寓、䑋，寄也。齊衛宋魯陳晉汝潁荆州江淮之間曰庇，或曰寓，寄食爲餬（《傳》曰：餬予口於四方，是也）。凡寄爲託，寄物爲䑋。」

福輕乎羽，莫之知載。禍重乎地，莫之知避。《音義》：「知避，舊本作寘，云：置也。」

季海按：《説文》無寘字，《新附》「寘，置也。从宀真聲」，支義切。其實寘即窴之隸變，《説文》「窴，塞也，从穴真聲」，待年切，是也。載古音在《之部》，寘在《真部》，宋人語轉《之部》，蓋讀若置，與載相叶，江有誥《先秦韻讀》失收。避在《支部》，與《之》旁轉，《莊子》未見其例。

德充符第五

魯有兀者王駘。　《音義》「兀者，五忽反，又音界。李云：刖足曰兀，案篆書兀不字相似。」

季海按：《説文》：「跀，斷足也，从足月聲。跀，跀或从兀。」然趴即跀之輔，兀趴字同，古文省足耳。月聲《泰》之入，兀聲《脂》(《微》)之入。宋人語脂、泰旁轉也。段注趴下云：「《莊子·養生主》注曰：介，偏刖之名，崔本作兀，又作趴，云：斷足也。《德充符》：申徒嘉，兀者也。李云：刖足曰兀」段説是也。

吾與夫子遊十九年，而未嘗知吾介者也。　《音義》：「知吾介，本又作兀，兩通。」

季海按：上云「人以其全足笑吾不全足者衆」，則申徒嘉非無足者也。兀者不必介，而介者必兀者，此文作介，是也。申徒嘉與伯昏無人遊十九年，亦莊子寓言耳。《養生主》庖丁之對文惠君亦曰：「今臣之刀，十九年矣，所解數千牛矣，而刀刃若新發於硎。」宋人語大氐以十九爲滿語，極言其多，猶三九之爲虚數矣。《外篇·在宥》第十一：「黄帝主爲天子十九年，令行天下。」

仲尼曰：人莫鑑於流水，而鑑於止水。《音義》：「流水，崔本作沫水，云沫或作流。」郭慶藩《集釋》云：「流水與止水相對爲文。崔本作沫，非也。隸書流或作（涿）〔流〕（見《魯相史晨饗孔廟後碑》），與沫形相似，故崔氏誤以爲沫。《淮南・説山篇》人莫鑑於沫雨，高注：沫雨，或作流潦。則沫爲流字之譌益碻。」

季海按：郭説非也。《莊子》、《淮南》文正相應，故書當並作沫，通志堂本《釋文》作沫，形之譌也。《説文》「沫，洒面也，从水未聲。湏，古文沫从頁」，荒内切。又「瀑，疾雨也。一曰沫也。一曰瀑，資也，从水暴聲，《詩》曰：終風且瀑」，平到切。沫即《淮南》之沫雨，亦疾雨之異名，然沫水即流潦矣。

魯有兀者叔山無趾，踵見仲尼。注：踵頻也。《音義》：「踵，朱勇反。向郭云：頻也。崔云：無趾故踵行。」「見，賢遍反。」

季海按：《外篇・達生》第十九：「有孫休者，踵門而詫子扁慶子。」《音義》：「踵門，章勇反，司馬云：至也。」此云「踵見」，語亦同耳。踵見猶詣見，詣、至一也。《説文》「詣，候至也，从言旨聲」，五計切。是也。

哀公問於仲尼曰：衛有惡人焉，曰哀駘它。……又以惡駭天下……寡人召而觀之，果以惡駭天下。　注：惡，醜也。《音義》：「惡人，惡，貌醜也。」「哀駘，音臺。徐又音殆。它，結何反，李云：哀駘，醜貌。它，其名。」「惡駭，胡楷反，崔本作駴。」

季海按：《離騷》：「世溷濁而嫉賢兮，好蔽美而稱惡。」美一作善。今謂屈賦以美惡爲對文，足證《莊子》，一本非也。醜謂之惡，本字當爲亞。《説文》「亞，醜也，象人局背之形」，衣駕切，是也。《外篇·達生》第十九：「桓公田於澤，管仲御，見鬼焉。公撫管仲之手曰：仲父何見？對曰：臣無所見。公反，誒詒爲病，數日不出。」《音義》：「誒，於代反，郭音熙，《説文》云：可惡之辭也，李呼該反，一音哀。」「詒，吐代反，郭音怡，李音臺。司馬云：懈倦貌。李云：誒詒，失魂魄也。」今謂誒詒、哀駘語同耳，或以爲醜貌，或以爲懈倦，失魂魄，義本相通，言各有當耳。

與寡人處，不至以月數，而寡人有意乎其爲人也。不至乎期年，而寡人信之，國無宰，而寡人傳國焉。悶然而後應，氾而若辭，寡人醜乎卒授之國。無幾何也，去寡人而行，寡人卹焉若有亡也，若無與樂是國也。

季海按：《外篇·秋水》第十七：「昔者堯舜讓而帝，之噲讓而絶。」《音義》，「之噲」，「之者，燕相子之也；噲，燕王名也。司馬云：燕王噲拙於謀，用蘇代之説，斆堯舜讓位與子之，三年而國亂。」然則讓國之説，蘇代以此亂燕，而魯人傳之不已。

戰而死者，其人之葬也，不以翣資。注：翣者，武所資也。戰而死者，無武也，翣將安施？《音義》：「翣資，所甲反，扇也，武王所造。宋均云：武飾也。李：資，送也。崔本作翣枚，音坎，坎謂先人墳墓也。」成玄英《疏》云：「翣者，武飾之具，武王爲之，或云周公作也。其形似方扇，(使)〔飾〕車兩邊。軍將行師，陷陣而死，及其葬日，不用翣資。」

季海按：宋均、陸、成説翣義並是也。資義李注得之。成謂形似方扇至確。然殷墟墓葬於二層臺所出花兒土印痕，梅原末治誤認作壁畫者，正有如方扇形，上飾朱繪花紋者，正是物矣。然則殷人之葬，既以翣資，周初所用，亦承殷之舊，或者小變其形制，要非武王、周公所首創也。《淮南・説林训》：「披裘而以翣翼，豈若適衣而已哉？」高誘注：「翣，扇，楚人謂之翣也。」

刖者之屨，無爲愛之。

季海按：《逍遥遊》：「聾者無以與乎鐘鼓之聲。」《音義》：「崔、向、司馬本此下更有眇者無以與乎眉目之好，夫刖者不自爲假文屨。」是内篇一再明言刖者，不云兀也。然則凡兀者疑本作介，謂偏刖也。然二言「刖者」，並與屨爲連文，其爲刖義自明，故學者改故書之兀作刖邪？

眇乎小哉。《音義》：「眇，亡小反。簡文云：陋也。」

季海按：《方言》第十三：「杪、眇，小也。」

大宗師第六

其顙頯。　注：頯，大朴之貌。《音義》：「其顙，息黨反，崔云：頟也。」「頯，徐去軌反，郭苦對反。李音仇，一音逵，權也。王云：質朴無飾也。向本作䫥，云：䫥然，大朴貌。《廣雅》云：䫥，大也，五罪反。」

季海按：《外篇·天道》第十三：「而顙頯然。」注：高露發美之貌。《音義》：「顙頯，上息黨反，下去軌反，本又作顯，如字。司馬本作䫥。」大氏司馬、向本䫥並作䫥矣。《方言》第十：「𩔰、頟、顏，顙也。湘江之間謂之𩔰，中夏謂之頟，東齊謂之顙，汝潁、淮泗之間謂之顏。」然《莊子》此文，與東齊語合。

善妖善老。　注：此自均於百年之内，不善少而否老。《音義》：「善妖，崔本作狡，同古卯反，本又作夭，於表反。簡文於橋反，云：異也。」

季海按：《説文》「狡，少狗也。从犬交聲。匈奴地有狡犬，巨口而黑身」，古巧切。是狡有少義。其作夭者借爲枖，《説文》「枖，木少盛貌。从木夭聲。詩曰：桃之枖枖」，於喬切。是其義。又《詩·鄭風·狡童》：「彼狡童兮，不與我言兮。」傳：「昭公有壯狡之志。」狡亦少也。然則宋鄭間通語爾。《校釋》：「夭猶少也。《詩·檜風·隰有萇楚》『夭之沃沃』，《傳》『夭，少也』，即其證。」

狶韋氏得之，以挈天地。《音義》：「狶韋氏，許豈反。郭褚伊反。李音豕。司馬云：上古帝王名。」

季海按：狶，《説文》作「豨」，云：「古有封豨脩蛇之害。」《唐韻》：「虚豈切。」《説文》：「豕，讀與豨同。」李音與汝南讀合。《唐韻》：「式視切。」《方言》第八：「豬……關東西或謂之彘，或謂之豕，南楚謂之豨。」豕韋氏謂之豨韋氏，其楚言與？《雜篇·外物》二十六「且以狶韋氏之流，觀今之世，夫孰能不波」，其語同矣。又《外篇·知北遊》二十二有「監市履狶」，《音義》「虚豈反」，引李云：「狶，大豕也。」與封豨語合。郭褚伊反，音如郗，故《雜篇·則陽》二十五《音義》又云：「狶，郭音郗也。」

陰陽之氣有沴。注：沴，陵亂也。《音義》：「有沴，音麗，徐又徒顯反，郭奴結反，云：陵亂也。李同。崔本作𡐝，云：滿也。」

季海按：沴或書作沵，遂與瀰相亂，崔本失之（《校釋》已具），諸家作沴是也。尋《方言》第三「軫，戾也」，郭注「相了戾也，江東音善」，了戾，陵亂，故無二致，徐音與江東讀正合。王仁昫《刊謬補缺切韻》：《廿五銑》「殄，徒典反，滅。蜓，蝘蜓」，不收沴。善在《廿六獮》，「常演反」。

銑乃先之上，獮則仙之上，王仁昫《刊謬補缺切韻》「廿七先，蘇前反，夏侯、陽、杜與仙同，吕别，今依吕」，杜臺卿《玉燭寶典》多用徐音，疑此徐音亦與杜同，正陸詞《切韻序》所謂「先仙尤侯，俱論是切」耳。

或編曲。《音義》：「編曲，必連反，《字林》：布千反，郭父殄反，《史記》：甫連反。李云：曲，蠶薄。」

季海按：《荀子・禮論篇》：「喪禮者，以生者飾死者也，大象其生以送其死也。……木器不成斲，陶器不成物，薄器不成內。」楊注：「薄器，竹葦之器。不成內，謂有其外形，內不可用也。內或爲用。《禮記》曰：竹不成用，瓦不成味。鄭云：成，善也，竹不可善用，謂邊無縢也。味當作沬，靧也。」此云編曲，蓋爲薄器以送其死耳。《史記索隱》單行本《絳侯周勃世家》：「勃以織薄曲爲生，謂勃本以織蠶薄爲生業也。韋昭云：北方謂薄爲曲。許慎注《淮南》云：曲，葦薄也。」小司馬引許注見《時則訓》，今本云「曲，薄也。青徐謂之曲」，奪葦字。《莊子》此文，與青徐語相應。

《方言》第五：「薄，宋魏陳楚江淮之苗謂之苖，或謂之麴（注：此直語楚聲轉也）。自關而西謂之薄，南楚謂之蓬薄。」此云編曲，與宋魏陳楚語合。

相和而歌曰：嗟來桑户乎，嗟來桑户乎，而已反其真，而我猶爲人猗。

《音義》：「我猶，崔本作獨」，「人猗，於宜反，崔云辭也」。

季海按：《吕氏春秋·音初》云：「塗山氏之女乃令其妾，待禹于塗山之陽。女乃作歌，歌曰：候人兮猗，實始作爲南音。」《注》：「南方國風之音。」此相和歌辭云猗，與南音合。《方言》第十二：「一，蜀也。南楚謂之獨。」崔本與楚言合。

芒然彷徨乎塵垢之外。《音義》：「塵垢，如字。崔本作埲均，云：埲音塳。均垢同。齊人以風塵爲塳堁。」通志堂釋文「塳堁」作「逢堁」。

季海按：《文選》宋玉《風賦》：「堀堁揚塵。」李善注：「堀堁，風動塵也。《廣雅》曰：堀，突也。《淮南子》曰：揚堁而弭塵。許慎曰：堁，塵塺也。塺，莫迴切。」賦又云：「動沙堁，吹死灰。」李注云：「堁或爲堁，非也。」今謂李注失之。莊子故書，此文當如崔本作埲均。均或作堁，古音句聲、區聲同在《侯部》，字並从土，故是一語。宋賦一本與《莊子》故書合，李善以所常見疑所不見，故以爲非耳。今吴語或謂塵堁曰蓬塵，即埲、塳之遺語，《淮南·齊俗》：「物或堁之也。」注云：「堁，坋塵也。」《淮南·説山》「上食晞堁」，《説林》「揚堁而欲弭塵」，注：「堁，土塵，楚人謂之堁。」然則齊楚語通。《莊子》堁曰均矣。

《外篇·至樂》十八「生者塵垢也」，又《田子方》二十一「則四支百體，將爲塵垢」，並云塵垢。《博物志》：「徐州人謂塵土爲蓬塊，吴人曰拔跌。」《漢書·賈山傳注》：「東北人名土塊爲蓬顆。」墶堁猎蓬顆矣。

蓬塊謂之塚均，猶會撮謂之句贅矣。

《方言》第十：「煤，火也（呼隗反），楚轉語也，猶齊言焜，火也（音毀）。」古音果聲在《歌部》，鬼、毀、火在《微部》，楚音脂微不別，則同《脂部》耳。

許由曰：而奚來爲軹？《音義》：「爲軹，之是反。郭之忍反。崔云：軹，辭也。李云：是也。」

季海按：《大招》「白日昭只」，洪興祖《補注》「只，音止，語已詞」，軹同只。

夫无莊之失其美，據梁之失其力，黄帝之亡其知，皆在鑪捶之間耳。《音義》：「无莊，司馬云：皆人名。李云：无莊，無莊飾也。據梁，强梁也。」

季海按：李説得之。然宋人語陽讀若魚也。

應帝王第七

猨狙之便，執斄之狗來藉。《音義》：「猨，音袁。狙，七餘反。之便，毗肩反，舊扶面反。斄，音來。李音狸。崔云：旄牛也。來藉，司馬云：藉，繩也。由捷見結縛也。崔云：藉繫也。」

季海按：《齊物論》：「狙公賦芧。」《音義》：「狙公，七徐反，又緇慮反。司馬云：狙公，典狙官也。崔云：養猨狙者也。李云：老狙也。《廣雅》云：狙，獼猴。」王氏《校釋》：「《釋文》：『斄，李音狸。』《疏》：『狗以執捉狐狸，每遭繫頸。』是成本正作狸。《天地篇》：『執留之狗成思，猨狙之便自山林來。』《釋文》：『留，一本作狸。』與此文作狸者合。斄、留、狸並一聲之轉。」王說是也。然故書自分別作斄、留之幽旁轉，其作狸者，後人改字耳。崔云：旄牛者，《逍遥遊》「今夫斄牛，其大若垂天之雲」，《音義》「郭呂之反。徐李音來，又音離。司馬云：旄牛」，是之宵旁轉，司馬、崔得之。《説文》：「犛，西南夷長髦牛也。从牛𠩺聲，凡犛之屬皆从犛。」莫交切。又「斄，彊曲毛可以箸起衣，從犛省，來聲。厥，古文斄省」，洛哀切。《莊子》斄借爲犛，《唐韻》與徐、李音合。狙，《説文》「狙，玃屬，从犬且聲」，是其義。「玃，母猴也。从犬矍聲。《爾雅》云：

夒父善顧，玃持人也」，俱縛切。獮猴即母猴，《廣雅》以爲一類，與許云玃屬合。狙公猶夒父爾。《方言》第三「楚東海之間亭父謂之亭公」，然夒父謂之狙公，亦其比也。李云老狙，近之。惟以公、父爲名，故是雄玃、狙矣。司馬、崔以爲典，養之人者。《方言》又云「卒謂之弩父」，郭注「主擔幔弩導幨因名云」，是主其事者，得被父名，公猶父矣。猨狙之便，《淮南》作「猨狖之捷」，凡三見：《繆稱》作「猨狖」，《詮言》作「蝯貁」，《説林》作「蝯狖」。以狙爲貁（狖同）者，《説文》「貁，鼠屬，善旋。从豸穴聲」，余救切，非其義。字借爲猶，《説文》「猶，玃屬，从犬酋聲」，是也。《唐韻》：「以周切。」以周、余救二切古音同在《幽部》，穴聲本《脂》之入，今借爲猶，則旁轉入《幽》矣。

嘗試與來，以予示之。

季海按：下文云「嘗又與來。明日又與之見壺子」，「嘗又與來。明日又與之見壺子」，同上，凡三疊。嘗讀曰尚。《釋言》「庶幾，尚也」，「庶，幸也」，此嘗正謂庶、幸。

鄉吾示之以地文。《音義》：「鄉吾，許亮反，本作𨞬，亦作向同。崔本作康，云：向也。」

季海按：康之爲𨞬、鄉、向，猶荀卿之爲荀況，古音曉或如溪也。

外篇駢拇第八

是故駢於明者，亂五色，淫文章，青黄黼黻之煌煌，非乎？而離朱是已。

《音義》：「離朱，司馬云：黄帝時人，百步見秋毫之末；一云：見千里針鋒，《孟子》作離婁。」

季海按：朱、婁古音同在《侯部》。《春秋公羊經傳解詁·隱公》元年陸德明《音義》云：「邾婁，力俱反。邾人語聲後曰婁，故曰邾婁，《禮記》同。《左氏》、《穀梁》無婁字。」離朱或出於邾，邾人語聲後曰婁，故或曰離婁耳。孟人鄒人，亦可語雜邾人之遺，故云爾矣。

枝於仁者，擢德塞性，以收名聲。

《音義》：「擢德，音濯。司馬云：拔也。」

季海按：《方言》第三：「揠、擢、拂、戎，拔也。自關而西或曰拔，或曰擢。自關而東、江淮南楚之間或曰戎，東齊海岱之間曰揠。」此云擢，與關西語相應。《胠篋》云「擢亂六律」，不可訓拔。

駢於辯者，纍瓦結繩，竄句遊心於堅白同異之間，而敝跬譽無用之言，非乎？而楊墨是已。

《音義》「敝，本亦作弊，徐音婢，郭父結反，李步計反。司馬云：罷也。跬，徐丘婢反。郭音屑。向崔本作起跬。向丘氏反，云：近也。司馬同。李却垂反。一云：敝跬，分外用力之貌。」

季海按：《馬蹄》第九：「蹩躠爲仁。」《音義》：「蹩，步結反，向崔本作弊，音同。」「躠，本又作薛，悉結反，向崔本作殺，音同。一音素葛反。」敝跬即弊殺，今作蹩躠，讀並同耳。然古音跬在《支部》，殺乃《泰》之入。郭音屑，則《脂》之入。支讀若脂，西漢則楊雄，此蜀音，東字則杜篤馬融並關西音（見羅常培、周祖謨《漢魏晉南北朝韻部演變研究》：支部合韻譜上、下）矣。敦煌殘卷徐邈《莊子音》（P．3602）出「竄句捶辭，司馬曰：謂邪説也」，是徐本竄句，下有「捶辭」二字。徐音殘卷：「而敝，徐音婢，郭父結反。李步薊反。司馬曰敝，罷也。」（敝原誤敞，薊原誤葪，今正。）「跬，丘婢反，郭音屑。李却萚反。司馬曰跬，近也。」

而枝者不爲跂。《注》：「以合正枝，乃謂枝爲跂。」《音義》：「不爲跂，其知反，崔本作枝，音同，或渠支反。」

季海按：徐《音》作「不爲岐，音奇」。

如膠漆纆索。

季海按：徐《音》出「又奚連連如膠漆墨索，音墨素各反」，則知其本亦作「纆索」，寫手偶脱偏旁耳。

郭《注》：「從容吹累，遺我忘彼。」《音義》：「吹如字，又昌僞反，字亦作炊。」

季海按：徐《音》出「炊，蚩詭反也」（炊原誤欻，今正），與一本合。

馬蹄第九

毛可以禦風寒。

季海按：徐《音》殘卷作「可以御，李音圉」。是徐本禦作「御」。

翹足而陸。《音義》：「而陸，司馬云：陸，跳也。」

季海按：跳古音在《宵部》，陸乃《幽》之入。《莊子》宵讀若幽。

雖有義臺路寢，無所用之。《音義》：「義，許宜反，又如字。徐音儀，崔本同，一本作羲。臺，崔云：義臺，猶靈臺也。」

季海按：此宋之靈臺。《楚語》伍舉對楚靈王有曰：「故先王之爲臺榭也，榭不過講軍實，臺不過望氛祥。」韋昭注：「凶氣爲氛，吉氣爲祥。」《殷契粹編》：第四一一片：「丁酉、〔圉于〕蠹，芀二〔人〕卯十牛。𠧞。」（右行）第四一二片：「□午，圉于蠹芀十人二，卯十牛。中。」芀、中二字有異，此片似可疑。第四一三片：「丁未圉于蠹……。」第四一四片：「己未圉于蠹芀□人，卯十牛。」（右行）第四一五片：「丁卯于圉蠹〔芀〕□人，卯十牛。𠧞。」「圉于蠹。」以四〇九片「圉于中子」例之，則蠹當是人名。祭此人之辭尚有四例，曰「己未圉于蠹芀三，卯十牛。

𩫖」通三六一片。曰「己未𡈼于𩫖芀□人，卯十牛，左」通三六二片。「□寅𡈼于𩫖」篁人名三〇。形文例，大抵相同，而于辭下繫以左、中、右等字樣，它無此例。余謂𩫖即義京之合文，義京字即義臺，殷有國時謂之義京，宋謂之義臺爾。《説文》「京，人所爲絶高丘也。从高省，象高形」，是也。

燒之剔之。《音義》：「燒之，司馬云：燒謂燒鐵以爍之。」

季海按：爍之字今曰烙。

連之以羈馽，編之以皁棧。《音義》：「馽，丁邑反，徐丁立反，絆也。李音述，本或作𢍏，非也。馽，之樹反。司馬、向、崔本並作纇，向云：馬氏音竦。崔云：絆前兩足也。皁，才老反，櫪也。一云：槽也。崔云：馬閑也。」

季海按：洪頤煊《讀書叢録》卷十四：「頤煊案《文選・吴都賦》劉淵林《注》引『連之以羈纇，音聳』，與司馬、向、崔本同。纇當作𦃇。《説文》：『𦃇，絆前兩足也，从糸須聲。』劉、馬音並非。」今謂洪引《説文》是也。𦃇，《唐韻》「相主切」，古音在《侯部》，司馬、劉音在《東部》者，此東侯對轉之理。宋人語作侯者，通語或謂之聳、竦，漢晉間猶存此音，故二家云爾。頤煊一言不智，失之遠矣。櫪謂之皁，正宋人語。《方言》第五「櫪，梁宋齊楚北燕之間，或謂之樎，或謂之皁」，郭《注》「皂隷之名，於此乎出」，是也。

及至聖人，蹩躠爲仁，踶跂爲義，而天下始疑矣。《音義》：「躠，本又作薛，悉結反。向、崔本作殺，音同。一音素葛反。」「踶，直氏反，向同。崔音緹。」「跂，丘氏反，一音吕氏反，崔音技。李云：蹩躠踶跂，皆用心爲仁義之貌。」又「而民乃始踶跂好知，争歸於利，不可止也。」

季海按：徐音「薛，蘇結反」《説文・尣部》「𡯌，𡯌不能行，爲人所引曰𡯌𡰝。从尣从爪，是聲」，都兮切。「𡰝，𡯌𡰝也。从尣、从爪，巂聲」，户圭切。踶𡯌同从是聲。跂𡰝同在《支部》也。《説文》「巂周，燕也。从隹，屮象其冠也。㕯聲。一曰：蜀王望帝婬其相妻，慙，亡去爲子巂鳥，故蜀人聞子巂鳴皆起，云望帝」，户圭切。段注云：「《曲禮》立視五巂，借爲規字。」又云：「子巂亦曰子規，即杜鵑也。」又引常璩作「子鵑鳥」云云，謂「説略同楊雄《蜀王本紀》」。今謂段説並是也。巂、規、绢並一聲之轉，古音皆見紐字。跂字古讀亦當爲巂，作見紐，崔音技作群紐者，晉人讀耳。丘氏反則旁入溪紐，要屬牙音。惟「吕氏」一音爲不倫，疑「莒氏」之誤。

《外篇・天道》第十三「而狀義然」，郭注：「踶跂自持之貌。」此援《馬蹄》「踶跂爲義」以爲説耳。以爲自持之貌，以説《天道》可也，以説踶跂，尚非確詁。《莊子》云「踶跂爲義」，正謂不能自持，不免爲人所引耳。《荀子》所謂刼之以師友，亦其一耑耳矣。

夫加之以衡扼。《音義》：「衡扼，於革反。衡轅前横木，縛軛者也。扼，叉馬頸者也。」

季海按：徐音作「衡枙」。

胠篋第十

則負匱揭篋擔囊而趨。《音義》：「揭，徐其謁反，又音桀。《三蒼》云：舉也，擔也，負也。」「擔，丁甘反。」「而趨，七須反。李云走也。」

季海按：徐音作「揭，其謁反」。「篋而趍，李頤曰：揭，擔也。趍走者也」。

昔者齊國鄰邑相望，雞狗之音相聞。罔罟之所布，耒耨之所刺，方二千餘里。《音義》：「耒，力對反，徐力猥反，郭呂匱反，李云：犂也。一云：耜柄也。」「耨，乃豆反。李云：鋤也。或云：以木爲鋤柄。」

季海按：《雜篇·外物》第二十六：「春雨日時，草木怒生，銚鎒於是乎始脩。」《音義》：「鎒，乃豆反，似鋤，田具也。」《説文》「槈，薅器也，从木辱聲。鎒，或从金」，奴豆切，是也。

然而田成子一旦殺齊君而盜其國。《音義》：「田成子，齊大夫陳恒也。」「一旦，宋元嘉中本作一日。」「殺，音試。」「齊君，簡公也。《春秋》哀公十四年陳垣殺之于舒州而盜其國，司馬云：謂割安邑以東至琅邪自爲封邑也。」

季海按：徐音：「田成子盜其國，司馬曰：成子陳敬仲孫齊大夫田恒也。盜其國謂割安邑以東至瑯琊自爲封邑也。」是徐同司馬本無「一旦殺齊君而」六字。

萇弘胣。《音義》：「萇弘胣，本又作肔。徐敕紙反，郭詩氏反。崔云：讀若拖，或作施字。胣裂也。《淮南子》曰：萇弘鈹裂而死。司馬云：胣，剔也。……一云：刳腸曰胣。」

季海按：徐音：「萇弘肔，敕氏反，郭詩氏反，李賜紙反。司馬云：肔，剔也。言辜死也。」（辜原誤幸，今正）與一本合。

爲之仁義以矯之。《音義》：「矯之，居表反。」

季海按：徐音「而橋之」云：「橋，己表」。是徐本以作「而」，矯作「橋」。

擿玉毁珠。《音義》：「擿玉，持赤反，義與擲字同。崔云：猶投棄之也。郭都革反。李云：刻也。」

季海按：徐音：「擿，治赤反，郭都隔反，李音躑（原誤蹲，今正），李頤曰：擿刻者。」陸音治爲持，唐人避高宗諱改。此以投擲爲義，非謂刻也，李説失之。

殫殘天下之聖法。《音義》：「殫，音丹，盡也。」

季海按：徐音殫（丹）天下之法，司馬曰：「殫，盡也。盡天下之法也。」是徐依司馬本無殘、聖字。

擢亂六律。　楊樹達《莊子拾遺》云「下文云：『皆外立其德而以爚亂天下者也。』『擢亂』與『爚亂』同。」又云：「『爚』蓋假爲『覦』。」

季海按：楊説爚亂是也（此條與余暗合，楊書先行，今删去）。其於擢亂，望文生義耳。初未得其解。今謂擢即撓之轉語。《説文》「撓，擾也，从手堯聲」，奴巧切。「擾，煩也，从手夒聲」，而沼切。擢之爲撓，猶櫂之爲橈矣。擢亂、擾亂，古今語耳。

塞曠之耳。　《音義》：「塞瞽曠，崔本塞作杜，云：塞也。」

季海按：故書曠上有「瞽」字，元朗猶及書之闕文耳，塞當依崔本作杜，後人以訓故字代之耳。

攦工倕之指。　《音義》：「攦，郭呂係反，又力結反。徐所綺反，李云：折也。崔云：撕之也。」

季海按：徐音「攦所綺反，郭呂奚反」，「工倕，垂，郭時僞反」，「之指，李頤曰：攦折。」徐引郭音係作奚，或即係之壞字，然無又音，則此非郭音。攦當訓折，李頤得之，又音與李頤義合，或即李讀乎？　攦折字借爲戾，《説文》「戾，曲也，从犬出户下，戾者身曲戾也」，郎計切。曲折義通，古音當讀入聲。杜詩捩拖字，又加手旁耳。

曰，某所有賢者，贏糧而趣之。　《音義》：「贏，音盈。崔云：裹也。《廣雅》

云：負也。」

季海按：《雜篇·庚桑楚》第二十三：「南榮趎贏糧七日七夜至老子之所。」《音義》：「贏糧，音盈。案《方言》『贏，儋也，齊楚陳宋之間謂之贏』，一音果。」四部叢刊影宋本《方言》第七「謂之贏」作「曰攍」，郭注：「《莊子》曰：攍糧而赴之。」《方言》又云：「南楚或謂之攍。」《庚桑楚》音義「一音果」者，當是崔本，字當作贏，借爲裹。徐音：「贏糧，李頤曰：贏，縢也，以縢囊裹糧而荷之也。」「而趍（七喻）之。」

鉤餌網罟罾笱之知多，則魚亂於水矣。《音義》：「罔罟罾笱，《廣雅》云：罟謂之罔。罾，魚網也。《爾雅》云：嫠婦之笱謂之罶。」

季海按：《群書治要》引「網罟」作「罟罝」。罝當爲罜。《說文》「罜，罟也。从网互聲」，胡誤切。

今本作網罟，後人臆改。《音義》亦作罔罟，則並《釋文》亦經竄亂矣。

知詐漸毒頡滑堅白解垢同異之變多。《音義》：「漸毒，李云漸漬之毒不覺深也。崔云：漸毒猶深害。」「解，苦懈反。垢，苦豆反。司馬、崔云：解垢，隔角也。或云：詭曲之辭。」

季海按：徐音：「李頤曰：漸，漬（原誤績，今正）也。漸漬之毒，不覺其深也。」是李崔徐陸並以漸毒爲深害，並以漸漬爲義，今謂此非書意，諸家誤說，由不曉漸爲何語爾。尋章先生《古文尚書拾遺·般庚中》「暫遇姦宄」條：「王氏《述聞》謂暫即《莊子》知詐漸毒之漸，遇即《呂覽》『幽詭愚險』之愚，亦即《淮南》『偶瞪智故』之偶。案引《莊子》以釋民興胥漸可也，此暫遇本連語，不可分析言之。」又：「此書暫遇正同㦬愚，謂不就部署，亂行越次，故與姦宄同論。」其實王、章說並是也。王見其分，章見其合，單複雖異，其爲知詐姦宄之屬，故不殊也。雖先生亦曰：「亦有單用碞字者。《召誥》：顧畏于民碞。《說文》：碞，暫碞也。暫碞即嶄巖，《正義》已知爲參差不齊之意。」單用漸（暫），亦猶是矣。徐音「解，苦懈反。垢，苦遘反。同異，司馬曰解垢，隔角也。或詭曲之辯也。」通志堂本遘爲豆，此其所據出於南宋之證。又徐音次於「每每大亂」、「上悖之下爍」之間，未知誤書抑與今本有異。

中墮四時之施。《音義》：「中墮，許規反，毀也。」

季海按：徐音：「中隳，許規。」王仁昫《刊謬補闕切韻》：「隳，許隨反，毀云。」

惴耎之蟲。《音義》：「惴，本亦作蜵，又作喘。川兖反，向音揣。」「耎，耳轉反。崔云：蠉蝡動蟲也。一云：惴耎，謂無足蟲。」

季海按：徐音：「喘，尺轉。蝡，耳（耳下衍之，今删）轉。之蟲，司馬云：動摇之皀也。」

舍夫種種之機。《音義》：「種種，向章勇反。李云：謹慤貌。一云：淳厚也。」

季海按：王重民《敦煌古籍叙録》：《南華真經》，倫敦所藏《莊子》凡四殘卷，並郭象注。甲卷《胠篋篇》（斯七九六），共五十一行。P.250王出《校記》：「舍夫種種之民，今本民作機。」P.251《校釋》：「舍夫種種之民，案世德堂本民作機。作民義長，且與下文佞爲韻。」今謂機當從唐寫本作民，王校是也。《説文》「惷，愚也，从心舂聲」，丑江切。古音與種同在《東部》，種惷亦同意相受耳。又「戇，愚也，从心贛聲」，陟絳切，「贛，賜也。从貝竷省聲」，臣鉉等曰：「竷非聲，未詳，古送切。」竷古音在《談》，而旁轉亦或入東耳。一云淳厚者，讀與恒同。《説文》「恒，遲也，从心重聲」，直隴切。次「惲，重厚也，从心軍聲」，於粉切。其文相次，明重厚即恒厚，惲渾古今字，今之恒言謂之渾厚。

釋夫恬淡無爲。　《音義》：「恬，徒謙反。淡，徒暫反，徐大敢爲。」

季海按：《方言》第十三：「恬，静也。」郭注：「恬惔安静。」《雜篇·列禦寇》第三十二作「恬惔」，《音義》：「本亦作淡。」徐音：「恬，啚廉反。惔，徒敢反。」

在宥第十一

於是乎天下始喬詰卓鷙，而後有盜跖曾史之行。《音義》：「喬，向欽消反，或去夭反。郭音獢，李音驕。」「詰，李去吉反，徐起列反。崔云：喬詰，意不平也。」

季海按：《楚辭·遠遊》：「意恣睢目担撟。」王注：「縱心肆志，所願高也。」撟一作獢。洪氏《補注》：「《大人賦》云：掉指橋以偃蹇，《史記索隱》云：指，居桀切。橋音獢。張揖云：指橋，隨風指靡也。担，《釋文》音丘列切，舉也。橋，居廟切。《史記》作撟，其字從手。」今謂喬詰即指撟，指古音在《脂部》，詰其入也。《遠遊》與「聊媮娛以自樂」相叶，語或倒，以就韻耳。王云「肆志」，崔云「意不平」，義正相成。上云：「桀之治天下也，使天下瘁瘁焉人苦其性，是不愉也。」愉媮語同耳。二者並與楚語相應。徐音：「喬，起驕反，郭音獢，李憍也。」「鷙，敕二反。郭諸立反。」崔譔曰：「喬詰，意不夷也。」

于省吾《莊子新證》：「《釋文》：崔云：喬詰意不平也。按崔説至含渾。喬詰應讀若狡黠。喬狡乃雙聲疊韻字。玄應《一切經音義》九，姣古文嬌同。《後漢書·楊終傳》而要結輕狡無行之客，張衡《西京賦》非都盧之輕趫，輕狡即輕趫。《漢書·王莽傳》：其或順指，言民驕黠當誅，驕黠猶狡黠也。詰黠並諧吉聲，故相通借。」尋《說文》「趫，善緣木走之才，从走喬聲。讀若王子蹻」，《唐韻》「去嚻切」，此輕趫字，不得謂輕狡即輕趫。王仁昫《刊謬補缺切韻》卷第一《卅宵》：「趫，去遥反，又巨朝反三。」向音與《切韻》合，正讀作趫。李音與《王莽傳》合。今謂喬詰、驕黠故是一詞，于說不誤。然以輕狡、輕趫並爲一談，又以驕詰字别爲義，並失之迂。崔說至塙，而以爲含渾，則未之思也。

其動也縣而天。《音義》：「縣而天，音玄，向本無而字，云：希高慕遠，故曰縣天。」

季海按：徐音：「其動也縣（郭音懸）。天（李頤曰：懸，着也。司馬曰：希高慕遠故曰懸天）。」是徐所據郭本正同向本無「而」字。

贄然立。《音義》：「贄，之二反，又豬立反，又魚列反，李云：不動貌。」《校釋》：「贄與慹通。《齊物論篇》『慮嘆變慹』，《田子方篇》『慹然似非人』，《釋文》引司馬《注》並云『慹，不動貌』，與李《注》同。又與輒通，《達生篇》『輒然忘吾有四枝形體也』，《釋文》『輒然，不動貌』，亦與李《注》同。」

季海按：王校是也。然贄、慹古音在《緝部》，輒在《盍部》。

天地第十二

故金石有聲，不考不鳴。　《校釋》：「案《淮南·詮言篇》『不考不鳴』作『弗叩弗鳴』，考叩一聲之轉。」又「考借爲攷，《説文》『攷，敂也，敂，擊也』，叩即敂之俗。」

季海按：王説是也。古音考在《幽部》，敂、叩、在《侯部》。是宋人語幽部字，楚語或入侯也。

殆哉圾乎天下。　注：圾，危也。《音義》：「圾，本文作岌，五急反，又五合反。郭李云：危也。」

季海按：《説文》「隉，危也，从𠂤从毁省。徐巡以爲隉，凶也。賈侍中説隉，法度也。班固説不安也。《周書》曰：邦之阢隉，讀若虹蜺之蜺」，五結切。隉，古音當讀如脂之入，許讀蜺則爲支之入，此楚音。宋人語作圾，則入緝。

彼且乘人而無天。又：方且本身而異形。《音義》：「方且，如字。凡言方且者，言方將有所爲也。」

季海按：將謂之且，陽魚對轉，宋人語然。

夫子闔行邪？　無落吾事。　《音義》：「無落，落猶廢也。」又：子往矣，無乏吾事。　《音義》：「無乏，乏，廢也。」

季海按：乏猶落也。《説文》：「陊，落也。从𠂤多聲。」臣鉉等曰：「今俗作墮，非是。」徒果切。」又「隓，敗城𠂤曰隓，从𠂤，𡍮聲」，臣鉉等曰：「《説文》無𡍮字，蓋二左也，衆力左之，故从二左。今俗作隳，非是。墒，篆文，許規切。」乏讀若覂，《説文》「覂，反覆也。从西乏聲」，方勇切，與陊墮義近。《校釋》：「案《後漢書・馮衍傳注、李固傳注》引落並作留。《新序・節士篇》同（落留義近，詳奚侗説）。」今謂此説非是。《釋文》落訓廢，是故書不作留，下文云乏，亦與落義爲近。

曰：菀也汒若於夫子之所言矣，雖然，願先生之言其風也。

季海按：《説文》：「風，从虫，凡聲。」《莊子》此文正讀若凡。

於于以蓋衆。　《音義》：「於于，並如字，本或作唹吁，音同。司馬云：夸誕貌，一云：行仁恩之貌。」「以蓋衆，司馬本蓋作善。」

季海按：於于猶烏虖。

孔子曰：彼假脩渾沌氏之術者也。　注：以其背今向古，脩爲世事，故知其非真渾沌也。

季海按：假讀若固，郭以爲真假字，非也。

孝子操藥以修慈父。

季海按：修讀若羞。

大惑者終身不解，大愚者終身不靈。《音義》：「不靈，本又作無靈。司馬云：靈，曉也。」

季海按：司馬説是也，一本失之。

不推誰其比破憂。《音義》：「比憂，毗志反，司馬本作鼻，云：始也。」

季海按：鼻讀若畀，予也。

且夫趣舍聲色，以柴其内。皮弁鷸冠，搢笏紳脩，以約其外。内支盈於柴栅，外重纆繳，睆睆然在纆繳之中，而自以爲得。《音義》：「紳，音申，帶也。柴栅，楚革反，郭音策。」

季海按：《説文》「申，神也。七月陰氣成體自申束」，是申有束義。紳讀若申，紳脩猶束脩。《外篇·達生》第十九「爲彘謀曰：不如食以糠糟，而錯之牢筴之中」，《音義》：「牢筴，初革反。李云：牢，豕室也。筴，木欄也。」《天地》云栅，《達生》云筴，一也。《説文》「策，馬箠也」，楚革切。《唐韻》與陸音合。《説文》「柵，編樹木也。从木从册，册亦聲」，楚革切。策、柵古音同部，皆《支》之入。《達生》作策，借爲柵，木欄曰柵，正用本義。

天道第十三

辯雖彫萬物，不自說也。　楊樹達《莊子拾遺》云：「彫與周同。」

季海按：楊説非也。上文云「覆載天地刻彫衆形而不爲巧」，彫萬物猶彫衆形，其語同耳。辯彫萬物，正謂其巧。齊之稷下先生，不有彫龍奭乎（見《史記·孟子荀卿列傳》）？

鼠壤有餘蔬。　注：言其不惜物也。《音義》：「餘蔬，所居反，又音所。司馬云：蔬讀曰糈。糈，粒也。鼠壤内有遺餘之粒，穢惡過甚也。一云：如鼠之堆壤，餘益蔬外也。」

季海按：《穀梁傳·隱公三年》：「吐者外壤，食者内壤。闕然不見其壤，有食之者也。」楊士勛《疏》：「壤字爲《穀梁》音者皆爲傷，徐邈亦作傷。糜信云：齊魯之間謂鑿地出土，鼠作穴出土皆曰壤，或當字从壤，蓋如糜信之言也。」《釋文·叙録》：《穀梁》有「糜信注十二卷，字南山，東海人，魏樂平太守」，鼠出土曰壤，與《天道》義合。然此宋魯間通語。阮氏《穀梁疏校勘記》引段玉裁云：「傷當作場，下曰壤，从壤，並當作場，場俗作塲。」今謂段云傷當作場者，《方言》第十：「垤、封，塲也。楚郢以南蟻土謂之垤，垤，中齊語也。」又第十一：「蚍蜉……其塲謂之坻，或謂之垤(景宋本誤蛭,今正)。」此段説所本。然場正當音傷。謂壤並當作場,亦非是。糜注自作壤,不作場。齊魯間語亦並作壤。

《方言》第六:「坻、坥,塲也(郭音傷)。梁宋之間蚍蜉、犂鼠之塲謂之坻。」(注:犂鼠,蚡鼠也)戴震《疏證》坻作坻,塲作場,云:「潘岳《藉田賦》:坻場染屨,李善注云:《方言》:坻,場也。蚍蜉犂鼠之場謂之坻。場,浮壤之名也,音傷。」《爾雅》鼢鼠,郭注云:「地中行者。《疏》云:《方言》名犂鼠,即此鼠也。謂起地若耕,因名云,蚡鼢古通用。」是也。郭璞音傷,與徐邈讀合。明諸家爲《穀梁》音者不誤,段云傷當作場,失之。此言壤,不云坻,與齊魯之間語合,與梁宋之間語不合。

天運第十四

《音義》：「天運，司馬作天員。」

季海按：《管子·雜篇》有《地員》，《莊子》故書當如司馬作《天員》。郭慶藩《莊子集釋》：「《越語》廣運百里，韋《注》曰：東西爲廣，南北爲運，《西山經》作廣員百里。《墨子·非命上篇》譬猶運鈞之上而立朝夕者也，《中篇》運作員。」員或作運，蓋古今字。

意者其有機緘而不得已邪？　意者其運轉而不能自止邪？　《音義》：「緘，古咸反，徐古陷反。司馬本作咸，云：引也。」

季海按：首句以有機咸解釋天體運行，司馬以咸爲引，實啟牛頓萬有引力先聲，次句亦默契動者恒動之原理。我古代哲人洞觀宇宙，發爲玄想，其善啟疑端如此。

莊子曰：虎狼，仁也。

季海按：《西陲祕籍叢殘》影印敦煌寫本《大道通玄要卷第十四·莊子外篇天運第十四》作「虎狼仁」，今本衍「也」字。

日本昭和七年東京東方文化學院影印敦煌石室唐鈔本《南華真經·天運品第十四》作「虎

狼仁」。

曰：請問至仁？

季海按：《大道通玄要》引曰上有「商太宰」三字，本章「大宰」字並作「太宰」。東方文化學院影印本同今本，無此三字。大作「太」，下同。

大宰曰：蕩聞之，無親則不愛。

季海按：《大道通玄要》引作「商太宰曰」。文化學院影印本同今本，無「商」字。

夫南行者至於郢，北面而不見冥山，是何也？則去之遠也。注：冥山在乎北極。《音義》：「郢，以井反，又以政反，楚都也。在江陵北。冥山，司馬云：北海山名。」

季海按：末句《大道通玄要》引作「則去之遠矣」。尋《史記·蘇秦列傳索隱》出「皆出於冥山」，云：「《莊子》云：『南行至郢，北面而不見冥山。』司馬彪云：『冥山在朔州北。』郭象云：『冥山在乎北極。』李軌云：『在韓國。』」二家所引彪注不同者，非所見本異，所取捨殊耳。莊子明言「南行至郢，北面而不見冥山」，則苟非南行絶遠，如郢，故可北面而見冥山也。然則冥山不當在北極可知，司馬之言，庶幾近之。

利澤施於萬世，天下莫知也。

季海按：文化學院影印本「也」作「者」。

豈直大息而言仁孝乎哉？

季海按：文化學院本直作「且」，大作「泰」，無仁字。

夫孝悌仁義。　《音義》：「孝悌，音弟。」

季海按：院本作「弟」。

吾奏之以人，徵之以天。　《音義》：「徵之，如字，古本多作徽。」

季海按：此以琴爲喻，作徽是也，院本正作「徽」。

行之以禮義，建之以大清。

季海按：院本此二句並無「之」字。

夫至樂者……太和萬物。

季海按：院本無此三十五字。

吾既不及已夫。

季海按：院本夫作「矣」。

世疑之，稽於聖人。　注：明聖人應世，非唱也。

季海按：院本《注》作「明聖人應世，非唱之也」。今本非世字倒。

故有焱氏爲之頌曰：「聽之不聞其聲，視之不見其形，充滿天道，苞裹六極。」《音義》：「焱氏，必遥反，本亦作炎。苞裹，音包，本或作包。」成玄英《疏》：「焱氏，神農也。」

季海按：《説文》「焱，火華也，从三火，凡焱之屬皆从焱」，以冉切。「炎，火光上也，从重火，凡炎之屬皆从炎」，于廉切。炎古音在《談部》，焱，以冉切，亦當在《談部》，古本一語耳。古文合體重疊，時有增減，上古淳朴，於義初無出入。頗謂《莊子》故書依古文作焱，或作炎者，省從今隸耳。成疏以爲神農，附會炎帝，知亦讀從有炎矣。然炎帝實不可謂之有炎氏。此當讀如有熊氏。《説文》熊，从能，炎省聲，斯其徵矣。有熊氏，謂黄帝。王仁昫《刊謬補缺切韻》卷第四「五十豔，以贍反，五」下有「焱，火，又呼赤反」。次「炎，熱，又于淹反」。其在《切韻》卷第二者《卌七鹽》有「炎，于廉反，炎熱，又餘念反」。

愚故道，道可載而與之俱也。

季海按。院本不重道字，於義爲長。

以夫子之行爲奚如？

季海按：院本作「行之」。

及其已陳也。

季海按：院本無「也」。

蘇者取而爨之而已。《音義》：「蘇者，李云：蘇，草也。取草者，得以炊也。案《方言》云：江淮南楚之間謂之蘇。《史記》云：樵蘇後爨。注云：蘇，取草也。」

季海按：《釋文》引《方言》見《方言》第三，李注亦本此。今本「謂之」作「曰」。然此文與江淮南楚間語合。

彼不得夢，必且數眯焉。《音義》：「眯，李音米，又音美。《字林》云：物入眼爲病也。司馬云：厭也，音一琰反。」

季海按：王氏《校釋》「案元纂圖互注本眯作眛，即眯之形誤」，是也。《淮南子·精神訓》「覺而若眛」，高誘注：「眛，暗也，猒也。楚人謂猒爲眛。」眛正當作眯，誤與此同。然《莊子》此文亦與楚言合也。眯《説文》作㝖，段注引《字苑》曰「厭，眠内不祥也」（見玄應書），是也。又云「《西山經》：翼望之山，鳥名鵸鵌，服之使人不厭，此用厭字之最古者」，亦是也。今吴語謂眠内不祥正曰厭，與司馬音合。

今而夫子，亦取先王已陳芻狗，取弟子遊居寢卧其下。

季海按：院本陳下有「之」字。取弟子作「聚弟子」，是也。

故夫三皇五帝之禮義法度。

季海按：院本無「夫」字。皇作「王」，下「故譬三皇」放此。下文「子貢曰」正作「三王」字，與院本合。

其猶柤梨橘柚邪？《音義》：「柤，側加反。」

季海按：院本柤作「樝」。

孔子行年五十有一而不聞道，乃南之沛見老聃。《音義》：「之沛，音貝。

司馬云：老子陳國相人。相今屬苦縣，與沛相近。」

季海按：《雜篇・寓言》第二十七「陽子居南之沛，老聃西遊於秦，邀於郊，至於梁而遇老子」，是《莊子》書通以老子居沛也。

沛，西漢郡東漢晉國，清安徽鳳陽府宿州西北，西漢沛郡、東漢晉沛國相縣，即在宿州西北。彪注相人，正當在此。然又云今屬苦縣，則非此相縣，而爲苦縣之相邑矣。《史記・老子列傳》：「老子者，楚苦縣厲鄉曲仁里人也。」《集解》：「《地理志》曰：苦縣屬陳國。」《正義》：「《括地志》云：『苦縣在亳州穀陽縣界，有老子宅及廟，廟中有九井尚存，在今亳州真源縣也。』厲音賴。《晉太康地記》云：『苦縣城東有瀨鄉祠，老子所生地也。』」西漢沛郡、東漢沛國穀陽縣，清安徽鳳陽靈璧縣西南。漢晉苦縣，唐亳州真源縣，清歸德鹿邑縣東十里。

十有二年而未得。

季海按：院本得下有「也」字。

則人莫不告其兄弟。

季海按：院本作「弟兄」。

止可以一宿，而不可久處。

季海按：院本無「止」，久上有「以」字。

古之至人假道於仁。

季海按：院本無「至」。

古者謂是采真之遊。

季海按：院本是作「之」。

而一無所鑒，以闚其所不休者，是天之戮民也。注：言其知進而不知止，

則性命喪矣，所以爲戮。

季海按：院本休上無「不」字。依注則院本是也。注戮下院本有「也」字。

怨恩取與諫教生殺，八者正之器也。唯循大變無所湮者，爲能用之。注：

守故不變，則失正矣。《音義》：「湮者，音因。李云：塞也。亦滯也。郭音湮，又烏節反。司馬本作歅，疑也。簡文作甄，云：隔也。」

季海按：李云塞者，讀若垔，《説文》「垔，塞也。《尚書》曰：鯀垔洪水，从土西聲。㙐，古文垔」，於真切。孫詒讓《札迻》云：「案大變者，大法也。《書·顧命》：率循大卞，僞孔《傳》訓爲大法，孔《疏》引王肅説同。《莊子》正用《書》文。變卞音近字通。卞漢隸作弁，即弁之變體。古與變通。漢《孔宙碑》：於六時廱，即《書·堯典》之於變時雍，是其例也。」尋《雜篇·徐无鬼》第二十四云：「若然者，其平也繩，其變也循。」此云唯循大變，其語同耳。郭注不誤。自怨之與恩，至生之與殺，此八者各相反而相成，自其反觀之，可謂大變矣。苟有所湮，焉能用之，孫説未諦。

天門弗開矣。

季海按：院本矣作「也」。

則天地四方易位矣。

季海按：院本無「矣」。此或寫書者依下「通昔」句加之。

揔德而立矣。

季海按：院本矣作「耳」。

又奚傑然若負建鼓而求亡子者邪？

季海按：院本作「傑傑然」。《新證》：「按《闕誤》引張本亦作傑傑然，作傑傑然者是也。」又云：「《天道》又何偈偈乎揭仁義若擊鼓而求亡子焉，偈偈即傑傑。」于說並是也。偈傑古音同在《月部》，而作字不同，殆不出一手矣。

泉涸，魚相與處於陸，相呴以溼。

季海按：院本無「於」，呴作「煦」。

不若相忘於江湖。

季海按：院本於作「乎」。

予口張而不能嗋。《音義》：「嗋，許劫反，合也。」

季海按：《人間世音義》「爲脅，許劫反」，是嗋、脅同音。《外篇・山木》第二十「一人在其上，則呼張歙之」，《音義》：「張歙，許及反，徐許輒反，郭踈獵反。張，開也。歙，斂也。」字又作張歙。王氏《校釋》：「案《藝文類聚》九六、《御覽》六一七、《天中記》五六引嗋並作噏，《神仙傳》一作翕，噏噏，並與翕通。《爾雅・釋詁》：『翕，合也。』」其引書是也。然《莊子》自有駮文，《天運》自作嗋，陸音可證。《淮南子・精神訓》「開閉張歙，各有經紀」，高誘注：「歙讀脅也。」誘讀與《天運》之文相應。歙，古音在《緝部》，嗋、脅在《盍部》。院本予作「余」，無「能」字。下「何規」句仍作「予」。

雷聲而淵默。

季海按：院本淵作「玄」，唐人爲李淵諱耳。

賜亦可得而觀乎？

季海按：院本無「而」。

老聃方將倨堂而應微。

季海按：倨院本作「踞」，無「而」字。

夫三王五帝之治天下不同，其係聲名一也。

季海按：院本「不」上有「也」，無「聲」字。

堯授舜，舜授禹。

季海按：院本作「堯與而舜受」。

余語女三王五帝之治天下。

季海按：院本女作「汝」，王作「皇」。

民有爲其親殺其殺。

季海按：院本殺作「煞」，無「其殺」字。

人有心而兵有順。注：此言兵有順則天下已有不順故也。

季海按：郭注迂曲，非是。順讀若朕。上文云「禹之治天下，使民心變」，故承之以「民有心」（人疑避唐諱改而未及回改者），下文言「殺盜」，正所謂「兵有朕」矣。《説文》：「倂，送也，从人弅聲。吕不韋曰：有侁氏以伊尹倂女，古文以爲訓字。」臣鉉等曰：「弅不成字，當从朕省。案勝字从朕聲，疑古者朕或音倂，以證切。」倂朕聲同耳。古文以倂爲訓，猶《莊子》以順爲朕矣。

蒸諄旁轉，宋人語與魯讀同歟？

殺盜非殺，人自爲種而天下耳。注：「盜自應死，殺之順也，故非殺。」「不能大齊萬物，而人人自別，斯人自爲種也。承百代之流，而會乎當今之變，其弊至於斯者，非禹也，故曰天下耳。言聖知之迹，非亂天下，而天下必有斯亂。」

季海按：此當以「殺盜非殺人」句絶，郭象誤讀，故所注不得其解。墨辯有之，《經下》曰：「狗，犬也，而殺狗非殺犬也。」斯其比也。推《天運》之文，毋亦曰：「盜，人也，而殺盜非殺人也。」苟依郭讀，自語相違，不可爲訓。

自爲種而天下耳，諸家句讀以人下屬爲句，並失之。章先生《解故》云「耳借爲佴」，是也。又云「《墨經》：佴，自作也。言天下人皆自行其意」，則以沿用舊讀，致失其真。今謂「佴，貳也」，見

《釋言》，郭注：「佴次爲副貳。」今謂禹始家天下，故云：自爲種，人自爲謀故云天下貳也。

耳下院本有「矣」字，是也。郭注：「故曰天下耳」下亦有「矣」字。

余語女三皇五帝之治天下，名曰治之，而亂莫甚焉。

季海按：院本無「五帝」。亂下有「之」字。

幸矣子之不遇治世之君也。

季海按：院本無「矣」字。

夫迹，履之所出。

季海按：院本無「所」，是也。今本後人加字耳。

雖應於下風而化。

季海按：院本應下有「之」，化上有「風」，並是也。

道不可壅。《音義》：「可壅，於勇反。」

季海按：《雜篇・外物》第二十六「凡道不欲壅，壅則哽，哽而不止則跈，跈則衆害生」，是其義。《詩・雲漢》「胡寧瘨我以旱」，《箋》云：「瘨，病也。」《音義》：「瘨，都田反，沈又都薦反。《韓詩》作疹，恥吝反，云：重也。」又《召旻》「瘨我饑饉」，《箋》云：「瘨，病也。」《音義》：「瘨，都田反。沈又音殄，又音田。」跈讀與疹同，字亦或作眕，《釋言》「眕，重也」，郭注：「謂厚重，見《左傳》。」此依文立説耳。凡从㐱聲，多有重義，《莊子》此文，則謂疹重爲病，與韓詩義近。

失焉者，無自而可。

季海按：院本可下有「也」。

烏鵲孺。《音義》：「烏鵲孺，如喻反。李云：孚乳而生也。」

季海按：《説文》「孺，乳子也。一曰輸也，輸尚小也。从子，需聲」，而遇切。此文正用本字本義。

刻意第十五

去知與故。　《校釋》：案《韓非子·揚搉篇》「去智與巧」，此文巧作故，故猶巧也。《淮南·主術篇》「上多故則下多詐」，《注》：「故，巧也。」本書《秋水篇》「無以故滅命」，《知北遊篇》「不以故自持」，並巧故之故。

季海按：王説得之。《説文》「巧，技也。从工丂聲」，苦絞切。古音在《幽部》，故古音在《魚部》，此幽魚旁轉。

夫有干越之劍者，柙而藏之，不敢用也。　《音義》：「干越之劍，司馬云：干，吴也。吴越出善劍也。李云：干谿、越山出名劍。案吴有谿名干谿，越有山名若耶。並出善鐵，鑄爲名劍也。」

季海按：《初學記·州郡部·江南道》「干隧」下云：「《戰國策》曰：越王散卒三千，擒夫差於干隧，吴縣西北有地名干隧是也。」

野語有之曰：衆人重利，廉士重名，賢士尚志，聖人貴精。

季海按：《外篇·秋水》第十七：「於是焉河伯始旋其面目，望洋向若而歎曰：野語有之曰：聞道百以爲莫己若者，我之謂也。」此兩引諺而但謂之野語，知《説文》「諺，傳言也」者，非本義已。《論語·先進》：「柴也愚，參也魯，師也僻，由也喭。」《集解》：「鄭玄曰：子路之行，失於畔喭也。」《史記·仲尼弟子列傳》：「師也辟，參也魯，柴也愚，由也喭。」陸氏《論語音義》「也喭，五旦反」，與《史記》合。又云：「畔，普半反，本今作畔。」是陸本鄭注作叛，不作畔。《史記正義》：「畔，音畔，又音岸。」音畔與陸引今本合。畔無岸音，又當作喭。愚、魯、僻、喭，比類可知，然則諺喭雖有言行之異，其爲野一也。《盗跖·雜篇》第二十九「小人殉財，君子殉名」，《史記·屈賈列傳》「貪夫殉財，烈士殉名」，《索隱》「此語亦出《莊子》」，其言小殊，殆雜出他手，與《刻意》、《秋水》非一手之製矣。

繕性第十六

然後去性而從於心，心與心識，知而不足以定天下。《音義》：「心與心識，如字。衆本悉同。向本作職，云：彼我之心，競爲先職矣。郭注既與向同，則亦當作職也。」

季海按：郭注云：「彼我之心，競爲先識，無復任性也。」識下無矣，與向注小異。向有矣者，語簡而意足，故以此送句，注蓋止此。郭本從衆作識，又足一句，非復向舊，陸云亦當作職，則知所見郭本都不作職矣，乃欲改郭從向，則失之彌遠矣。今謂《莊子》故書當如向本作「心與心職」。《説文》「職，記微也，从耳戠聲」，之弋切，是其義。又云「識，常也」，非此所用。其「一曰：知也」者，殆晚出諸書有以識字爲之者，故許君云爾。識从言戠聲，賞職切。古音與職諧聲一同，音義俱通。若據今言之，則職識亦古今字爾。下文云「德固不小識，小識傷德」，二識字故書亦並當作職。職德古音同爲《之部》入聲。職，照母字，古讀端母。莊子此文正用聲訓，德職同音，若曰德之爲言猶職也，然不小職，爲其傷德也。賞乃審母字，古讀透母，與此不合。

其來不可圉，其去不可止。《音義》：「可圉，魚呂反，本又作禦。」

季海按：《校釋》：「《疏》『既無心於扞禦』，是成本正作禦，圉與禦通。《意林》引亦作禦，《輔行記》二六引圉作卻，去下有也字。則上句來下亦當有也字，文乃一律。《達生篇》『生之來不能卻，其去不能止』，《田子方篇》『吾以其來不可卻也，其去不可止也』，亦並以卻止對文。」今謂本篇作圉不作却，與《達生》、《田子方》之作卻不作圉者，殆非一手之製。《外篇·馬蹄》「毛可以御風寒」，「李音圉」（並依徐《音》殘卷），此徑作圉，亦駮文。

秋水第十七

今我睹子之難窮也。《音義》：「今我睹，舊音覩。案《説文》睹，今字。覩，古字。睹，見也。崔本作今睹我，云：睹，示也。」

季海按：崔本是也。後人但知睹之爲見，不知亦可用如示，遂改故書作今語耳。

由此觀之，又何以知豪末之足以定至細之倪，又何以知天地之足以窮至大之域？《音義》：「之倪，五佳反，徐音詣，郭五米反，下同。」

季海按：據此知豪末之細乃謂之倪，故云耑倪。《説文》「輒，領耑也，从巾耴聲」，陟葉切。兒聲古入泥紐，輒入端紐，同爲舌頭音，是倪、輒語亦相轉矣。《刊謬補缺切韻》「十二齊，倪，五稽反，十二」有「輗，車轅端」。倪輗共氏，明倪亦耑也。《秋水》下云「知是非之不可爲分，細大之不可爲倪」，又曰「惡至而倪貴賤，惡至而倪小大」，是倪又與分爲對文。《齊物論》言「天倪」，李郭並以爲分也。五佳反，正讀如崖，與李音合。

至精無形，至大不可圍。又：無形者，數之所不能分也。不可圍者，數之所不能窮也。

季海按：《莊子》已知有數之所不能分，其無窮小乎？又知有數之所不能窮，其無窮大乎？晚周數學思想，其高明乃爾。《雜篇·庚桑楚》曰：「有實而無乎處者，宇也；有長而無本剽者，宙也。」晚周時空觀念卓越乃爾。

无拘而志，與道大蹇。注：自拘執，則不夷於道。《音義》：「與道大蹇，向紀輦反，徐紀偃反。本或作與天道蹇。崔本蹇作浣，云：猶洽也。」

季海按：崔讀浣如欵耳。

默默乎河伯，女惡知貴賤之門，小大之家。

季海按：默默猶墨墨，義具《楚辭解故》三編。

一虛一滿，不位乎其形。

季海按：滿當爲盈，避惠帝諱，不及回改耳。上文云「察乎盈虛」，下文云「消息盈虛」，知故書本作盈，此駮文。「物有死生，不恃其成，一虛一盈，不位乎其形」，句皆有韻。《外篇·田子方》云「或爲之紀，而莫見其形，消息滿虛，一晦一明」，滿亦當爲盈。故書或在虛下，與形、明爲韻。《拾遺》云：「滿當爲盈，與生、成、形爲韻。」下文云：「消息盈虛即其證。此漢人避惠帝諱所改。」本條與楊暗合，楊説不備，故不删。

北海若曰：知道者必達於理。

季海按：《莊子》以明理爲達，下文公孫龍曰「困百家之知，窮衆口之辯，吾自以爲至達已」，是也。窮通謂之通，不云達。孔子曰「我諱窮久矣，而不免命也。求通久矣，而不得，時也」，可證。

小者如霧。《音義》：「如霧，音務，郭武貢反。」

季海按：今嘉興濮院語與郭音合。武入明紐，與古音合。

赴水則接腋持頤。《音義》：「赴水，如字。司馬本作踣，云：赴也。」

季海按：踣在《之部》，赴在《幽部》，郭本以今字改古字耳。《莊子》故書當作踣，司馬本是。《雜篇·外物》第二十六：「申徒狄因以踣河。」《音義》：「踣，徐芳附反，普豆反。《字林》云：僵也。李云：頓也。郭薄杯反。」徐音與司馬義合。踣即赴，非謂僵、頓也。宋人語赴謂之踣耳。

還虷蟹與科斗，莫吾能若也。《音義》：「還，音旋。司馬云：顧視也。」「虷，音寒，井中赤蟲也，一名蜎。《爾雅》云：蜎，蠉。郭注云：井中小蛣蟩赤蟲也。蜎，音求兖反。蠉音況兖反。蛣蟩音吉厥。」

季海按：《説文》「瞏，目驚視也。从目袁聲。詩曰：獨行瞏瞏」，渠營切。還借爲瞏，司馬義是也。罥又音旋者，《説文》「琁，瓊或从旋省」，臣鉉等曰「今與璿同」，是也。蜎，今謂之打拳蛆。其謂之拳，實出於「求兗」一音，流俗語源學以爲目其打拳之狀，故被以今名耳。

夫不爲頃久推移。《音義》：「頃久，司馬云：猶早晚也。」

季海按：今語有早晚。

適適然驚。《音義》：「適適，始赤反，又丈革反，郭菟狄反。」

季海按：逋適猶覤覤矣。《外篇·天地》第十二：「將閭葂覤覤然驚。」《音義》：「覤覤，許逆反」，又生責反，或云：驚懼之貌。」

且彼方跐黄泉而登大皇，無南無北，奭然四解。《音義》：「方跐，音此。郭時紫反。又側買反。《廣雅》云：蹋也，蹈也，履也。司馬云：測也。」「大皇，音泰。」「奭然，音釋。」

季海按：跐即今踩字，今讀即自「側買反」一音，轉作送氣耳。尋《内篇·養生主》云：「動刀甚微，謋然已解。」《音義》：「謋然，化百反，徐又許百反。」奭，《説文》「盛也，从大从皕，皕亦聲。此燕召公名，讀若郝。《史篇》名醜」，詩亦切。魚泰旁轉，故是一語。成玄英《疏》云「大皇，天也」，是也。

至樂第十八

壽者惛惛，久憂不死，何之苦也？　《音義》：「惛惛，音昏，又音門。」

季海按：之猶其也。《外篇·田子方》第二十一云：「於是旦而屬之夫夫。」《音義》：「夫夫，皆方子反。司馬云：夫夫，大夫也。一云：夫夫，古讀爲大夫。」楊樹達云：「屬，會也。《周禮·州長》云：各屬其州之民而讀灋。《孟子·梁惠王篇》云：乃屬其耆老而告之。《注》並云：屬，會也。之與其同。屬其大夫，猶《孟子》云屬其耆老矣。」又下云：「而皆曰樂者，吾未之樂也，亦未之不樂也。」王氏《校釋》：「案陳碧虛《闕誤》引江南古藏本兩未字下並有知字，當從之。『吾未知之樂也，亦未知之不樂也』，即『吾未知其樂也，亦未知其不樂也』，之猶其也（詳《駢拇篇》）。」今謂楊、王二説並是也。

昔者管子有言，丘甚善之，曰：褚小者不可以懷大，綆短者不可以汲深。

季海按：《方言》第五：「繘，自關而東周洛韓魏之間謂之綆，或謂之絡，關西謂之繘綆。」

髑髏深矉蹙頞。　《音義》：「深矉，音頻。蹙，本又作顣，又作蹴，同子六反。頞，於葛反。李云：矉顣者愁貌。」《校釋》：「案《釋文》『矉音頻』，《御覽》

三六七引矉正作頻，頻與矉通（《詩·大雅·桑柔》『國步斯頻』，《説文》引作矉，即其比），本字作顰。」

季海按：《説文》「矉，恨張目也。从目賓聲。《詩》曰：國步斯矉」，符真切。此云深矉，正用本字本義，王氏乃云本字作顰，失之。《雜篇，列禦寇》第三十二郭《注》：「髑髏聞生而矉蹙。」《音義》：「矉，毗人反，蹙，子六反。」

夫以鳥養養鳥者，宜栖之深林，遊之壇陸，浮之江湖，食之鰌鰷，隨行列而止，委虵而處。

季海按：《達生》第十九：「若夫以鳥養養鳥者，宜棲之深林，浮之江湖，食之以委蛇，則平陸而已矣。」《音義》：「委，於危反。蛇，如字。李云：大鳥吞蛇。司馬云：委蛇，泥鰌。」是《至樂》與《達生》，非一手之作也。

攓蓬而指之。《音義》：「攓，居輦反，徐紀偃反，又起虔反。司馬云：拔也，或音厥。」《校釋》：「《御覽》三七四引作搴，攓、搴並或搴字，《説文》：搴，拔取也。」

季海按：王説是也。《説文》又云「南楚語，从手寒聲。《楚辭》曰：朝搴阰之木蘭」，九輦切，未知是宋楚通語，抑此實楚製也。

若果養乎？予果歡乎？《音義》：「若果，一本作汝果，元嘉本作汝過。養，司馬本作暮，云：死也。予果，元嘉本作予過。歡乎，司馬本作嚾，云：呼聲，謂生也。」

季海按：養，讀與恙同。《釋詁》：「恙，憂也。」郝氏《義疏》：「通作養。《詩》：『中心養養。』《傳》《箋》竝以養養爲憂也。」養與歡爲對文，司馬本作暮，形之誤也。嚾當讀爲歡，聲之誤也。

得水土之際，則爲鼃蠙之衣。《音義》：「司馬云：言物根在水土際，布在水中，就水上視不見，按之可得，如張緜在水中，楚人謂之鼃蠙之衣。」

季海按：《莊子》書多出楚言，此其一也。

烏足之根爲蠐螬。《音義》：「蠐，音齊。螬，音曹。司馬本作螬蠐，云：蝎也。」

季海按：《方言》第十一：「蠀螬謂之蟦（翡翠反），自關而東謂之蝤蠀（猶竇兩音）。」今謂司馬本是也，螬蠐猶蝤蠀，與關東語相應。莊子宋人，宋語而外雜出齊楚之言，並自關而東語也，郭本作蠐螬，依通語改故書耳。

斯彌爲食醯。《音義》：「食，如字，司馬本作蝕。醯，許兮反，李音海。司馬云：蝕醯若酒上蠛蠓也。蠛音眠結反，蠓音無孔反。」

季海按：《外篇·田子方》第二十一：「孔子出以告顏回曰：丘之於道也，其猶醯鷄與？」郭《注》：「醯鷄者，甕中之蠛蠓。」《音義》：「醯鷄，許西反，郭云：醯雞，甕中之蠛蠓也。司馬云：若酒上蠛蠓也。」《至樂》之「食醯」，即《田子方》之「醯鷄」，作者各據其俗而書之耳。

達生第十九

關尹曰：是純氣之守也，非知巧果敢之列，居，予語女。

季海按：倫敦所藏《莊子》殘卷丙卷《南華真經達生品》第十九（斯六一一五）作「非智巧果敢之所居」（見王重民《敦煌古籍叙録》P．251所出《校記》），今謂敦煌本是也。此以居守爲對文。後人不達，誤以居字句絶，以起下文，並改所作列耳。成《疏》云「命禦寇令復坐，我告女至言也」，是初唐人已誤讀此文矣。

凡有貌象聲色者皆物也，物何以相遠？

季海按：敦煌殘卷作「凡有貌象聲色者皆物與何以相遠」（見P．252王氏《校記》），今謂卷子本是。與，語詞，類楚語。後人不達，改故書爾。《孟子·滕文公篇》：「不由其道而往者與鑽穴隙之類也。」王引之謂與是語助，是也（見《經傳釋詞》第一）。又《漢書·高紀》第一下：五年下令曰：「兵不得休八年，萬民與苦甚。」顔《注》：「如淳曰：與，音相干與之與。師古曰：音弋庶反。」大氐齊楚之言與《莊子》此文，辭氣相近矣。

夫得是而窮之者，物焉得而止焉。注：夫至極者非物所制。

季海按：敦煌殘卷作「物焉得爲正焉。」(見P．252王氏《校記》)正，長也。《詩·鳲鳩》「正是四國」《傳》，「正是國人」《箋》，《節南山》「覆怨其正」《傳》，《正月》「今兹之正」《箋》，並同此訓矣。《墨子·尚同上》：「諸侯國君既以立，以其力爲未足，又選擇其國之賢可者，置立之以爲正長。」孫詒讓《閒詁》云：《爾雅·釋詁》云：「正，長也。」是也。正又通政。《周禮·都司馬》：「以國法掌其正學。」《釋文》：「正本作政。」《荀子·非相》：「起于上所以道于下，正令是也。」《注》：「正或爲政。」是也。爲政見《儀禮·大射儀》「爲政請射」，《注》：「爲政，謂司馬也。司馬政官主射禮。」是凡主其事曰爲政也。其或作正者，《詩·節南山》「不自爲政」，《禮記·緇衣》作「不自爲正」矣。《莊子》故書當如殘卷作「物焉得爲正焉」，郭云「非物所制」，是也。王氏《校釋》：「案陳碧虛《闕誤》引張君房本止作正，《列子·黄帝篇》同。但審文義當以作止爲是，止猶制也。」王氏失校殘卷，故不知二本作正，初非形誤，又但知止之爲制，不悟正之未嘗非制，未之思乎，何誤之有？

彼視淵若陵，視舟之覆，猶其車卻也。

季海按：淵，水也。陵，陸也。楚語陸謂之陵。下文孔子觀於吕梁，見一丈夫游之，孔子從而問焉。其答孔子有曰：「吾生於陵而安於陵，故也。長於水而安於水，性也。」此以水陵對舉，與楚語合。

柴立其中央。

季海按：敦煌殘卷無「中」字（見王氏《校記》，P．252），是也。《説文》「央，中央也。从大在冂之內。大，人也，央旁同意；一曰：久也」，於良反。

夫忿滀之氣，散而不反，則爲不足。上而不下，則使人善怒。下而不上，則使人善忘，不上不下，中身當心，則爲病。

季海按：齊士之言，通乎醫理如此。皇子多聞，又得一諧矣。

桓公䀹然而笑。《音義》：「䀹，敕引反，徐敕一反，又敕私反。司馬云：笑貌。李云：大笑貌。」

季海按：徐敕一反者讀與咥同。王仁昫《刊謬補缺切韻·五質》「抶，丑栗反，打，三」下有「咥，笑咥」，是也。一、吉並在《質部》，與徐音合。《説文》：「咥，大笑也，从口至聲。《詩》曰：咥其笑矣。」《唐韻》：「許既切，又直結切。」結在《十七屑》，其「姪，徒結反廿四」下有「咥，齧」，與咥笑音義俱別。《唐韻》兩收者其咥笑字蓋許既切，咥齧字乃直結切耳。其敕私反者，今字作嗤。

異鷄無敢應者，反走矣。

季海按：敦煌殘卷作「反走耳矣」，是也（見P．252王氏《校記》）。

黿鼉魚鼈之所不能游也。《音義》：「鼉，徒多反，或音檀。」

季海按：據此江左舊讀，檀音尚存。

彼固惑而來矣。

季海按：敦煌殘卷作「彼固或能來矣」（見 P.253 王氏《校記》），是《莊子》故書以或爲惑，以能爲而也。

山木第二十

無譽無訾，一龍一蛇，與時俱化，而無肎專爲；一上一下，以和爲量，浮游乎萬物之祖。

季海按：訾古音在《支部》，蛇、化、爲在《歌部》，此文《支》、《歌》通叶。下與祖叶，古音同在《魚部》。俞先生謂「此本作一下一上，以和爲量。上與量爲韻。今作一上一下，失其韻」，又以此爲「倒文以協韻，後人不知而誤改」（見《諸子平議》），並失之。

魯侯曰：「吾學先王之道，修先君之業，吾敬鬼尊賢，親而行之，無須臾離，居然不免於患。《音義》：「無須臾離，力智反，絶句。崔本無離字。居然，崔讀以居字連上句。」

季海按：崔本是也。無須臾居，居謂燕居，無須臾居，猶云不遑寧處耳。下文云「夜行晝居，戒也」，亦謂居處，與此語正同。

南越有邑焉，名爲建德之國。其民愚而朴，少私而寡欲，知作而不知藏，與而不求其報，不知義之所適，不知禮之所將，猖狂妄行，乃蹈乎大方。其生可樂，其死可葬。

季海按：楚人知有南越矣。其言如此，是所以英國之司蒂文生，法國之高庚寧舍倫敦巴黎而去太平洋之塔希氏與？唐寫本猖作「昌」，可葬作「可以葬」（見王氏《校釋》），並是也。

北宮奢爲衛靈公賦斂以爲鐘，爲壇乎郭門之外，三月而成上下之縣。

《音義》：「上下之縣，音玄。司馬云：八音備爲縣，而聲高下。」

季海按：于省吾《莊子新證》謂司馬説非是。云：「所謂上下之縣者，專承上文爲鐘言之。《邵鐘》：『大鐘八聿肆，其竈四𩐨堵。』肆，列也。《周禮・小胥》『凡縣鐘磬，半爲堵，全爲肆』，應作全爲堵，半爲肆，言八列四堵，每堵二列也。縣鐘必於虡。既每堵二列，則列有上下，故曰上下之縣。」于説上下之縣，是也。然編鐘自有三列者矣。湖北隨縣曾侯乙墓出土編鐘六十四枚，益以楚王予乙鎛鐘一枚凡六十五枚。「足有一人半高，呈曲尺形，上下共分三層」（見《科學實驗》一九八〇年第二期德永華《在一座古代音樂廳裏》），是不皆二層也。然其上下之縣，未嘗不分別聲之高下，是司馬説依文則拙，大義不乖。

隨縣編鐘總重量達二千五百餘公斤，則魯國之賦斂可知矣。

直木先伐，甘井先竭。

季海按：此《莊子》引諺耳。伐與竭韵，古音同爲《泰》之入。

孔子曰：善哉，辭其交游，去其弟子，逃於大澤，衣裘褐，食杼栗，入獸不亂群，入鳥不亂行，鳥獸不惡，而況人乎？

季海按：嚴光、焦先之行，其亦有取於斯乎！

魏王曰：何先生之憊邪？莊子曰：貧也，非憊也。士有道德不能行，憊也。衣敝履穿，貧也，非憊也，此所謂非遭時也。王獨不見夫騰猿乎？其得枏梓豫章也，攬蔓其枝而王長其間，雖羿蓬蒙不能眄睨也。及其得柘棘枳枸之間也，危行側視，振動悼慄，此筋骨非有加急而不柔也。處勢不便，未足以逞其能也。《音義》：「魏王，司馬云：惠王也。憊，皮拜反，又薄計反。司馬本作病。」

季海按：《雜篇·讓王》第二十八：「孔子窮於陳蔡之間，七日不火食，藜羹不糝，顏色其憊，而弦歌於室。」其言憊同，其所以言小異。《易·遯》九三象曰：「係遯之厲，有疾憊也。畜臣妾吉，不可大事也。」《音義》：「憊，蒲拜反。鄭云：『困也。』《廣雅》云：『極也。』王肅作斃，荀作備。」疾憊猶疾病，故司馬本作病也。

《新序·雜事》：「宋玉事楚襄王而不見察……宋玉曰：不然，子獨不見夫玄蝯乎？……雖羿逢蒙不得正目而視也。及其在枳棘之中也，恐懼而悼（明本作掉，此從宋本）慄，危視而蹟行，衆人皆得意焉。此皮筋非加急而體益短也，處勢不便故也。夫處勢不便，豈可以量功校能哉？」其文似同出而小歧，莊宋亦各有所去取耳。以宋語校莊，疑故書本作危視側行，側行、蹟行，語之轉耳。古音側爲《之》之入，蹟爲《支》之入也。《説文》無蹟字，當讀曰蹐。《説文》「蹐，小步也。从足脊聲。《詩》曰：不敢不蹐」，資昔切。脊聲《支》之入。

左據槁木，右擊槁枝，而猋氏之風。《音義》：「必遥反，古之無爲帝王也。」

季海按：《續古逸叢書》本影北宋本作焱氏。王氏《校釋》：「案《釋文》所出本、覆宋本、《道藏》成玄英《疏》本，褚伯秀《義海纂微》本焱並作猋，據《天運篇》『故有焱氏爲之頌曰』，則作焱者是也。猋即焱之形誤（《疏》「焱氏，神農也」），是成本原作焱，今本乃誤猋也。」王校是也。有焱氏謂黄帝，義具《天運》。

聖人晏然體逝而終矣。

季海按：王氏《校釋》：「案唐寫本矣上有耳字，當從之。《人間世》『止是耳矣』，《大宗師篇》『且也相與吾之耳矣』，與此文例同。」王校是也。

田子方第二十一

吾所學者直土梗耳。　《音義》:「直如字,本亦作真,下句同。元嘉本此作真,下句作直。」

季海按:敦煌殘卷《南華真經田子方品》第廿一學下無「者」字。直作「真」,與元嘉本合。惟下句「夫魏直爲我累耳」,直亦作「真」(見羅振玉影印《西陲祕籍叢殘》),與元嘉本不合。今謂元嘉本是也。今本並作直,猶敦煌本並作真,各誤一字。

夫子奔逸絶塵,而回瞠若乎後矣。　《音義》:「奔逸,司馬本又作徹。」

季海按:王氏《校釋》:「《後漢書·逸民傳注》引作轍,徹轍古今字,逸借字。」「唐寫本矣上有耳字,當從之。」王校是也。今謂轍徹《泰》之入,逸、軼、佚並《脂》之入。司馬本作徹,則旁轉借爲軼。《説文》「軼,車相出也,从車失聲」,夷質切,是其義。轍在《新附》,云「車迹也,从車,徹省聲」,本通用徹,後人所加」,直列切。《莊子》故書當如司馬本作徹。《徐无鬼》「若是者超軼絶塵」,崔注「軼,轍也」(《釋文》引),字又作軼,與《田子方》殆不出一手。《史記·田敬仲完世家》「伏式結軼」,《索隱》「軼者,車轍也」,此旁轉之證。

向者先生形體掘若槁木，似遺物離人而立於獨也。《音義》：「掘若，徐音屈。」

季海按：《達生》第十九云：「吾處身也若厥株拘，吾執臂也若槁木之枝。」《音義》：「若厥，本或作橛，同其月反。」又云：「李云：厥，豎也，豎若株拘。」掘乃《微》之入，厥則《泰》之入，是亦脂泰旁轉之例，楚音脂微不分耳。

莊子見魯哀公。《音義》：「魯哀公，司馬云：莊子與魏惠王、齊威王同時，在哀公後百二十年。」

季海按：《雜篇・説劍》第三十：「昔趙文王喜劍。」《音義》：「趙文王，司馬云：惠文王也，名何，武靈王子，後莊子三百五十年，《洞紀》云：周赧王十七年，趙惠文王之元年。云：案長曆推惠文王與莊子相值，恐彪之言誤。」

號曰：寓而政於臧丈人。

季海按：而，女也。《天地》「予告若而所不能聞，與而所不能言」，而亦女也。《史記・張儀列傳索隱》出「從若飲」，曰「若者汝也，下文而亦訓汝」，是也。

則列士壞植散群，長官者不成德，斔斛不敢入於四竟。

季海按：《音義》：「植，音值。司馬云：植，行列也。一云：植者疆界頭造屋，以待諫者也。」一云：蓋讀植如置矣。

《音義》：「鍾斛，音庾。李云：六斛四斗曰鍾，司馬本作鍾斞。云：鍾讀曰鍾，斞讀曰臾。」司馬本作斞，是也。《説文》「斞，量也。从斗臾聲。《周禮》曰：求三斞」，以主切。鍾字讀鍾，若非形誤，則是司馬以意屬讀，以爲此是鍾之誤字也。

《校釋》：「案《釋文》『鍾，音庾』，《疏》『庾，六斗四升也』，是成本正作庾，唐寫本作斞，斞上有而字，斞與斞同。」

列士壞植散群，則尚同也。

季海按：此墨家言，而《田子方》有取焉。

夫文王盡之也。　王氏《校釋》：「案唐寫本也上有者字。」

季海按：極推文王，與《孟子》同。

彼直以循斯須也。　《校釋》：「案唐寫本也下有耳字。」

季海按：以循斯須謂一切之計。

發之適矢復沓，方矢復寓。　注：「矢，去也。箭適去復㪉沓也。上箭方去未至的，已復寄杯於肘上，言其敏捷之妙也。」《音義》：「適矢，丁歷反。」

季海按：《音義》適讀如鏑，是也。《天下》云：「鏃矢之疾，而有不行不止之時。」《音義》：「鏃，子木反。郭音族，徐朱角反。《三蒼》云：矢鏑也。」然適矢猶鏃矢矣。

知北游第二十二

形若槁骸，心若死灰。　成《疏》：「形同槁木之骸，心類死灰之土。」

季海按：《莊子》故書必不作骸，若是骸字，但云槁骸已足，不煩云「形若」矣。世德堂本骸作「駭」，亦借字，或聲之訛耳。此讀爲「荄」。《方言》第三：「荄、杜，根也。」槁荄，謂枯根，猶云厥株拘耳。

思慮恂達，耳目聰明。

季海按：恂達即恂通。《讓王》：「道德於此則窮通，爲寒暑風雨之序矣。」《諸子平議》：「德當作得，《吕氏春秋·慎人篇》作『道得於此，則窮達一也，爲寒暑風雨之序矣』。疑此文窮通下亦當有一也二字，而今奪之。」然《知北游》作「達」，《讓王》作「通」。此以通爲達，語與《慎人》相應。

且夫博之不必知，辯之不必慧，聖人以斷之矣。　注：斷棄知慧，而付之自然也。

季海按：愛因斯坦嘗怪科學家或其聞（know）極博而所知（understand）彌少，如《莊子》所稱此中土聖人於二千餘年前已得見及此。此文但斷博辯之不足以爲知慧耳，何嘗斷棄知慧，郭注於是乎失言。

周徧咸三者，異名同實，其指一也。注：若游有，則不能周徧咸也。

季海按：此謂周徧咸三名同實耳。郭注非是。《釋詁》：「僉、咸、胥，皆也。」《方言》第十二：「備，該，咸也。」郭注：「咸猶皆也。」周、徧、備、該，皆咸也。

曰：天知予僻陋慢訑。《音義》：「慢，武半反，徐無見反，郭如字。訑，徒旦反，徐徒見反，郭音但。」《校釋》：「案卷子本《玉篇・言部》引慢訑作謾誕。《書鈔》一三三，《白孔六帖》八八引並作漫誕。慢、漫並謾之借，訑即誕之形誤。謾誕疊韻，《御覽》七八引訑亦作誕。」

季海按：《說文》「謾，欺也，从言曼聲」，母官切。「訑，沇州謂欺曰訑，从言它聲」，託何切。訑即詑之俗，與誕《歌》、《寒》對轉，初非形誤。《說文》「誕，詞誕也，从言延聲。這，籀文省正」，徒旱切。徒旦、但正爲詑作音，讀若誕耳。誕是常字，不煩音矣。尋《方言》第十：「眠娗（莫典、塗殄二反）、脉蜴（音析）、賜施（輕易）、茭媞（恪校、得懈二反）、譠謾（託蘭、莫蘭二反）、㥾忚（麗醯二音），皆欺謾之語也。楚郢以南，東揚之郊通語也。」（六者亦中國相輕易蚩弄之言也）徐音即眠娗語轉耳。徐邈東莞人。然則齊俗亦略同也。若《莊子》之言，則譠謾謂之慢訑，譠謂之訑，用其俗也。《外篇・馬蹄》第九：「澶漫爲樂，摘僻爲禮，而天下始分矣。」《音義》：「澶，本又作儃，徒旦反，又吐旦反。向崔本作但，音燀。」「漫，武半反，向崔本作曼，音同。李云：澶漫，猶縱逸也。崔云：但曼，淫衍也。一云：澶漫，牽引也。」語又作澶漫，與《知北游》非一手所作，猶道地藥材或曰地道藥材，所言同實，所以言異撰，則南北之俗，有時而殊也。

章先生曰：「慢借爲謾，《説文》：謾訑皆訓欺，訑即詑之今字。」見《解故》。

王仁昫《刊謬補缺切韻・去聲廿七翰》「燀，徒旦反三」下有「彈、僤」而已。又《上聲廿二旱》「但，徒旱反八」下有「誕，大」也。

神農此言，亦以人相輕易蚩弄之言自處耳。

大馬之捶鉤者，年八十矣，而不失豪芒。注：玷捶鉤之輕重，而無毫芒之差也。《音義》：「捶，郭音丁果反。徐之累反，李之睡反。大馬，司馬也。司馬，郭云：捶者，玷捶鐵之輕重而不失豪芒也。或説云：江東三魏之間，人皆謂鍛爲捶，音字亦同。郭失之。今不從此説也。」「玷，丁恬反。捶，丁果反。」

季海按：《大宗師》「皆在鑪捶之間耳」，則或説不誤。章先生引本篇及《釋文》或説以爲訓，是也。先生又云：「《淮南・道應訓》注亦云：捶，鍛擊也。蓋捶從𠂹聲，古音如朶。歌寒對轉爲鍛，《説文》：鍛，小冶也，則鑪捶是一物。」今謂郭注玷如今云敁斤兩，吴語作平聲。捶今音如打，如郭注即打量字，打賭、打算並出一名。若鍛擊字，猶今人言打鐵矣。

君子之人若儒墨者師，故以是非相𩡹也，而況今之人乎？注：𩡹，和也。

夫儒墨之師，天下之難和者，而無心者猶故和之，而況其凡乎？

季海按：𩡹讀若擠。《説文》「排，擠也」。「擠，排也。从手齊聲」，子計切。又「抵，擠也」。此言儒墨者師，以是非相抵排耳。𠦂、次、齊聲，古音同在《脂部》，故相借耳。郭氏不得其解，故從而爲之辭。

雜篇庚桑楚第二十三

步仞之丘陵，巨獸無所隱其軀，而蘖狐爲之祥。《音義》：「李云：祥，怪也。狐狸熹爲妖蘖，言各有宜，宜不失，則大人有豐禄也。王云：野狐依之作妖祥也。崔云：蠱狐以小丘爲善也。祥，善也。」

季海按：李云「祥，怪」，是也。其説非也。王義得之。崔注非是。《墨子·非攻下》第十九：「昔者有三苗大亂天命。殛之日，妖宵出，雨血三朝。龍生廟，大哭乎市。夏冰地坼及泉，五穀變化，民乃大振。高陽乃命玄宫，禹親把天之瑞令，以征有苗，四電誘祇。有神人面鳥身，若瑾以侍，搤矢有苗之祥，苗師大亂。」有苗之祥正謂有苗所奉妖神，三苗之大亂天命，至於妖出、龍生、冰穀之變，蓋亦妖祥助之爲虐耳。既爲禹神搤矢，故苗師大亂也。蘖狐爲祥，正其比類。《春官·保章氏》：「以星土辨九州之地所封封域，皆有分星以觀妖祥。」又：「以十有二風，察天地之和，命乖别之妖祥。」妖祥並傳。

吞舟之魚，碭而失水，則蟻能苦之。《音義》：「苦之，如字。向云：馬氏作最，又作窮。」

季海按：向引馬氏，謂馬融。馬作最者，最讀與嘬同。《廣韻·十七夬》「嘬，一舉盡臠。《曲禮》曰：無嘬炙。楚夬切四」下有「歠，齧也。噿，上同」。歠、噿不見經傳，字皆晚出。《説文》無嘬，古文但作最。《説文》「啜，嘗也。从口叕聲。一曰喙也」，昌説切。歠蓋即啜之孳乳字。《説文》云「餟，祭酹也，从食叕聲」，陟衛切。「鋭，小餟也。从食兑聲」，輸芮切。古音最、叕、兑聲並在《泰部》，叕乃《泰》之入，音義得相轉注矣。

夫全其形生之人，藏其身也，不厭深眇而已矣。

季海按：生性古今字，此生與形對文，猶今人言性命。

簡髮而櫛。《音義》：「而扻，莊筆反。又作櫛，亦作楖，皆同。郭音節，徐側冀反。」

季海按：故書當從《釋文》作「而扻」，《説文》無「扻」字，當即楖之隸變。《説文》「楖，櫛櫨也。从木咨聲」，子結切。咨从次聲，故得省口，隸變木或與手相亂，並書作扌也。《莊子》古文蓋借櫛櫨字爲之。

《讀書雜志餘編》王引之曰：「扻當爲捓，即《玉篇》𢬵字，隸書轉寫手旁於左耳。《玉篇》『𢬵，七咨切，挐也』。此借爲櫛髮之櫛，故音莊筆反，又音節。凡從次聲之字可讀爲即，又可讀爲節。」（義具《餘編》上卷）王謂扻當爲捓，似矣，第未知此即楖字今隸省變，則猶失之眉睫耳。知者，㚄字晚出，不見《説文》，以説先秦舊書，羌無故實也。其言次聲字可讀即、節，自是確論，不可易也。又云「㧗爲櫛髮之櫛，當讀入聲，而其字以次爲聲，則亦可讀去聲，故徐邈音側冀反」，亦是也。

南榮趎蹵然正坐。《音義》：「南榮趎，昌于反，向音疇，一音紹俱反，徐直俱反，又敕俱，又處由反。李云：庚桑弟子也。《漢書·古今人表》作南榮疇，或作儔，又作壽。《淮南》作南榮幬，云：敕蟜跌步，百舍不休，亦作疇。」

季海按：幬疇儔壽並从壽聲，古音在《幽部》，朱聲則在《侯部》。音疇、處由反則在《幽部》。下字切俱正用《侯部》字，切于則入《魚部》矣。然《莊子》作趎，當在《侯部》。江有誥《先秦韻讀·莊子》幽、矦合韻止《列禦寇》一例，「正考父一命而傴，再命而僂，三命而俯，循牆而走，孰敢不軌音九，出矦合韻」。此下者、鉅、僻、父、許五韻在《魚部》，殆以魚矦幽合韻，《列禦寇》其書晚出，故有是歟？

形之與形亦辟矣。注：未有閉之。而物或閒之邪？欲相求而不能相得。注：兩形雖開，而不能相得，將有閒也。《音義》：「亦辟，婢亦反，開也。崔云：相著也，音必亦反。」「或閒，閒厠之閒，注同。」

季海按：辟字音義，崔注是也。尋《爾雅·釋言》「辟，歷也」，郭注「未詳」，是景純不得其説，其實即此「辟」字。乃訓歷者，《釋詁》云「歷，傅也」，郭注「傅，近」，是其義。相著猶傅近矣。象注讀爲開辟字，不悟兩形開辟，其不能相得，自其故然，何待間邪？書意自謂形雖相傅，猶欲相求不能相得者，故設喻以爲如有物間之者耳。郭注非是。

奔蜂不能化藿蠋，越鷄不能伏鵠卵，魯鷄固能矣。《音義》：「奔蜂，孚恭反。司馬云：奔蜂，小蜂也。一云：土蜂。」「藿蠋，音蜀。司馬云：豆藿中大青蟲也。」

季海按：《釋虫》「果蠃，蒲盧」，郭注「即細腰蠭也，俗呼爲蠮螉」，司馬云「小蜂」者，是矣。成《疏》「奔蜂，細腰土蜂也」，又云「奔蜂細腰，能化桑虫爲己子，而不能化藿蠋」，是也。《説文》「蜀，葵中蠶也。从虫，上目，象蜀頭形，中象其身蜎蜎。《詩》曰：蜎蜎者蜀」，市玉切。蜀、蠋古今字。是葵、藿中虫通名蜀矣。今光福府巷桑中毛虫正謂之蠋，音如獨，此亦古讀之僅存者矣。

人謂我朱愚。章先生《莊子解故》：「王念孫説《淮南·齊俗訓》『其兵戈銖而無刃』，《注》『楚人謂刃頓爲銖』，此朱愚即銖。愚案：銖朱竝假借字，《説文》本作錭，云『鈍也』，音變爲銖、爲朱，猶侏儒爲周饒矣。」

季海按：王、章二君説並是也。然錭古音在《幽部》，朱銖在《侯部》，《莊子》幽侯合韻僅見《列禦寇》一例，頗謂關西讀幽，關東或讀侯矣。

兒子終日嗥而嗌不嗄。《音義》：「而嗌，音益。崔云：喉也。司馬云：咽也。李音厄，謂噎也，一本作而不嗌。案如李音有不字。」「不嗄，於邁反，本又作嚘，徐音憂，司馬云：楚人謂嗁極無聲爲嗄。崔本作喝，云：啞也。」

季海按：《説文》「嗌，咽也，从口益聲。[illegible]，籀文嗌，上象口，下象頸豚理也」。伊昔切。又云「喉，咽也」，「咽，嗌也」，崔、司馬説是也。《説文》：「喝，𢽾也，从口曷聲」，於介切。喝者《泰》之入。嗄古音在《魚部》，今吴語轉平音如沙，謂嘶啞也。故書疑作喝，司馬本作嗄者，據《老子》改字耳。

夫至人者相與交食乎地，而交樂乎天。《音義》：「交食，崔云：交，俱也。李云：共也。」俞先生《諸子平議》：「《徐无鬼篇》曰：吾與之邀樂於天，吾與之邀食於地，與此文異義同，交即邀也，古字止作徼。《文二年左傳》。寡君願徼福於周公魯公。此云邀食乎地，邀樂乎天，語意正相似，作邀者後出字，作交者叚借字。《詩・桑扈篇》：彼交匪敖，《漢書・五行志》作匪儌匪傲，即其例矣。」

季海按：據此知《庚桑楚》之與《徐无鬼》不出一手也。交在《宵部》，敫聲則其入也。《莊子》借交爲傚耳。

與物且者，其身之不能容，焉能容人？注：「且謂券外而跂者，跂者不立，焉能自容？不能自容，焉能容人？人不獲容，則去也。」《音義》：「物且，且，始也。」

季海按：《方言》第十二：「僉、怚，劇也。」郭注：「謂勤劇，音驕怚也。」物且之且，當讀曰怚，券外而跂，正勤劇之謂矣。或逕讀如驕怚字，於義可通，而非書意。《諸子平議》謂《釋文》非是，甚確。然引《韓詩》説爲苟且字，亦平鈍不可以説《莊子》。章先生《解故》云：「且借爲阻。」又謂上文「與物窮者」，「窮借爲空」，説云：「空故可入，阻故不能容。」與物阻者，語亦傷拙，今故不從也。

滅而有實，鬼之一也。注：已滅其性矣，雖有斯生，何異於鬼。

季海按：《音義》云：「《廣雅》云：滅，殄也，盡也。實，塞也。既殄塞純朴之道，而外馳澆薄之境，雖復行尸於世，與鬼何別，故云鬼一也。」本條承上「故出而不反，見其鬼」下引「王云」云者，知此亦王説也。依《序録》：「王叔之《義疏》三卷，字穆□，琅邪人，宋處士亦作注。」是也。《莊子》本謂不滅則非鬼，無實則并鬼亦無矣。鬼特無形耳，無形不必無實，以有形象無形，斯其有形者滅，既象無形，斯有實矣，以是而定耳。書意如此，説者失之。

有實而無乎處者宇也，有長而無本剽者宙也。注：宇者有四方上下，而四方上下未有窮處。宙者有古今之長，而古今之長無極。

季海按：《音義》引《三蒼》云：「四方上下爲宇，往古來今曰宙。」《莊子》、《三蒼》並以宇爲空間，宙爲時間。《莊子》以空間無止境，時間無始終，所見已深入無限，超越有限矣。《説文》「宙，舟輿所極覆也，从宀由聲」，直又切。「宇，屋邊也，从宀于聲。易曰：上棟下宇。寓，籀文宇从禹」，王榘切。此徒解説文字耳，非正明宇宙之哲學意義也。《音義》并引《説文》宙字義，不可以説《莊子》。

昭景也，著戴也。甲氏也，著封也，非一也。注：此四者雖公族，然已非一，則向之三者，已復差之。《音義》：「昭景也著，丁略反，又張慮反。戴，本亦作載。也甲氏也著，張慮反，久也，又丁略反。封也非一也，一説云：昭景甲三者，皆楚同宗也。著戴者，謂著冠，世世處楚朝，爲衆人所戴仰也。著封者，謂世世處封邑，而光著久也。昭景甲三姓雖異，論本則同也。崔云：昭景二姓，楚之所顯戴，皆甲姓顯封，雖非一姓，同出公族，喻死生同也。此兩説與注不同，聊出之耳。」

季海按：郭注以昭景、著戴、甲氏、著封爲四者，大謬。昭、景、甲三族皆楚公族，一説得之。著讀如深切著明之著。《方言》第十二：「蔫，蒙，覆也。」又「篝，戴也。」郭注：「此義之反覆兩通者，字或作壽，音俱波濤也。」蔫、蒙、覆戴義並相近，故《方言》之文相次矣。著戴謂公族仍世覆燾庇蔭耳。

章先生《解故》：「籀文戴作𢦔，从弋聲，則戴可借爲代。《冠義》：適子冠於阼，以著代也，此箸代義亦同。昭景者以謚爲氏，所以箸代。甲氏者以邑爲氏，所以箸封。雖同是公族，其氏非一也。」其引《冠義》以明《莊子》之文，最爲知言之選。然戴本有蔭覆之義，箸戴猶箸代矣，正不必借爲代也。知者，代本恒言，代亦常見字，與倉卒不得其字者殊科，故不煩假借耳。非一者，謂或以箸戴，昭景是也。或以箸封，甲氏是也。其爲公族則一，其氏所著非一耳。但云其氏非一，義不昭晰，故具釋之。

以徹爲名，以窮爲辱。

季海按：此文通謂之徹。下文有「徹志之勃」，亦通也。

貴富顯嚴名利，六者勃志也。

季海按：嚴，莊也，或曰讀若儼，《釋詁》：「儼，敬也。」

徐无鬼第二十四

超軼絶塵，不知其所。《音義》：「超軼，李音逸，徐徒列反。崔云：徹也。《廣雅》云：過也。」《校釋》：「《淮南·道應篇》：超軼作弭轍。《列子·説符篇》作弭躐（《釋文》「躐，一本作徹」，《文選》張景陽《七命注》作轍），徹轍古今字，軼借字，躐或字。」

季海按：崔云「徹」者，崔本作徹耳。超軼作軼，自是本字本義，故書以徹爲軼，古文叚借，若本作軼，不煩訓徹矣。王氏《校釋》誤認《釋文》引崔云「軼，徹也」，非是，今不取。又引《天中記》五五引作轍，既出轉引，故可得而略也。若此之類，逕從删削，不出省略號。《説文》「跌，踢也。从足失聲。一曰：越也」，徒結切。一曰即超軼字。

藜藋柱乎鼪鼬之逕。《音義》：「藋，徒弔切，本或作櫂同。」「之逕，本亦作徑。司馬云：徑，道也，本又作跡。元嘉本作迭，徐音逸，崔云：迭，跡。」

季海按：文如海、張君房本藋並作藿，王氏《校釋》據《史記·仲尼弟子列傳》「排藜藋，今本誤藿」（原注：詳王念孫説），《管子・小匡篇》「而蓬蒿藜藋並興」（原注詳俞樾説），亦以藜藋連文，謂藿爲藋之形誤，或淺人所改（具見王氏《校釋》），是也。然藜藋亦宋人及齊魯間常言耳。徐崔音義，字並作迭，與元嘉本合。

迭讀若垤。《方言》第十：「垤，封，場也。楚郢以南蟻土謂之垤。垤，中齊語也。」至聲在《脂部》，失聲《脂》之入。鼪鼬之場，不嫌同名耳。

《釋獸》鼠屬有「鼬鼠」，郭注：「今鼬似鼦，赤黄色，大尾，啖鼠。江東呼爲鼪，音牲。」如莊子此文則鼪非鼬也。

招世之士興朝，中民之士榮官。《音義》：「中民，李云：善治民也。」

季海按：中，得也。中民猶得民。《天官・大宰》：「以九兩繫邦國之民：一曰牧，以地得民。二曰長，以貴得民。三曰師，以賢得民。四曰儒，以道得民。五曰宗，以族得民。六曰主，以利得民。七曰吏，以治得民。八曰友，以任得民。九曰藪，以富得民。」李注所出，於《周官》爲九兩之七，然於得民之道，才九之一耳。

惠子曰：今夫儒墨楊秉，且方與我以辯，相拂以辭，相鎮以聲，而未始吾非也，則奚若矣？　注：未始吾非者，各自是也。惠子使欲以此爲至。《音義》：「相拂，扶弗反。」

季海按：拂讀若咈。《書·微子》「咈其耇長舊有位人」，孫星衍《尚書今古文注疏》「咈者，《説文》云：違也，引此文作周書，蓋商書之誤」，是也。陸氏《尚書音義》：「咈，扶勿反。」《韓非子·説難》「大意無所拂悟」，《史記·韓非列傳》意作忠。《索隱》「拂音佛」，以爲「即不拂悟於君也」。《正義》：「拂悟當爲咈忤，古字假借耳。咈，違也。忤，逆也。」拂猶咈悟矣。

夫楚人寄而蹢閽者，夜半於無人之時而與舟人鬬，未始離於岑，而足以造於怨也。　注：岑，岸也。《音義》：「於岑，七金反，徐在林反，又語審反，謂崖岸也。」

季海按：岑讀與潯同。《廣雅·釋邱》：「潯，厓也。」王念孫《疏證》「《淮南子·原道訓》：游於江潯海裔。《文選·江賦注》引許慎《注》云：潯，水厓也」，是也。岑潯古音同在《侵部》。王仁昫《刊謬補缺切韻》卷第一《平聲卌六侵》「尋，徐林反，十二」有「潯，傍深」，「㟧，小堆阜，在三輔」，音義並通岑矣。同韻有「岑，鋤金反，高山五」。

勿已，則隰朋可。

季海按：勿已，猶無已，今人言不得已。無古音在《魚部》，勿古音爲《微》之入。《莊子》魚脂旁轉耳。

之狙也，伐其巧恃其便以敖予。　《音義》：「之狙也，之猶是也，本或作是。」「以敖，司馬本作悻，云：很也。」

季海按：《離騷》「曰鮌婞直以亡身兮」，王逸《注》：「婞，很也。」悻、婞音義同。很、佷今吴語讀入群紐。是謂之「之」，宋人語。

形固可使若槁骸，心固可使若死灰乎？

季海按：骸當爲荄。

仲尼之楚，楚王觴之，孫叔敖執爵而立，市南宜僚受酒而祭。《音義》：「孫叔敖執爵，案《左傳》孫叔敖是楚莊王相，孔子未生，哀公十六年，仲尼卒後，白公爲亂。宜僚未嘗仕楚。又宣十二年《傳》楚有熊相宜僚，則與叔敖同時，去孔子甚遠，蓋寄言也。」

季海按：下云「市南宜僚弄丸而兩家之難解」，則非與叔敖同時之熊相宜僚明矣。孫叔敖不與孔子同時，此文以爲同時者，實是時代錯誤，未必都出寓言。

孫叔敖甘寢秉羽而郢人投兵。《音義》：「甘寢秉羽，如字，又音翮，司馬本作翯，云讀曰翮，或作翅。雩舞者之所執，崔本作翼。」

季海按：翯即翹字，《説文》「翹，尾長毛也。从羽堯聲」，渠遥切。不知司馬何由讀翮。《説文》「翟，鳥之彊羽猛者。从羽是聲」，俱豉切。今云翟翱（吴語音如計夾）。又「翄，翼也，从羽支聲。翄，䎃或从氏。翱，翅也，从羽革聲」，古翮切。「翮，羽莖也，从羽鬲聲」，下革切。

故目之於明也殆，耳之於聰也殆，心之於殉也殆。

季海按：上文「舜舉乎童土之地，年齒長矣，聰明衰矣」，王氏《校釋》：「案唐寫本聰作聽，下文『耳之於聰也殆』，亦作聽，聽猶聰也（《廣雅・釋詁》：『聰，聽也。』）」今謂王校是也。故書當作聽，二聰字，並後人所改。《說文》「聽，聆也。从耳㥁，壬聲」，他定切。「聰，察也，从耳悤聲」，倉紅切。依《說文》聽不訓聰察，然此秦漢以來今義耳。《說文》「聖，通也。从耳呈聲」，式正切。聖聽古音同在《青部》，通猶聰察，同意相受，古讀聖當如聽，聽之聰察即謂之聖，本一言耳。若言從其方則當作聽，以訓詁字代之，亦當作聖，作聰即入《東部》，蓋亦聖之轉語，然非《莊子》之文矣。金文聖作□，師望鼎。□，齊鎛（並見《金文編》卷一二第五頁六〇三）。聽作□，齊侯壺（同上六〇四）。甲骨文耶即聽字，「□甲三五三六，从耳从口，《說文》所無。魏石經古文以爲聽字」（《甲骨文編》卷一二第三頁四六六）。同葉又收聖字，「□林二、二五、一四，□乙六六五三三，□乙五一六一，□明六六五」，古文耶、聖本一字，後人不知，故據从□者作聖耳。

《史記・五帝本紀》於黃帝云「幼而徇齊」，《集解》：「徐廣曰：《墨子》曰：年踰十五，則聰明心慮，無不徇通矣。駰案徇，疾；齊，速也。言聖德幼而疾速也。」《索隱》：「又案《孔子家語》及《大戴禮》竝作叡齊，一本作慧齊。叡慧皆智也。太史公採《大戴禮》而爲此紀，今彼文無作徇者，《史記》舊本亦有作濬齊，蓋古字假借徇爲濬，濬，深也，義亦竝通。」今謂心之於殉，猶耳目之於聰明。殉讀若徇，《墨子》言徇通，《史記》言徇齊，語亦同耳。《大戴禮》僞《孔子家語》並作叡。《說文》「叡，深明也，通也。从𣦼、从目、从谷省。睿，古文叡。壡，籀文叡从土」，以芮切。徇在《真部》，叡在《脂部》。段注：「馬注《尚書》、鄭注《尚書大傳》皆曰：睿，通也。……《周書・謚法解》曰：叡，聖也。《邶風・毛傳》曰：聖，叡也。《古文尚書》：睿作聖。故《周書》、《毛傳》叡聖互訓。《楚語》：謂之睿聖武公。韋曰：睿，明也。按韋但曰明，許曰深明者，許主解字，爲其字之从𣦼也。」段說是也。徇叡真脂對轉。睿聲或在《諄部》。《釋言》：「濬，幽，深也。」郭注：「濬，亦深也。」

禍之長也兹萃。注：萃，聚也。《音義》：「兹莘，所巾反。郭云：聚也。李云：多也。本又作萃。」

季海按：《方言》第三：「萃，雜，集也。東齊曰聖。」莘在《真部》，聖在《青部》。宋齊語近，故書當作莘，今本作萃，形近相亂耳。莘，《說文》作甡，云「甡，衆生並立之貌，从二生。《詩》曰：甡甡其鹿」，所臻切。段注：「《大雅毛傳》曰：甡甡，衆多也。其字或作詵詵，或作駪駪，或作侁侁，或作莘莘，皆假借也。《周南傳》曰：詵詵，衆多也。《小雅傳》曰：駪駪，衆多之貌。」段說是也。先聲在《諄部》，辛聲在《真部》。

大均緣之。　注：因其本性，令各自得，則大均也。

季海按：《雜篇·寓言》第二十七：「萬物皆種也，以不同形相禪。始卒若環，莫得其倫，是謂天均。天均者，天倪也。」夫「以不同形相禪，始卒若環」，即緣之確詁。

闔不亦問是已，奚惑然爲？

季海按：《釋言》：「曷，盍也。」郭注：「盍，何不。」《莊子》乃云「闔不」，知「曷、盍」亦何耳。語急或省不，遂逕作盍耳。其始不省也。

則陽第二十五

曰：冬則擉鼈于江，夏則休乎山樊。《音義》：「擉，初角反，又敕角反，司馬云：刺也。郭音觸，徐丁綠反，一音促。樊，音煩。李云：傍也。司馬云：陰也。《廣雅》云：邊也。」

季海按：《説文》「簎，刺也，从手籍省聲。《周禮》曰：簎魚鼈」，士革切。蜀聲《侯》之入，昔聲《魚》之入。《周禮》字入《魚部》，《莊子》入《侯部》，宋人語轉耳。樊、邊古音同在《寒部》，古無輕脣音，樊或讀如邊耳。司馬云陰者，《説文》「蕃，艸茂也，从艸番聲」，甫煩切。又「藩，屏也，从艸番聲」，甫煩切。艸茂、屏蔽並有陰義。然山樊爲崖，漢師達詁，説具《養生主》第三。

固顛冥乎富貴之地。《音義》：「顛冥，音眠。司馬云：顛冥，猶迷惑也。」

季海按：《方言》第十：「頓愍，惛也（郭注：謂迷昏也）。……江湘之間謂之頓愍（頓愍猶頓悶也），或謂氐惆。南楚飲毒藥懣謂之氐惆，亦謂之頓愍，猶中齊言眠眩也。愁恚憒憒，毒而不發謂之氐惆（氐惆猶懊憹也）。」顛冥即頓愍，一語之轉，《在宥》「大同乎涬溟，解心釋神，莫然無魂，萬物云云，各復其根」，江有誥《先秦韵讀》以爲「神、魂、云、根」，文真通韵。若爾，則顛音如頓。然《莊子》青真多叶（江氏《韵讀》謂之真耕通韵），是溟、神叶韵，江氏失收。《雜篇·外物》第二十六：「荃者所以在魚，得魚而忘荃。」《音義》：「荃，七全反。崔音孫，香草也，可以餌魚。或云：積柴水中，使魚依而食焉。一云：魚笱也。」顛謂之頓，荃謂之孫，元音自前而中。

與物無終無始，無幾無時。

季海按：幾，期也。《詩·楚茨》「如幾如式」，《傳》「幾，期」，是其義。一曰：幾通畿。《禮記·大學》「邦畿千里」，《釋文》「畿本作幾」，畿猶限也。《周禮·大司馬》：「乃以九畿之籍。」《注》：「畿猶限也。」字或作圻，《穀梁隱元年注》「天子畿内」，《釋文》「本作圻」，是也。

魏瑩與田侯牟約，田侯牟背之，魏瑩怒，將使人刺之。犀首聞而恥之曰：君爲萬乘之君也，而以匹夫從讎。衍請受甲二十萬爲君攻之，虜其人民，係其牛馬，使其君内熱發於背，然後拔其國，忌也出走，然後抶其背，折其脊。季子聞而恥之曰：築十仞之城，城者既十仞矣，則又壞之，此胥靡之所苦也。今兵不起七年矣，此王之基也。衍亂人，不可聽也。《音義》：「魏瑩，郭本作罃，音瑩磨之瑩，今本多作瑩，乙耕反。司馬云：魏惠王也。」「與田侯，一本作田侯牟。司馬云：田侯，齊威王也，名牟，桓公子，案《史記》威王名因，不名牟。」

「約，徐於妙反，又如字。司馬云：約誓在惠王二十六年。」「犀首，魏官名也。司馬云：若今虎牙將軍，公孫衍爲此官，元嘉本作𪗋首。」

季海按：《史記·孫子吴起列傳》「與齊戰於桂陵後十三歲」，單行本《索隱》云：「王劭：《紀年》云梁惠王十七年齊田忌敗梁于桂陵，至二十七年十二月齊田盼敗梁於馬陵，計相去無十三歲。」依《紀年》若此約在二十六年，則明年便有馬陵之役，犀首當以田盼爲言矣，無爲舍盼而抶忌也。今謂此約當在二十四年，則所謂兵不起七年者庶乎近之。《史記·老子韓非列傳》謂莊子「與梁惠王、齊宣王同時」，此倆魏瑩而不謚，史公之言殆信。

錢穆《先秦諸子繫年》有《子華子攷》：「《吕氏春秋。貴生篇》：『韓魏相與争侵地，子華子見昭釐侯，曰：兩臂重於天下，身又重於兩臂。韓之輕於天下遠，今所争輕於韓又遠。奈何愁身傷生以憂之？』梁玉繩云：『昭釐侯史作昭侯，乃懿侯子。此事又見《莊子·讓王》，《釋文》司馬云：子華子，魏人也。』今按：韓魏争侵地，的在何年，已無可考。《莊子·則陽篇》又稱『魏罃與田侯牟約，田侯背之，犀首請伐齊，華子聞而醜之，惠施乃見戴晉人』。牟乃午字之誤。其時在惠王早年，犀首惠施均未仕魏，《莊子》蓋寓言無實參讀《考辨》第七〇。大約子華子與韓昭侯魏惠王同時，乃可信也。」（見二五四頁）是錢氏不知韓魏争侵地在何年，以齊策考之，知在梁王相儀前不久耳。

《戰國策卷第九・齊二》「犀首以梁爲齊戰於承匡而不勝（高誘注：犀首，公孫衍也，梁魏惠王所都。承匡，邑名），張儀謂梁王不用臣言以危國，梁王（曾劉作魏王）因相儀。儀以秦梁之齊合横親。犀首欲敗，謂衛君曰」云云，則犀首故嘗爲梁攻齊矣。

自藏於畔。《音義》：「王云：脩田農之業，是隱藏於壠畔。」

季海按：《説文》「畔，田界也。从田半聲」，薄半切。此文正用本字本義。

故鹵莽其性者，欲惡之孽，爲性萑葦。蒹葭始萌以扶吾形。注：形扶疎

則神氣傷。

季海按：《説文》「蒹，雚之未秀者，从艸兼聲」，古恬切。《釋草》：「蒹，薕。」郭注：「似萑而細，高數尺，江東呼爲蒹藡。音廉。」是與許異義。然郭所説自是江東之蒹藡耳。《莊子》上云萑，下云蒹始萌，明蒹是雚之未秀者，許説是也。《釋草》「葭，蘆」，郭注「葦也」，是《莊子》蘆謂之葦。然上云葦而下云葭始萌，則葭亦葦之未秀者歟？《釋草》：「其萌虇。」郭注：「今江東呼蘆笋爲虇。然則萑葦之類，其初生者皆名虇，音繾綣。」《莊子》不云虇，與江東語異撰。或讀下文「蘺笋」字上屬，以爲「其萌虇蘺」，而《莊子》亦無斯言。扶，郭象以爲扶疎字，不誤。《説文》「枎，枎疏四布也，从木夫聲」，防無切。隸變手木字多相亂，故今扶疏字亦多作扶。《説文》「扶，左也」，非其義。依許説扶之爲言猶布也。枎布並《魚部》字，古無輕脣音，枎正讀如布，此云以扶

吾形，猶《易》云「布於四支」耳。第《易》言美在其中，此言惡在其中耳。

蘧伯玉行年六十而六十化，未嘗不始於是之，而卒詘之以非也。未知今之所謂是之非五十九非也。又：《雜篇·寓言》第二十七：「莊子謂惠子曰：孔子行年六十而六十化。始時所是，卒而非之。未知今之所謂是之非五十九非也。」

季海按：年同事同，文亦大同而小異；而或以爲蘧伯玉，或以爲孔子，若傳聞異辭然，是豈一手所作哉？

比於大澤，百材皆度。《音義》：「比于大澤，本亦作宅。」「百材皆度，度，居也。」

雖別區異所，大澤爲居。雖木石異端，同以大山爲壇，此可以當丘里之言也。

季海按：山澤對文，一本非也。《方言》第三：「度，凥也……東齊海岱之間或曰度。」

雌雄片合。《音義》：「片合，音判，又如字。」

季海按：《説文》「片，判木也。从半木。凡片之屬皆从片」，唐韻「匹見切」，此今音耳。許君本以聲訓，古音片正讀如判，陸音判，是也。此云片合，今字作牉。王仁昫《刊謬補缺切韻·第四卷去聲廿七翰》：「判，普半反，分剖七」有「牉，牉合，夫合婦」，此所謂雌雄片合也。然古字止作片。陸前音得之。乃云「又如字」者，讀從「匹見反」耳。其實半木爲片，今音作匹見反耳。

其片合字尚存古音，無爲改讀。陸持兩端，是尚無定見也。

片又孳乳爲版，《説文》「版，判也。从片反聲」，布綰切。《天官·腊人》：「掌乾肉，凡田獸之脯腊膴胖之事。凡祭祀，共豆脯、薦脯、膴、胖，凡腊物。」注：「鄭大夫云：胖讀爲判，杜子春讀爲胖版。」鄭玄又云：「胖之言片也，析肉意也。」

少知曰：季真之莫爲，接子之或使，二家之議，孰正於其情，孰偏於其理？注：季真曰：道莫爲也。接子曰：道或使。或使者，有使物之功也。《音義》：「季真、接子，李云：二賢人。」

季海按：上文「魏瑩怒，將使人刺之。犀首聞而恥之曰」云云，下承「季子聞而恥之，曰：築十仞之城，城者既十仞矣，則又壞之，此胥靡之所苦也。今兵不起七年矣，此王之基也。衍亂人，不可聽也」。頗謂此季子即季真，不壞既築之城，不起既寢之兵，此所謂莫爲也。然其人與莊子同時遊梁，故莊子稱之。少知、大公調不必實，季真、接子未嘗無，莊子寓言，殊多想象之談，然其指斥時事，亦確有據依，不同嚮壁虚造也。

《史記·孟子荀卿列傳》：「自騶衍與齊之稷下先生（《索隱》：稷下，齊之城門也。或云稷下，山名。謂齊之學士集於稷門之下），如淳于髡、慎到、環淵、接子（《索隱》：古著書人之稱號）、田駢、騶奭之徒（《正義》：《接子》二篇。《田子》二十五篇，齊人，游稷下，號天口。接、田二人道家），各著書言治亂之事，以干世主，豈可勝道哉！」又曰：「慎到，趙人。田駢、接子，齊人。環淵，楚人。皆學黄老道德之術，因發明序其指意。」

外物第二十六

有甚憂兩陷而無所逃。　注：苟不能忘形，則隨形所遭，而陷於憂樂，左右無宜也。《音義》：「兩陷，司馬云：兩謂心與膽也。陷，破也。畏雷霆，甚憂心膽破陷也。」

季海按：郭以兩陷爲陷於憂樂，司馬以兩陷爲心膽破陷，並未得其解。此承上文謂人臣忠未必信，信不必忠；人子孝未必愛，愛未必孝，故有忠而見誅，孝而見憎，是人情之所甚憂，兩陷者若忠之與信，孝之與愛，所謂進退維谷也。

周曰：諾哉，且南游吴越之王，激西江之水而迎子。可乎？

季海按：倫敦所藏《莊子》丁卷《外物篇》（斯七七）哉作「我」，是也（見王重民《敦煌古籍叙録》P．253）。此與上文「監河侯曰：諾，我將得邑金，將貸子三百金，可乎」句法一律。我哉形近，又承上句「君豈有斗升之水而活我哉」句尾哉字而誤。

任公子爲大鈎巨緇，五十犗以爲餌，蹲乎會稽，投竿東海，旦旦而釣。《音義》：「蹲，音存。」又：「紀他聞之，帥弟子而踆於窾水。」《音義》：「而踆，音存。《字林》云：古蹲字。徐七旬反，又音尊。」

季海按：一篇之中，前作蹲，後作踆，陸氏《釋文》已有此駁文，蓋寫書者亂之。依《字林》則《莊子》故書當並作「踆」耳。

王氏《校釋》：「案《山海經·大荒東經注》引蹲作踆。踆，古蹲字。古鈔卷子本無乎字（旁注「一本有乎字」）。《文選》吴都賦注、謝靈運七里瀨詩注、曹子建七啟注、《御覽》八四三、九三五、《事類賦》二九《鱗介部》二引並同。今謂璞注引莊，依彼經文耳。」

任公子得若魚，離而腊之。

季海按：《説文》：「昔，乾肉也。从殘肉，日以晞之，與俎同意。𦠆，籀文从肉」，思積切。《莊子》此文用籀文。然乾魚不嫌與乾肉同名。《天官·庖人》「夏行腒鱐」，《注》：「鄭司農云：……腒，乾雉。鱐，乾魚。玄謂……腒鱐，腒熱而乾。」是乾魚又謂之鱐。然《説文》「脩，脯也。从肉攸聲」，息流切。又「䐹，乾魚尾䐹䐹也。从肉肅聲。《周禮》有腒䐹」，所鳩切。脩䐹古音皆在《幽部》，魚肉不嫌同名。《莊子》作腊，則在《魚部》矣。

而後世輇才諷説之徒，皆驚而相告也。《音義》：「輇，七全反，又視專反，又音權。李云：輇，量人也，本或作軨。軨，小也，本又或作輕。」

季海按：故書當爲軨，軨輕並形誤。《齊物論》「泠風則小和」，《釋文》引李云：「泠泠，小風也。」是其義。軨讀與泠同。

夫揭竿累，趣灌瀆，守鯢鮒，其於得大魚難矣。《音義》：「竿累，劣彼反，謂次足不得並足也。本亦作纍，司馬云：力追反，云：綸也。」「灌瀆，司馬云：溉灌之瀆。」「守鯢，五兮反。鮒，音附，又音蒲，本亦作蒲。李云：鯢鮒，皆小魚也。」

季海按：綸謂之纍，於《易·大壯》「九三，羝羊觸藩，羸其角」，《音義》：「羸，律悲反，又力追反，下同。馬云：大索也。徐力皮反。王肅作縲，音螺。鄭、虞作纍，蜀才作累，張作虆。」是馬本作羸，與王氏同。蓋費氏易以羸爲大索字。王肅以下字並从糸。今《莊子》作累，與蜀才同。本亦作纍，與鄭、虞同。司馬訓綸，與《易》馬氏以下諸家義正合。鮒本亦作蒲者，王氏《校釋》：古鈔卷子本正作蒲（旁注「一本作鮒」），今謂故書當爲蒲，借爲鮒耳。然上文云「莊周忿然作色曰：周昨來，有中道而呼者，周顧視車轍中有鮒魚焉」，字作鮒，駮文耳。《釋水》「水注川曰谿，注谿曰谷，注谷曰溝，注溝曰澮，注澮曰瀆。」灌瀆曰澮。陳宋之俗言桓聲如和（《漢書·酷吏傳注》），此歌寒對轉也。言灌聲如澮，寒泰對轉也。歌泰古音最近，宋俗陽韻字多失去收聲，而入陰韻，故寒韻字或入歌，或入泰也。

老萊子之弟子出薪，遇仲尼……老萊子曰：是丘也，召而來。仲尼至，曰：丘，去汝躬矜，與汝容知，斯爲君子矣。《校釋》：「案古鈔卷子本出下有取字，文意較完。」

季海按：其言近老子，故或以爲一人。

聖人躊躇以興事，以每成功。注：事不遠本，故其功每成。又：奈何哉？其載焉終矜爾。注：矜不可載，故遺而弗有也。《校釋》：「案古鈔卷子本、唐寫本並無終字。」

季海按：每，貪也（《漢書·賈誼傳》集注引孟康）。《釋詁》：「載，謨，食，詐，僞也。」郭注：「載者言而不信。」老萊子正謂聖人有所矜，故言而不信也。二注並非。《方言》第十三：「䵏，悔（亡改反），貪也。」每讀與悔同。

其不殷非天之罪。注：殷，當也。

季海按：《釋言》：「殷，中也。」古中央、中失字本一音耳。

静然可以補病，眥㓕可以休老。《音義》：「眥，子斯反，徐子智反。亦作揃，子淺反，《三蒼》云：揃猶翦也。《玉篇》云：滅也。」「㓕，本亦作搣，音滅，又武齊反。《字林》云：批也。批，音千末反。」

季海按：眥𡟶即揃搣，然《莊子》故書自作眥𡟶，批與眥同。批眥古音在《支部》。《方言》第十三「芒、濟，滅也」，注：《外傳》曰：「二帝用師以相濟也。」濟古音在《脂部》。《外傳》作濟，《莊子》作眥，脂支旁轉。

演門有親死者，以善毀，爵爲官師，其黨人毀而死者半。《音義》：「演門，以善反，宋城門名。」

季海按：宋人善毀，此殷高宗遺俗。

寓言第二十七

寓言十九，重言十七，卮言日出，和以天倪。

季海按：七古音《脂》之入，出《微》之入，兒聲古音在《支部》，《莊子》此文倪作入聲，與七、出相叶。

惠子曰：孔子勤志服知也。注：謂孔子勤志服膺而後知非，能任其自化也。

季海按：此謂孔子勤志且服知耳。非徒知難，服知亦不易也。始時所是，卒而非之，則不但知其始時所是之非，又服其所知也。注未達書意。

已乎已乎，吾且不得及彼乎？

季海按：已與彼韻。《庚桑楚》：「南榮趎曰：不知乎？人謂我朱愚，知乎？反愁我軀。不仁則害人，仁則反愁我身。不義則傷彼，義則反愁我己。」已、彼之韻，猶已、彼之韻。莊子彼讀若匪，故脂、之通叶耳。（匪在《微部》，莊子脂微不別耳。）

曾子再仕而心再化，曰：吾及親仕三釜而心樂，後仕三千鍾，不洎，吾心悲。

注：洎，及也。《音義》：「不洎，其器反。」

季海按：《釋訓》：「暨，不及也。」《音義》：「暨，其器反。」是洎暨音同。《公羊·隱元年傳》：「及者何，與也。會、及、暨，皆與也。曷爲或言會，或言及，或言暨。會猶最也，及猶汲汲也，暨猶暨暨也。及我欲之，暨不得已也。」是齊言洎謂之暨。《雜篇·列禦寇》第三十二：「伯昏瞀人北面而立，敦杖蹙之乎頤。立有閒，不言而出，賓者以告列子，列子提履跣而走，暨乎門。」《音義》：「暨乎，其器反。」字又作暨。古音洎在《脂部》，暨在《微部》。

其家公執席。《音義》「家公，李云：主人公也。一讀舍者迎將其家爲句。」

季海按：家公，猶阿家翁，一讀非也。

讓王第二十八

韓魏相與争侵地，子華子見昭僖侯，僖侯有憂色。子華子曰：今使天下書銘於君之前……自是觀之，兩臂重於天下也，身亦重於兩臂。韓之輕於天下亦遠矣，今之所争者，其輕於韓又遠。君固愁身傷生以憂戚不得也。王氏《校釋》：「案《吕氏春秋・審爲篇》：昭僖侯作昭釐侯（《任數篇》同），釐與僖通。《國策・韓策》、《孔叢子・論勢篇》亦並作昭釐侯。《釋文》引司馬云：『昭僖侯，韓侯。』」又云：「據《淮南・要略篇》『申子者，韓昭釐之佐』，《吕氏春秋・任數篇》高《注》『申不害，昭釐侯之相』，又據《史記・韓世家》『昭侯八年，申不害相韓』，《申不害列傳》『申不害，京人也。昭侯用爲相』，是昭僖侯即昭侯也。」《音義》：「子華子，司馬云：魏人也。」

季海按：王校是也，子華子即華子，見《則陽篇》，嘗説魏瑩以「君求其道而已矣」，《音義》以爲「亦魏臣者」，是也。觀《莊子》所引，則亦梁惠、韓昭時人耳。

子綦爲我延之以三旌之位。《音義》：「三旌，三公位也。司馬本作三珪。云：謂諸侯三卿，皆執珪也。」

季海按：司馬本是也。此楚制，司馬説近是。《大招》：「三圭重侯。」王氏《注》：「三圭，謂公侯伯也。公執桓圭，侯執信圭，伯執躬圭，故言三圭也。重侯，謂子男也。子男共一爵，故言重侯也。」子男安得爲重侯，此云三圭，亦謂楚之三卿耳。依《莊子》所説，則楚昭王已有三珪之位矣。

《戰國策卷第九齊二》：「陳軫爲齊王使，見昭陽，再拜賀戰勝，起而問：楚之法，覆軍殺將，其官爵何也？昭陽曰：官爲上柱國，爵爲上執珪。」

原憲居魯，環堵之室，茨以生草。《音義》：「茨，徐疾私反，李云：蓋屋也。」

季海按：《九歌・湘夫人》：「芷葺兮荷屋。」王注：「葺，蓋屋也。」然茨亦葺也。語之轉耳。

顔色腫噲。《音義》「種，本亦作腫，章勇反」，「噲，古外反，徐古活反。司馬云：種噲，剥錯也。王云：盈虚不常之貌。」（世德堂本附音義云：「腫本亦作踵。」）

季海按：司馬以種噲爲剥錯者，噲讀若䝁。《説文》「䝁，水裂去也。从水虢聲」，古伯切。今吴語謂沸水注玻璃杯，杯水裂去爲𤸽，音正如古伯反。手涷裂亦曰𤸽，則正剥錯之謂矣。噲在《泰部》。號聲《魚》之入，古外反在《泰部》，古活反《泰》之入。魚泰旁轉，司馬讀魚或轉泰耳。噲愚謂噲讀若瘣。《釋木》：「瘣木，苻婁。」郭注：「謂木病尫傴癭腫，無枝條。」然則瘣有腫義。噲古音在《泰部》，瘣在《脂部》（微）。

回有郭外之田五十畝，足以給飦粥。《音義》：「飦，之然反，字或作饘。《廣雅》云：糜也。一云：紀言反。《家語》云：厚粥。一音干，謂干餅。」

季海按：然則今言餅干，亦古語之遺。但到言之耳。

又欲以其辱行漫我，吾羞見之。《音義》：「漫我，武諫反，徐武畔反，下章同。」

季海按：漫，浼也。《説文》「浼，汙也。从水免聲。《詩》曰：河水浼浼。《孟子》曰：汝安能浼我」，武皋切。此今音耳。《方言》第三「浼……洿也……東齊海岱之間或曰浼」，浼，郭注「音漫」，是也。知此，則知河水浼浼猶河水漫漫，安能浼我，猶安能漫我矣。

若伯夷叔齊者，其於富貴也，苟可得已，則必不賴。高節戾行，獨樂其志，不事於世，此二士之節也。

季海按：戾古音在《脂部》之入，此借爲烈，則讀如《泰》之入。脂、泰旁轉。

盜跖第二十九

若父不能詔其子，兄不能教其弟。

季海按：《釋詁》：「詔、亮、左、右、相，導也。」郭注：「皆謂教導之。」《説文》「詔，告也。从言从召，召亦聲」，之紹切。

神農之世，卧則居居，起則于于。民知有母，不知其父，與麋鹿共處，耕而食，織而衣，無有相害之心，此至德之隆也。

季海按：此《盜跖》所説母系社會也。若爾，則神農爲母氏乎，抑父氏乎，蓋亦寓言而已矣。

尾生與女子期於梁下，女子不來，水至不去。《音義》：「尾生，一本作微生。《戰國策》作尾生高，高誘以爲魯人。」

季海按：一本是也。《堯典》「鳥獸孳尾」，《史記·五帝本紀》作「鳥獸字微」，史公所録，當依伏生讀，是齊人讀尾如微也。又《説文》云：「尾，微也。」蓋汝南讀如是，是齊楚讀尾微音近。《莊子》語每近齊楚，本作微猶存故書之真，今本依《國策》改字耳。

若告我以鬼事，則我不能知也；若告我以人事者，不過此矣，皆吾所聞知也。

季海按：《戰國策卷第十齊三》：「孟嘗君將入秦，止者千數而弗聽，蘇秦欲止之。孟嘗曰：人事者，吾已盡知之矣。吾所未聞者，獨鬼事耳。蘇秦曰：臣之來也，固不敢言人事也，固且以鬼事見君。孟嘗君見之。」此儼然盜跖語矣。下文有「不免虎口」之言，則《齊三》出蘇秦語，亦曰「譬若虎口」矣。

今者闕然數日不見，車馬有行色，得微往見跖邪？

季海按：微，無也（見《詩・式微》「式微式微」《傳》、《伐木》「微我弗顧」《傳》）。然下文云：「跖得無逆汝意若前乎？」同爲柳下季之言，文又相次，或云「得微」，或云「得無」，亦駁文矣。疑此篇晚出，後人擬古爲之，故用語不純耳。

子張問於滿苟得曰：盍不爲行？《音義》：「盍，胡臘反。」「爲行，下孟反，下注同。盍，何不也，勸何不爲德行。」

季海按：《釋言》：「曷，盍也。」郭注：「盍，何不。」陸氏《音義》用郭景純説耳。然此云「盍不爲行」，則當依《釋言》。

鮑子立乾。

季海按：《盜跖》枯謂之乾。「枯魚過河泣」乃以乾魚爲枯魚。

堯舜爲帝而雍，非仁天下也，不以美害生也。

季海按：《堯典》：「黎民於變時雍。」由堯之「允恭克讓，光被四表，格于上下」，爰致「時雍」之治，則舜可知已。

説劍第三十

太子乃使人以千金奉莊子，莊子弗受，與使者俱往見太子曰：太子何以教周？

季海按：錢穆《先秦諸子繫年》有《莊子見趙惠文王論劍乃莊辛非莊周辨》（見四〇六—四〇七頁），其據《田子方釋文》引「司馬云：莊子與魏惠王齊威王同時，在哀公後百二十年」，謂：「今自周貞定王元魯哀公卒下數百二十年，乃爲周顯王二十一年，其時當梁惠王二十三年，齊威王之十年也（依年表乃三十一年）。自此而下五十年，適當趙惠文王元年，因知《釋文》所引司馬本云『趙惠文王後莊子五十年』，傳寫之誤。乃爲『三百五十年』。」其言是也。然以莊子論劍乃莊辛，則言雖辨而於本書實不合。苟如其説，則此當云「太子何以教辛」矣。且下文一再言周，又無得而篡也。

王曰：今日試使士敦劍。《音義》：「敦，如字，司馬云：敦，斷也。試使用劍相擊斷截也。一音丁四反。」

季海按：斷謂之敦，寒諄旁轉。讀丁四反則在《脂部》（微），諄脂對轉。

漁父第三十一

至於澤畔，方將杖拏而引其船。《音義》：「杖，直亮反。拏，女居反。司馬云：橈也，音饒。」

季海按：橈謂之拏，胥魚旁轉。世德堂本此誤拏，然下「不聞拏音」，仍作拏。

幸聞咳唾之音，以卒相丘也。

季海按：「詔、亮、左、右、相，導也」，郭注：「皆謂教導之。」

廷無忠臣，國家昏亂。

季海按：《老子》：「國家昏亂有忠臣。」此用其語。

列禦寇第三十二

人將保女矣。　《音義》：「保女，司馬云：保，附也。」

季海按：保，古《幽部》字，附在《侯部》。《莊子》幽侯旁轉。

先生既來，曾不發藥乎？　《音義》：「發藥，如字。司馬本作廢，云：置也。」

季海按：《徐无鬼》：「於是乎爲之調瑟，廢一於堂，廢一於室。」《音義》：「廢一，廢，置也。」又《宣八年公羊傳》云：「去其有聲者，廢其無聲者。」《注》：「廢，置也。置者，不去也。齊人語。」

闔胡嘗視其良。　《音義》：「闔，語助也。胡，何也。良者，良人，斥緩也。

言何不試視緩墓上已化爲秋柏之實。良或作埌，音浪，冢也。」

季海按：闔爲語助，胡爲何，而書意以爲何不者，蓋古語有之，急言則不煩更言「不」，而聞者自喻也。

夫處窮閭阨巷，困窘織屨，槁項黄馘者，商之所短也。　《音義》：「槁，苦老反，又袪矯反，本亦作矯，居表反。」「項，李云：槁項，羸瘦貌。司馬云：項槁立也。」「黄馘，古獲反。徐況璧反。《爾雅》云：獲也。司馬云：謂面黄熟也。」

季海按：黄獲無義。馘讀若蔮。《説文》「蔮，青黄色也。从黄有聲」，呼臯切。有聲古音在《之部》，或聲《之》之入。司馬云面黄熟近是。

或聘於莊子，莊子應其使曰：子見夫犧牛乎？衣以文繡，食以芻叔，及其牽而入於大廟，雖欲爲孤犢，其可得乎？

季海按：《史記・老子韓非列傳》：「楚威王聞莊周賢（《正義》：威王當周顯王三十年），使使厚幣迎之，許以爲相。莊周笑謂楚使者曰：千金重利，卿相尊位也，子獨不見郊祭之犧牛乎？養食之數歲，衣以文繡，以入大廟，當是之時，雖欲爲孤豚，豈可得乎？」《正義》：「《莊子》云：『莊子釣於濮水之上，楚王使大夫往曰：願以境内累。莊子持竿不顧曰：吾聞楚有神龜……莊子曰：往矣吾將曳尾於塗中。』與此傳不同也。」不引《列禦寇》，何也！《史記》不嫌上云犧牛、下云孤豚，此本諷諭之辭，疑《史記》所引尚存故書之真，今作孤犢，後人所改耳。